普陀山留影:海平静着,沉吟着,如微风拂过琴弦,如落花飘零在水上。

漓江留影:漓江的水呀清又清,漓江的人呀好热情。

象鼻山留影：最大的温暖，不在于大厦之下，而在于爸妈包围之中。

外国语学校留影：每一个学生本质上也是我的孩子。四个孩子有两个考入南京大学，一个考入中国政法大学，一个考入南京师范大学。

尚湖留影：所谓生生不息，就是孩子不断长高，我们不断萎缩的过程。

·核心素养·爸爸有道·

没有人天生会做爸爸

王开东 著

漓江出版社
·桂林·

图书在版编目（CIP）数据

没有人天生会做爸爸 / 王开东著 . -- 桂林：漓江出版社，2015.4
（2022.9 重印）
ISBN 978-7-5407-7496-7

Ⅰ.①没…　Ⅱ.①王…　Ⅲ.①家庭教育　Ⅳ.① G78

中国版本图书馆 CIP 数据核字（2015）第 060973 号

没有人天生会做爸爸

出 版 人	刘迪才
作　　者	王开东
策划组稿	文龙玉
责任编辑	章勤璐
书籍设计	石绍康
责任监印	黄菲菲

出版发行	漓江出版社有限公司
社　　址	广西桂林市南环路 22 号
邮　　编	541002
发行电话	010-65699511　0773-2583322
传　　真	010-85891290　0773-2582200
邮购热线	0773-2582200
网　　址	www.lijiangbooks.com
微信公众号	lijiangpress

印　　制	大厂回族自治县聚鑫印刷有限责任公司
开　　本	710 mm × 960 mm　1/16
印　　张	18
字　　数	270 千字
版　　次	2015 年 5 月第 1 版
印　　次	2022 年 9 月第 4 次印刷
印　　数	16 001—19 000 册
书　　号	ISBN 978-7-5407-7496-7
定　　价	49.80 元

漓江版图书：版权所有，侵权必究
漓江版图书：如有印装质量问题，可随时与工厂调换

目录

Contents

序言

给孩子写一本温暖的书 / 001

第一辑　学会爱自己的孩子

1. 每一个爱里都有伤痕 / 003
2. 给孩子取名的教育学 / 007
3. 该不该给孩子换一个环境 / 011
4. 好孩子都有一个好妈妈 / 014
5. 爸爸永远都要在现场 / 019
6. 爸爸的童年是给孩子的最好礼物 / 024
7. 经常带着孩子疯一把 / 028
8. 抢着做孩子的第一粉丝 / 031

第二辑　培养良好的学习习惯

1. 孩子回家的第一句话 / 037
2. 教育要从孩子的需求出发 / 040
3. 尊重孩子的独特思维 / 043
4. 珍惜孩子的第一次创作 / 048
5. 鼓励孩子把一件事情做到极致 / 051

6. 用书信和孩子进行交流 / **056**

7. 不要让孩子证明自己 / **062**

8. 培养良好习惯的两次重大失误 / **065**

第三辑　学习一点儿也不难

1. 决不用金钱奖励孩子 / **071**

2. 成为好孩子本身就是最大的奖赏 / **074**

3. 听孩子把话说完 / **076**

4. 让孩子敢于冒险 / **078**

5. 用欣赏的眼光看待孩子犯错 / **083**

6. 何必强求孩子完美 / **085**

7. 用平常心对待孩子的考试 / **089**

8. 学习只有在自由下才可能发生 / **092**

9. 让孩子始终信任老师 / **098**

10. 不让孩子做自己也做不到的事 / **100**

第四辑　努力做一个有用的人

1. 人品是核心竞争力 / **105**

2. 一定要给孩子方向感 / **107**

3. 保护孩子美好的人性 / **111**

4. 呵护孩子的童年是父母的第一责任 / **113**

5. 要教育孩子看到生活中的美 / **117**

6. 不要让孩子过早变得聪明 / **121**

7. 让孩子在遭遇中学会成长 / **125**

8. 给孩子写的九封家书 / **129**

第五辑　家庭教育中的八项注意

1. 不要代替孩子做决定 / 149
2. 不可忽视孩子的安全教育 / 152
3. 不能用分数代替对孩子的评价 / 157
4. 要给孩子留一点薄面 / 160
5. 帮孩子建立正确的金钱观 / 162
6. 要注意孩子青春期爱的教育 / 167
7. 孩子有选择不优秀的权利 / 173
8. 不要揪孩子的小辫子 / 175

第六辑　让孩子会读书、爱写作

1. 让孩子成为一个小书虫 / 181
2. 让孩子的阅读课程化 / 184
3. 和孩子谈谈童话 / 208
4. 带着孩子看电影 / 211
5. 何妨让孩子养养小动物 / 217
6. 指导孩子写出最好的作文 / 221
7. 让孩子获得写作的高峰体验 / 226
8. 把家庭变成学习型家庭 / 233

第七辑　家庭教育的疑难杂症

1. 孩子犯错了能不能打 / 237
2. 孩子恋爱了怎么办 / 241

3. 不让孩子"错"在起跑线上 / 247
4. 家长该不该指导孩子默写 / 251
5. 孩子的情商如何培养 / 256
6. 家庭教育怎样才能适度 / 259
7. 如何解决孩子的自卑 / 262

跋
爸爸眼里要能揉得进沙子——也谈怎么做好爸爸 / 267

[序言] 给孩子写一本温暖的书

好几家出版社,一直在怂恿我写两本书。一本是德育,一本是家教。这些出版社包括北京大学出版社、华东师范大学出版社、漓江出版社等等。

前几天,华东师范大学出版社的林茶居兄,更是在邮件中给我展望了他的策划和远景,颇让人心动。老实说,我对德育暂时还没什么想法,但对家教我还是有话要说的。

但是我迟迟没有动笔。之所以没动笔,是我觉得我的孩子虽然健康、阳光和乐观,但以传统的眼光来看,他还远远算不上一个优秀的孩子。在世俗的强大压力下,我多次打了退堂鼓,久而久之,就失去了写作热情。

有一次,我和儿子交流,我犹犹豫豫地说:"儿子,有人约你爸爸给你写一本书。可是,你……你……你现在还不够强,爸爸不好意思下手。"

儿子想了想,说:"爸爸,你还是写吧。你说的不够强,是不是说我成绩不拔尖啊?但你想啊,我现在不拔尖,不等于将来不拔尖。就算将来不拔尖,你也应该为那些不拔尖的人写一本书啊,毕竟拔尖的人是少数嘛。"

儿子的话,非常温暖,非常人文,还思虑周全,让我极为感动。我几乎就要下笔了。可是,突然有一天,我接到通知,要去教育部挂职。

对我而言,这是一次重大事件:一是要离开课堂,这是我19年来教学生涯的第一次。二是要离开家,除了年前去美国半个多月,这些年,我几乎就没有离开过爱人和孩子。三是未来的路究竟怎么走,哪一条才是我生命中最初的皈依。这些都是问题。

后来,领导为我送行,有感于领导的器重,从不喝酒的我,那一天喝起了红酒,并且来者不拒……结果,下午就是头疼,衣服先是汗湿了,后来干了。到了晚上，就发起了高烧，浑身发烫，走路颤颤巍巍，如同一张纸，一阵风就能吹走。

想去医院输液，爱人说，最好不要输液。在她的指导下，我拼命喝水，连续一周，退烧了，又发烧，再退烧，再发烧……后来，不发烧了，就转为咳嗽，一到晚上咳得直不起腰。我就在这种状况下，来到了北京。

新的工作，新的环境，我又几乎不能说话，可想而知，这是一段什么样的日子。我是一个农民的儿子，努力做最好的自己，成长为最好的庄稼，几乎就是我唯一的选择。我很要强，但不是我争强好胜，而是我怕辜负期望，对不起人家，这就是我在新的工作岗位上的想法。

在老家的时候，我结识了一个朋友，朋友才华横溢，恃才傲物，总认为全世界都亏欠了他。有一次，我和他说了自己的肺腑之言。我说，首先，我们这种三脚猫的功夫，是不是属于有才华的人，尚且很难说。况且就算我们有才华，又有什么理由恃才傲物呢？道理很简单，你的才华对你身旁的人来说，一钱不值，反而因为你的才华衬托出他们的平庸和无能。从某种程度上来说，你的才华伤害了他人。这正是我们应该谦卑的缘由。

我一辈子都害怕别人对我好，我亏欠了人家，这是我血液里流淌的小农思想。可是，我现在简直不能说话，不能最大限度地发挥自己的才能，这让我生不如死。

后来，不得已我去了教育部旁边的协和医院，我说我没病，我只要输液。医生一检查，不允许，说我的咳嗽一点也不严重，在北京，这根本不算什么。我在想，我的天，我已经半条命没有了，还不严重？你们北京人，过的是什么日子啊？医生才不理我，直接给我开了15块钱自制的药水。

药水很难喝，效果还算不错。但咳嗽久了，习惯成自然，也就很难好起来。那以后，我又吃了无数的药，板蓝根、雪梨膏、阿莫西林、麦冬……反正所有治咳嗽的药都吃了，也没有见好。

再后来，认识了一个北京的朋友，朋友的朋友送了我两盒"真艾润肺茶"，据说来自遥远的呼伦贝尔草原，也许是被大草原的辽阔和壮观镇住了，我喝了几袋，竟然鬼使神差地好了。

屈指一算，我整整咳嗽了一个半月，这就是我北京生活的最初印象。皇城给了我一个下马威,从此我对这地方心存畏惧。

咳嗽好了之后,大段时间就是寂寞,寂寞之后,就是无聊,最要命的是,我居然失去了看书的心境。很多约稿,也因为无法集中精力,都拒绝了。

我觉得这种状态很不好,于是,收拾起材料,想写写我和儿子的教育故事。在我看来,成功的经验固然给人帮助,失败的教训也许更能给人警醒。遗憾的是,我们这个社会对失败的挖掘,尤其是对失败价值的认识远远不够。这是无数人在同一地方跌倒的缘由之一。

这样想来,我的确有理由写一本书,给一个不拔尖的孩子写一本书,让更多不拔尖的孩子找到学习的理由,活得山花烂漫,对一个老师而言,这是很有价值的。

更何况,我从内心深处认为我的孩子还是阳光、挺拔、向上的,甚至也是优秀的。他喜欢阅读,具有写作天赋,拥有爱和善良,为了朋友,能够克制自己,对我们还算照顾,而且还凭着自己的努力,考上最好学校最好班级的免费生,给我们节省了一大笔费用。

所以,从今天开始,我下笔了。

我还有一个不好告人的理由,想在往事的回忆中再拥有儿子一次,因为那个时候,我太年轻了,不会做爸爸。但世界上没有人天生会做爸爸,好爸爸也是需要学习的。我还希望在图书出版之后,儿子能够受到鼓舞,更加努力地成长为他自己。而版税,我想就送给我的儿子,作为他走进大学的第一份礼物。

生命是他自己的,我们根本无须为他做主!我们只在他的身后,用我们已经开始浑浊的眼睛——目送。

生命的河流如此壮阔,前方就是无限广阔的大海。

孩子,你大胆地往前走,莫回头。

第一辑　学会爱自己的孩子

[1]

每一个爱里都有伤痕

很多人把孩子看成自己的生命替代，总想要在孩子身上实现自己的理想。还有一些人认为孩子的生命是自己赐予的，孩子享受了莫大的恩赐，将来一定要尽孝道，否则就是失去了伦常。鲁迅先生有段话说得很好，子女是"即我非我"的人，但既已分立，也便是人类中的人。因为即我，所以更应该尽教育的义务，教给他们自立的能力；因为非我，所以也应同时解放，全部为他们自己所有，成一个独立的人。

人生中一个最为庄严神圣的时刻，就是孩子的出生。一个新生命的诞生，意味着两个准大人的成人加冕礼，从此他们将成为孩子的父母，担当起哺育和教养的责任。而这样的故事，在不断发生，并永远延续。这是一场生生不息的生命传奇。

每个生命的诞生，都是一场兵荒马乱的故事。启元的出生也是如此。

那时候，我们太年轻了。第一个孩子流产，一场大出血，差点儿要了我爱人的命。后来，医生一再叮嘱我们，一年半之内千万不要怀孕。但没想到在7个月的时候，妻子还是意外地怀上了。

确诊怀孕的时候，我们没有丝毫的快乐，而是面如死灰，惊慌失措，赶紧去咨询此前的医生。医生细细地听诊，一项一项地检查，最后的结论是——问题不太大。

看着医生的笑脸，我们既放心，也没有完全放下心来。

什么叫问题不太大呢？所谓问题不太大，首先肯定是有问题的，但这个问题，又不是很要命。但是，谁也不敢保证这个不大的问题，会不会转化为大问题，并进而成为要命的问题。

我们就怀着这样忐忑不安的心情，不得要领地、无能为力地等着孩子的来临。应该说，孩子出生之前，我们所做的一切并不成功。

依然清楚地记得，1999年1月1号晚上，妻子在芜湖妇幼保健院待产，晚上我陪她逛街，一直逛到8点多钟。后来，她感觉肚子有点痛，我们才回去。刚到医院，妻子就疼得厉害了，同房待产的人都说，赶紧找医生，应该是要生了。

很快，医生过来把妻子带走了，我守在外面，忐忑不安，简直度日如年，到了11点钟了，孩子还没有生下来。我慌得满头是汗，简直像热锅上的蚂蚁。

后来，有人告诉我，快去买红枣来炖蜂蜜，可以催产的。于是，我赶紧到街上去买，一路狂奔，风驰电掣，我把所有的商店都找遍了，也没有买到。太晚了，很多商店要不就关门了，要不就不卖这东西。我跑一家就责怪一家："你们……你们……怎么就不卖红枣呢，太不像话了！什么？你们竟然连蜂蜜都没得卖，你们，你们，还做什么生意啊，你们？"

……

当我精疲力竭地赶回来，时间已经是1999年1月1号夜11时56分，七斤二两的小天使，正式降临人间。

生命多么神奇！人生多么美妙！转眼间，我就升格为爸爸！

但这时候，我们更要明白未来我们和这个孩子，究竟是一种什么样的关系。

在我看来，每个生命的降临，都是一件不能讨论的事。我们没有征求孩子的意见，就把他抛到人间。况且以后的人生好坏，决定权也并不完全在于我们。作为父母，我们只能说，将来孩子人生得意，绝不是我们的功劳；人生失意，也不完全是我们的责任。孩子的出生，父母所做的，就是一件不好不坏的事，而每个生命都完整地属于他自己。

毋庸置疑，每个生命的诞生都是一个传奇。

在成为这一个，而不是那一个的孩子的基因密码中，这一个独特的精子，曾经是3亿精子中的No.1，曾经是3亿个游泳池中的菲尔普斯，是惊世骇俗的奔跑冠军，第一个把胜利的红旗插在肥沃的高地，孩子的出生，本身就是一个无与伦比的奇迹。

了解到这个事实，我们该如何教育我们的孩子，让孩子意识到什么才是最重要的？

首先是感谢上苍，我是一个健康的孩子，我的生命力先天就很强盛。我要保持生命的这一份强悍，努力锻炼好身体，强健其体魄。

其次，每一个生命都是独特的。我就是我，是一团与众不同的焰火，我珍惜自己的生命和青春，争取每一天都要过得有意思，有意义。

最后，我知道，生命的成长，有一个完整的过程和生长节奏，每一个阶段，都有每一个阶段的色彩，无论如何，我必须要拥有一个完整的童年。该经历的风雨，我都必须亲身承受。成长过程，没有人可以替代。

但是，我们更要告诉孩子，千万不要夸大自己的竞争性。因为曾经是3亿中的No.1，所以依然要做No.1。事实上，这既不大可能，也没有必要。一个最简单的理由是，你是3亿中的No.1，那么，其他人呢，谁不是3亿中的No.1？用这个来证明自己具有优越的竞争性，实在是滑天下之大稽。

王阳明的老师曾经问王阳明，你是愿意做圣人，还是愿意做状元？王阳明说，我要做圣人。老师非常吃惊，就问他原因。王阳明说，状元只有一个，必要争得你死我活；而圣人都可以做，人人皆可为尧舜。

其实，我们的孩子，可能都做不了圣人，但我们可以引导他做一个活得有意义幸福的人。有自己的爱好，能够自食其力，把工作和爱好结合得很好，有不少知心的朋友，到处受到欢迎和尊重。

果真能够如此，那么，做父母的就要长久地感谢上苍。

我们为这样的孩子感到庆幸和骄傲，这就是我们理想中的孩子。

[2]

给孩子取名的教育学

给孩子取名字,意味着给孩子另一个生命。从此这个名字,就有了温度和光彩,永远伴随着孩子,不离不弃。

几乎每一个年轻的父母,都想给孩子取一个好名字,这是父母之爱最初的表达。我认识一位朋友,是个超级厉害的博士,供职于《人民教育》。作为父亲,他非常武断地霸占了孩子的"命名权",从妻子怀孕的第一个月起,他就皓首穷经,思虑千古,但是到孩子都出生了,竟然还没把名字取好。最后,全家一致表决,取消了他给孩子的"命名权",他仰天浩叹,捶胸顿足。

不是水平不够,实在是寄托太多啊。

名字里有故事。

我高中的几个同学,名字极为好记。一个女生姓"谢",芳名就叫"谢谢"。结果弄得全校的人,都追着她喊"谢谢",女孩子不胜其烦,但多年之后想起来,不也是一段很美好的回忆?

还有一个女孩子,非常漂亮,气质绝佳。她既不和爸爸姓,也不随妈妈姓,但却又把爸妈融为一体。她妈妈是江苏人,爸爸是安徽人。她的名字叫"苏皖"。很多年之后,我一直认为,这是我看到过的女孩子最好的名字。

大学里还有一个同学,姓"艾",家里居然给他取了一个名字叫"艾财宝",这个名字,给这个孩子带来巨大的伤害,甚至连老师也不敢叫他的名字,谨防全班哄堂大笑。

那个时候,还没有计划生育。我初中的一个好朋友,名叫"李学南",在家排行老二,老大叫"李学东",老三叫"李学西",老四叫"李学北",还有一个妹妹叫"李学芳",几个人合起来,就叫"东南西北芳",也很有味道。

做了老师之后,有一天上课,我给学生读名人的故事,偶尔提到名人名字的来历,学生兴味盎然。

有感于学生的热情,我就势布置了一个话题,让学生收集名人得名的故事,下一节课交流。没想到下一节课,课堂气氛异常火爆,学生踊跃发言……

比如张学良名字的由来,是因为张作霖特别敬佩西汉的谋臣张良,能够"运筹帷幄之中,决胜千里之外"。所以给他儿子取名"学良",期待他能像张良一样,做一个叱咤风云的将军。

还有小平的儿子邓朴方,是小平拜托刘帅所赐。刘帅给他取名为"朴方",取"朴素、方正"之意,期望他首先要做一个堂堂正正的人。

还有朱自清,名字中的"自清",出自屈原的《楚辞·卜居》中的一句话:"宁廉洁正直以自清乎?"意思是"是廉洁正直使自己保持清白"。朱先生以屈原的话自勉,确实做到了一生清白。

还有老舍,因出生于阴历腊月二十七那天,其父为了吉利,取名"舒庆春"。后来,老舍把"舒"拆开,给自己取字为"舍予",有放弃私心和个人利益的自警。老舍先生一生光明磊落,确实人如其名。

还有很多,很多……

由此可见,每个名字的背后都有故事。鉴于平常不少学生和父母有代沟,对父母的关心和期望很漠视;而作为过来人,我知道每个父母给孩子取名字的认真和慎重,那里面有着太多的寄托和情感。于是,我因势利导,马上布置学生回家后,就自己名字的来历,采访自己的父母,并和父母做一次深入的交流。回校后,写一篇文章——《名字的故事》。

学生的习作交上来了,我一篇篇翻阅学生的作文,一次次被文中流露出来的真挚情感所打动。

很多学生都说,自己回家之后,谈到自己名字的故事,马上引发了父母对过去的回忆,在娓娓的亲情述说中,学生感受到的绝不仅仅是深情、期望,还有栩栩如生的人生。

许小飞这样写道:"……妈妈说,爸爸为了给我取个好名,买了一本大字典,都快把字典翻烂了,名还没取好。原因是怕名字取大了,孩子不好养;取小了,又不甘心。据说,那时候,爸爸和妈妈每天晚上都商量到点灯,爸妈是多么在乎我啊!可我……"

还有一个名叫"杨柳"的女孩,在文章中深情地写道:"我的妈妈姓杨,爸爸姓柳。爸爸很宠妈妈,于是我就姓了'杨'。爸爸说,之所以给我取名'杨柳',不仅仅因为我是'杨''柳'的结晶,还寄托了爸妈'执子之手,与子偕老'的美丽愿望。当然,更重要的是杨柳,从《诗经》开始,就是文人笔下的宠物,它虽然平凡、普通,但是生命力却很强,它能够让人摸到春天的温度,听到花开的声音,嗅到希望的号角。这就是父母对我的期望……"

"以前,我感觉爸妈和我距离很远,很隔阂,名字的故事解开了我的心结。而爸妈似乎又回到了从前,年轻了许多。原来爸妈并不老土,他们是天底下最浪漫最相爱的人,我是他们的天使,我很幸福……"

还有一个叫刘芳的学生写道:"原来,我很讨厌我的名字,觉得很俗,但名字的故事,让我窥见了父母的隐秘。父亲告诉我,'芳'是一个很大气的词,从屈原开始,它就成了精神品格的一种象征。而且,刘芳还谐音'流芳',父亲还希望我能做一个流芳于世的人,我的担子可不轻啊……我现在很为我的名字骄傲。因为,与'芳'结缘,我认识了一种无上的真,无比的善,绝伦的美;领略了一种深广,一种宽厚,一种大气;结识了一种乐趣,一种感动,一种思想,一种收获,一种宿命,一种人生。"

……

正是因为对名字有这么多的感性认识,所以,对孩子的名字,我与爱人也是煞费苦心。常常在家里琢磨,爱人姓"程",我姓"王"。我们约定,男孩子随我姓,女孩子随爱人姓。爱人早早就把我女儿的名字取好了,叫"程墨"。

我一开始想给儿子取名"王子",意为一个姓王的小子。但是,妻子不答应,说,没有自己给自己脸上贴金为"王子"的,除非你想当国王。所以,只得告吹。我一气之下,干脆给他取名为"王俗",一个姓王的俗人,应该没问题了吧。其实,这个名字谐音"忘俗",就是大雅。妻子也赞成。

于是，就这样定了。

后来，孩子出生的时候，我正师从中国著名的红学大师孙文光先生，孙先生和师母都是教授，而且视我为亲人，甚至主动提出要借钱给我们做剖腹产手术。

我和爱人几乎同时想到，为什么不让孙教授给我儿子取名字呢？

孙先生是北大研究生会的主席，闻一多关门弟子季镇怀的研究生，28岁参加中国文学史的明清两章的编写，用阶级观点看红楼梦观点的提出者，该文被毛主席看中……

如果让孙教授给我儿子取名字，那么，孩子将来有一天长大了，他对北大，对闻一多，对红楼梦，对孙文光先生，就会有一种天然的亲近感，他也会有一种历史感，这对一个孩子的成长非常有益。于是，我向我的导师提出来。老师非常感动，说，取名字是父母的专利，我们怎么能代劳呢？我说了我的想法，老师更加感动，于是，答应下来。

整整一个星期，我老师和师母，常常商量到深夜，弄得很疲惫。最后，定下来的名字叫——王启元。元，既是元旦出生，也是第一名的意思，三元及第，霍元甲，元是第一，甲也是最好。孙老师还认为"元"是汉字中最大的一个字，一元复始，元气淋漓，一定要用。王，不用说了。关键是这个"启"字，启大开大合，有男子汉的阳刚之气，启元，开启一个纪元，恰恰是面临世纪更替。老师又说，更重要的是，元，谐音妈妈的"媛"字，启，又暗扣爸爸的"开"字。从音调上来说，王是平，启是仄，元又是平。王启元，正好是平仄平，符合音韵之美，读起来朗朗上口。

小时候，我有一对小伙伴，是弟兄俩。他们两个人一个叫朱喜，一个叫朱康。貌似名字不错，可后来小伙伴们都追着他们叫——猪糠、猪屎。

很多年之后，我才明白这个绰号，对那两个孩子幼小的心灵，绝对是灭顶之灾。事实上，他们很早就辍学了，而且不参加任何同学聚会，也许他们还没有从当年的阴影中走出来。

由此看来，孩子的命名，岂能不在意？

如何给孩子取名呢？不妨把握几个原则。

其一是纪念意义，纪念孩子的出生时间、季节或地点。

其次是教育意义，让孩子感觉到名字里的寄托，从而争取名实相符。

再次是和谐意义，让孩子感觉到生命的传承，从而享受到家庭的温馨。

最后是音韵和谐。

当然最最重要的，是不能让名字有歧义，不能是谐音不好的东西，让小孩子当作绰号叫。当然，也不能用生僻字，因为别人害怕读错，就不愿意叫孩子，无形中使孩子失去了很多机会。

[3]

该不该给孩子换一个环境

家长们常常要问，该不该给孩子换一个好的环境？怎么样给孩子创造一个更好的条件？

我的观点是，不可一概而论。环境不起最决定性的作用。历史上孟母三迁，孟子成为亚圣。照理说，亚圣的号召性肯定是很强的，一定会有无数的父母三迁甚至多迁，但真正成为大才的为什么只有孟子呢？

实践当然是检验真理的一个标准，但谁的实践是检验真理的标准？由于历史经验的不可重复性，有的获得了实践的检验权，别的实践就没有了检验的机会，谁能保证它不是真理？孟母三迁使得孟子成为亚圣，但谁能保证孟母没有三迁孟子就成不了亚圣，或成为第一圣人？环境的确很重要，但环境中的人更重要。

启元上幼儿园的时候，我们离开安徽来到江苏，算是给孩子换了一个大环境。在离开故土的时候，我的内心非常挣扎。我曾经写过一段非常痛苦的内心感受。那种剥离故土的挣扎，一直到今天还经常出现在我的梦里。

对于我的出走，很多朋友都不理解，尽管原先我多次说过要走，可是当我真的离开的时候，朋友们还是十分惊诧、迷茫。因为在他们的眼里，我可是一个成功者啊！可是，又有谁知道一个所谓成功者的郁闷？

1998年，对我而言，绝对是重要的一年。见习期刚满的我，少年得志，意气风发，在教学比赛中连过四关，从一万多名教师中，脱颖而出，被评为无为首届教坛新星，我上了报纸……有了这个不凡的起点，我不断努力，连续6年被评为优秀教师，2002年又被人民政府授予"十佳师德先进个人"光荣称号。特别争气的是我的学生，还屡屡在全国作文大赛中获金银奖。而当时的我，只有中教二级的职称，竟然被聘请做市级高中语文命题员……所有这些，在朋友们的眼里，似乎都成为我不应该离去的理由。

那么，我为什么要离开？

原因肯定有很多，但重要的就是孩子的教育。

启元出生的时候，两边的老人都没空来照顾孩子，我们两个大人带一个孩子，非常辛苦。后来，在我们最艰难的时候，我丈人和丈母娘把孩子接过去了，整整帮我们抚养了一年。去的时候，启元还不会走路，回来的时候，他已经能够满地跑了。

孩子如何从不会走路到摇摇晃晃地走路，如何迈出他象征性的第一步，我没有亲眼看到。当初这是我们最开心的事情，而现在，这成了我们内心一个无法弥补的缺憾，成为我生命里的一段空白。我们错失了孩子成长中重要的一环。

启元到了上学时间，因为幼儿园离我们很远，而且都不正规。再加上小学就在我们学校旁边，我和妻子一商量，干脆就不上幼儿园了，直接让启元上一年级。因此，小启元上一年级时是班级最小的小不点。

小学的两个老师，让儿子很多年之后，还是印象深刻。不过，这两种印象截然相反。

一个是他的数学老师，有一次下雨，学校里坑坑洼洼的地方积了一些水，儿子一不小心掉到水洼里去了。那是一个冬天。小启元的数学老师，一个老代课教师，跳到水坑里，把儿子抱起来，哄着儿子，送到我家里来……

那个时候，儿子的记忆还很模糊，但他一直都记得，后来，还经常和我们提起，乐于听我们回忆当初的细节。他说，他能感觉到数学老师对他的好，因为他的笑很温暖，还喜欢轻轻地刮他的鼻子。

我后来常常想，大人对孩子的关爱一定要发自内心，哪怕一个一年级不到的孩子，都能真切地感受到爱的温暖，并在心灵里播下爱的种子。

但班主任就不同了。班主任是一个厉害的中年女教师，因为儿子太小了，可能影响了她的班级排名，始终对启元不太友好。我们也曾为此苦恼过，还曾经厚着脸皮给班主任送一些礼物。但时间一长，效果就打了折扣。

有一天放学，我去接儿子，校园里空荡荡的，只有启元班级里灯火通明，班主任正在给孩子们补课。

透过窗户我没看见启元，不知道孩子去哪了。我就顺着班级找，突然眼前的一幕，让我的心瞬间就碎了。

我儿子，我们的小启元，在教室的外面，蜷着身子，半扒在窗户上，对着教室里焦急地张望……

我跑过去，一把抱起我的儿子，就往家里走，心里充满着悲愤。我不会责怪一个老师，永远不会责怪孩子的老师。但我不会原谅那个老师，不会原谅她的无知的粗暴。

我问儿子，为什么老师要让他在外面呢？儿子说，老师说他小，听不懂。一旦补课，就让他一个人在操场上玩。

我肺都气炸了。这样的老师，怎么教书育人啊！她难道不知道把一个小小的孩子孤立在集体之外，对孩子而言，是多么大的一个伤害。

也就是从那一天起，我下定决心，一定要离开这个老师，离开这所学校，给孩子换一个好环境。

贫困地区的基础教育特别落后，我终身都深受其害。比如说我，因为普通话的原因，失去了代表地区比赛的很多机会。可以说，普通话是制约我发展最大的瓶颈。现在，我绝对不能让我的孩子重复我的老路，还没有竞争，就输在起点上。毋庸讳言，农村小学确实有一些代课教师抑或过去的民办教师，他们像陶渊明一样，又上班又种田，很多时候，他们传授的不一定是文明，而极有可能是愚昧。一旦孩子在幼年就种植下愚昧的种子，我不知道他们需要多长的时间才能抚平。

对于家乡，我没有什么要忏悔的，我的青春、热血、拼搏、汗水，我一生中最美丽的花样年华和最纯真的思想和感动，都留在家乡这块贫瘠的土地上了。我也没有什么要证明的，我该奉献的、我该获得的、我该创造的，我全部做到了，于是我选择了逃走。

我想有一天我会和儿子交流，当初，我们做了一个多么大的决定，放弃了铁饭碗，就是为了给他一个好环境，还有"莫须有"的一种好教育。

我和妻子约定，无论将来如何，我们绝不后悔，因为这是为了我们的宝贝。为了他，我们可以从头再来，重又走进风雨……

[4]

好孩子都有一个好妈妈

最好的教育到底是什么？

答案肯定有无数种。但是，好妈妈肯定是答案中的一种。在我们探究成功教育的时候，我可以大胆地说，每一个成功的孩子背后，都有一个伟大的妈妈。

读老舍的《想北平》，其中有一段话，非常感人。

老舍说："可是，我真爱北平。这个爱几乎是要说而说不出的。我爱我的母亲。怎样爱？我说不出。在我想作一件讨她老人家喜欢事的时候，我独自微微的笑着；在我想到她的健康而不放心的时候，我欲落泪。言语是不够表现我的心情的，只有独自微笑或落泪才足以把内心揭露在外面一些来。我之爱北平也近乎这个。"

老舍用对母亲的爱来类比对北平的爱。那种独自微笑，独自流泪的生命体验，实在太感动人了。于是，想起要读一读老舍的《我的母亲》，如此才能更加体会老舍对北平如母亲般的情感吧。

一读，再读，竟然放不下了。一个念头萦绕在我的脑海，什么才是最好的教育？

"从私塾到小学，到中学，我经历过起码有廿位教师吧……但是我的真正的教师，把性格传给我的，是我的母亲。母亲并不识字，她给我的是生命的教育。

"生命是母亲给我的。我之能长大成人，是母亲的血汗灌养的。我之能成为一个不十分坏的人，是母亲感化的。我的性格，习惯，是母亲传给的。"

在这里，我们必须要关注几个关键句，二十多个教师，应该有很多好老师了吧，否则老舍也不大可能是后来的样子。但这些老师的教育，无论是知识教育、道德教育，还是技能教育、文章教育，没有一个能比得上母亲的教育。

母亲是不识字的老师，但却是真正的老师，这是为什么？最好的老师不是经师，而是人师。母亲把性格和习惯传给我，母亲的教育是生命教育。她用血汗灌养，用生命感化，用灵魂牵引。

弗洛姆有一段经典的论述，关于爱的教育：

"一个人给予另一个人的是他生命的活力；他给予另一个人的是他的欢乐、他的旨趣、他的理解、他的知识、他的幽默、他的悲哀，他给予他的生命活力的全部表达方式和全部证明方式。这样，在给予他的生命时，他使另一个人富有起来，通过提高他自己的生命感，他提高了另一个人的生命感。他并不为接受而给予，给予本身便是极大的快乐。"

世界上还有比这更好的教育吗？

又想起了另一个大家——胡适。一生获得 35 个博士学位的胡适，不仅是北京大学的校长、普林斯顿大学的教授、台湾"中央研究院"的院长，而且是中国自由主义的先驱，是中国一等一的文化名人。但在《我的母亲》一文中，胡适这样说：

"我在我母亲的教训之下住了九年，受了她的极大极深的影响。我十四岁便离开她了，在这广漠的人海里独自混了二十多年，没有一个人管束过我。如果我学得了一丝一毫的好脾气，如果我学得了一点点待人接物的和气，如果我能宽恕人，体谅人——我都得感谢我的慈母。"

胡适的成功也是来源于母亲的教育，甚至完全归功于他母亲的早期教育。这是为什么？我们不妨探究一下胡适母亲的教育。

首先，是完全的做人教育。冯顺弟要求儿子不断反省自身，这是她做人教育的核心。

"每天天刚亮时，我母亲就把我叫醒，叫我披衣坐起。我从不知道她醒来坐了多久。她看我清醒了，才对我说昨天我做错了什么事，说错了什么话，要我认错，要我用功读书。"

冯顺弟也是一个文盲，但却以一个母亲的敏感和敏锐找到了一个最好的教育方式，那就是自省。可能是胡适的父亲是一个大先生，虽然早死，但母亲要求胡适承继其父的遗风吧，又或者，就是她自己为人处世的经验告诉她，自省，乃是做一个好人的重要功课。于是，她就一天不落地持之以恒地坚持下来了。

对于孩子的教育，冯顺弟是舍得投资的。对于一个普通家庭来说，这种投资简直骇人听闻。据《胡适传》记载，当时绩溪上庄一带，蒙馆学金很低，每个学生每年一般只送两块银元。胡适母亲却与众不同，据胡适回忆说："我一个人不属于这'两元'的阶级，我母亲渴望我读书，故学金特别优厚，第一年就送了六块钱，以后每年增加，最后一年加到十二元。这样的学金，在家乡要算'打破纪录'的了。"

先生从此便对胡适另眼相看，认真地为他讲书，一字一句，讲得清清楚楚，明明白白。胡适后来回忆说，他"一生最得力的是讲书"，这不能不说是母亲的投资产生了效果。

还有一件事，族中胡守焕因家庭败落，愿将《图书集成》一部大书减价出售。胡适的母亲得知儿子想得到这部书，便四方借钱，终于买下了。尽管那本书，她一个字也不认识，但她相信自己的儿子，相信读书人的眼光，相信自己教育出来的人的品质，宁肯自己遭受困窘，也要满足儿子读书的愿望，这真是一位伟大的母亲。

从 23 岁守寡，挣扎着熬了 23 年之后，冯顺弟怆然去世。一辈子寡居艰辛的她，无论如何也想不到她培养出了一个历史伟人，活在历史的长河中，唱着《大风歌》。

假如说，胡适的学问，像巍巍昆仑一样巍峨，那他的母亲，也许更要高大。

回想现在，我们很多学校只教书，不育人，也无须育人。高考是不考育人的。我读高中的时候，我校有一个流氓，是我们农村实验班的，那家伙聪明绝顶，但却什么坏事都做。

有一年中秋节，他竟然在朗朗月光下，把学校实验室里的显微镜，哼着小调往自行车上绑，准备运出去卖钱，结果被学校保卫处抓住了。保卫处的人都傻了，这家伙，赤裸裸的，胆子也太大了。

但是，学校考虑到他优异的成绩，只简单教训了几句，就把他放了。谁知道他的胆子越来越大，最后锒铛入狱。

在审讯的时候，这个家伙交代，因为多次被班主任叫到家里，苦口婆心地教育。时间到了，就留他吃饭，而他也多次顺手牵羊，偷了班主任家不少钱财。呜呼，天下还有这样的学生吗？

在看守所里待了大半年，只有三个多月就高考了，也许是他发了奋，也许是他找了人，也许是关得够长了，总之，他最后居然还是被放出来了。按照情况，他是绝对不允许高考的了。但东郭先生的学校竟给他改了姓名，重新制作了档案，让他在考场上治病救人，叱咤风云。

后来，这家伙在高考中大放光彩，以 694 分考取复旦大学。学校这一次又赌赢了！

只是，我不知道这样的人，走入社会究竟会怎样。但这就是我们今天教育的现状，能够逮到名校，你就是好猫。

在这种畸形的教育生态之下，很多的老师，眼睛盯着成绩，根本不在乎学生的人品，做人教育更是荡然无存。成绩好才是真的好，你走之后，哪管罪恶滔天。

就算本来的爱，那种爱也是有条件的。因为我有责任爱护你，所以你必须听我的，爱你，是为了控制你。那么，谁愿意接受这样的爱呢？

没有了尊重，责任就变成统治和占有。尊重并非惧怕和敬畏。按照其本来面目来看待人，意识到他的独特个性，使之按照其本性成长和发展，这就是尊重。尊重必须建立在自由的基础上，尊重意味着无利用。胡适母亲同意帮胡适买那大书，就是对胡适的充分的尊重和爱。

弗洛姆这样说："爱的本质是主动给予，不是被动地接受。爱是一种主动活动，不是一种被动的情感；它是'分担'，而不是'迷恋'。"

家长在给予爱的过程中，给予者使接受者身心中的某些东西复苏，而这种复苏过来的东西又反馈给给予者。给予者使接受者也成为一个给予者，而且双方共同分享他们共同使之复返生命的东西。

这才是真正的爱，爱也是需要学习的，并且能够流通。

这种传说中爱的教育，我们在两个伟大的母亲身上都看到了，我们为之汗颜，并唏嘘不已。

好妈妈是最好的教育，好妈妈胜过好老师。但好妈妈的"好"究竟应该在哪些地方着力，我们应该从这两个伟大的妈妈身上汲取营养。

启元的妈妈对小启元的爱简直惊天动地。小时候小启元拖着鼻涕是常事，考虑到孩子的鼻骨还很脆弱，大人不宜动手，小启元的妈妈总是用嘴巴把他的鼻涕吸出来，而她自己实际上还有洁癖，这就是一个平凡母亲体现出来的爱。

但在品格教育上，启元的妈妈一点也不含糊。但她很少说教，让孩子做到的事，她总是无言地去做，让孩子耳濡目染。她非常有耐心，在她看来，教孩子的过程，也是自我学习的过程，这个过程非常美好。她诚实、淡泊、待人热情、做事有始有终……她把一个个美好品格带给了孩子。她用自身经历传给了孩子两句话：富贵不张扬，贫穷不落魄。

无论任何时候，都不要忘记妈妈是最好的教育。每一个孩子都可以从妈妈身上看到他的未来，每个妈妈都用生命书写着纪伯伦的诗《关于子女》：

> 你的儿女，其实不是你的儿女。
> 他们是生命对于自身渴望而诞生的孩子。
> 他们借助你来到这个世界，却非因你而来，

他们在你身旁，却并不属于你。

你可以给予他们的是你的爱，却不是你的想法，
因为他们有自己的思想。
你可以庇护的是他们的身体，却不是他们的灵魂，
因为他们的灵魂属于明天，属于你做梦也无法达到的明天。

你可以拼尽全力，变得像他们一样，却不要让他们变得和你一样，
因为生命不会后退，也不在过去停留。
你是弓，儿女是从你那里射出的箭。
弓箭手望着未来之路上的箭靶，
他用尽力气将你拉开，使他的箭射得又快又远。
怀着快乐的心情，在弓箭手的手中弯曲吧，
因为他爱一路飞翔的箭，也爱无比稳定的弓。

[5]

爸爸永远都要在现场

湖南卫视的户外真人秀《爸爸去哪儿》节目异军突起，以 17.85% 的收视份额位列蛇年综艺节目第一，成为当之无愧的收视冠军。

作为一档娱乐节目，"爸爸去哪儿"何以如此吸引眼球，成为大家最津津乐道的话题？这个现象的背后究竟隐藏着什么？

不妨来看看海子的一首经典诗歌《村庄》。

村庄里住着
母亲和儿子
儿子静静地长大
母亲静静地注视

芦花丛中
村庄是一只白色的船
我妹妹叫芦花
我妹妹很美丽

村庄里住着母亲和儿子，爸爸哪里去了？中国传统文化中，父亲总是面目模糊，但却具有巨大的威慑力。在崇尚自由的诗歌里，父亲常常是一个缺席者，因为在家庭的伦理中，父亲既是家庭的保障者，也是规则的制定者、秩序的维护者，父亲是把双刃剑。

如果节目名称是《妈妈去哪儿》，这个节目一定完了，好妈妈胜过好老师，妈妈一直在这里。但《爸爸去哪儿》关注度就高了，因为父教缺失一直是中国的一大社会问题。

我们从不缺乏母教。"慈母手中线，游子身上衣"，我们的母亲文化源远流长，蔚为大观，与此相应的是，我们母教也大为兴盛。但很多时候，我们是否忽视了父亲的爱以及与此相关联的父教？

从传统教育中的严父慈母，一直到现在的父主外母主内，孩子的教育基本上都是孩子妈的事，父亲只管挣钱。只在孩子犯错的时候，母亲把孩子交给父亲来"执行家法"，要不然家庭教育基本上没有父亲的事。而父亲扮演这种角色的尴尬，也使得父亲和孩子失去了天然的亲近感，避躲父亲成为一个趋势，贾宝玉就是典型的一个例子。母亲教育孩子时，常常说，孩子你再不听话，我就告诉你爸了。这种教育，父亲其实并不在场，并基本上沦落为一个符号。可以说，父教缺失是中国家教的死穴。

不久前，孙云晓先生对"中美日韩高中生的比较研究"显示：高中生的首选倾诉对象中，中国父亲的排名是4个国家中最低的。

对于这一结果，我们一点儿也不奇怪，只觉得十分有趣。我们的父亲不大教育自己的孩子，但对孩子的要求却是最高的。这是典型的"小投入、大产出"的急功近利的思想。也许他们是这样想的："我负责挣好钱，你们负责读好书。"这两者就像是一个契约，一种交换，否则孩子就辜负了老子，就没有良心，就是不孝。

我们不妨和日本做个比较，日本的教育是鼓励孩子做普通人，我们的教育是让孩子做非凡的人。中国的传统一向是不甘心平凡，这当然有积极意义，但非凡毕竟是极少数，僧多粥少，这就是矛盾所在。

著名的儿童教育家阿德勒认为，儿童的健康成长离不开母亲之爱和父亲之爱。无论缺少哪一个方面，孩子的成长就是残缺的，不完整的。

母亲之爱的作用，是给予孩子一种生活上的安全感，而父亲的任务是教育和指导孩子怎样为人处世，怎样面对将来可能遇到的种种困难。一个好母亲的爱不应该成为孩子成长的障碍，也不应该助长孩子的依赖性。母亲应该相信生活，不应该惶恐不安并把这种情绪传染给孩子。她应该希望孩子独立并鼓励孩子最终能够离开自己。父亲的爱应该坚持某些原则并对孩子提出要求，应该是宽容的、耐心的，不应该专横而粗暴。父爱应该帮助孩子认识自身的力量和能力，建立自信，最终让孩子成为自己的主人，从而能够摆脱父亲的影响，独立健康地成长。

孩子婴幼儿时期，以母亲之爱为主，孩子感到安宁、温馨、安全和温暖，建立起对世界的初步认知和联系。到了小学阶段父母之爱，责任各半，感性和理性匹配，规训和教化同在。到了初高中阶段，母亲之爱的影响力逐步下降，父亲应该承担主要的教育责任，但我们正是因为传统的思想影响，以及应试教育的挤压，使得父教严重缺失，又因为男教师的严重缺乏，使得孩子人生教育中阳刚一面大为欠缺。这对孩子健康的个性、健全的人格发展极为不利。

和谐的教育，应该是孩子在母亲之爱和父亲之爱的交融中成长，并在青春期，通过对父母权威人格的降低中，通过叛逆或者是打碎，重新建立起自己的价值底座，然后健康地阳光地成长。我们乐于看见孩子们对我们的依恋，也希望看到孩子对我们的背离，只要这是他们成长的必需。

由于工作的繁忙，我真正陪伴启元的时间并不多。但是，每个周末，我们全家都要在一起看电影，电影成了一个重要的载体，我们借助电影交流，用一种我们刚刚学会的共同密码，和孩子交流。

启元还常常和我掰手腕，这些年来，由过去对付启元两只手还绰绰有余，到现在，我和他公平竞争已经心有余而力不足。一种幸福感伴随着一种失落感油然而生。

"孩子像河流一样唱着歌流去，冲破所有的堤坝。但是，父母却像山峰那样留在那里，忆念着，满怀依依之情。"这是泰戈尔的诗歌：尽管有一点痛，但我们还是快乐着。

爸爸永远在现场，永远参与孩子的生命成长。但在和孩子沟通中要注意"五到"：

第一是眼到。留意孩子的表情和精神状态，把握孩子的心理，做孩子的知心人。

第二是耳到。认真聆听，不说教，不训斥，不辩论，让孩子完整表达自己。

第三是口到。尊重孩子，以平等的态度与孩子交谈，不以"忙"，"别妨碍大人"等话打击孩子的积极性。

第四是手到。适当抚摸孩子，摸摸孩子的头，拍拍孩子的背，或者握住孩子的手，传达一份爱意，一份理解，一份支持。

第五是心到。这是最重要的，一定要关注孩子的内心感受，要设身处地地为孩子着想，切身感受到孩子的心情，然后给孩子提供建议，让孩子独立选择。

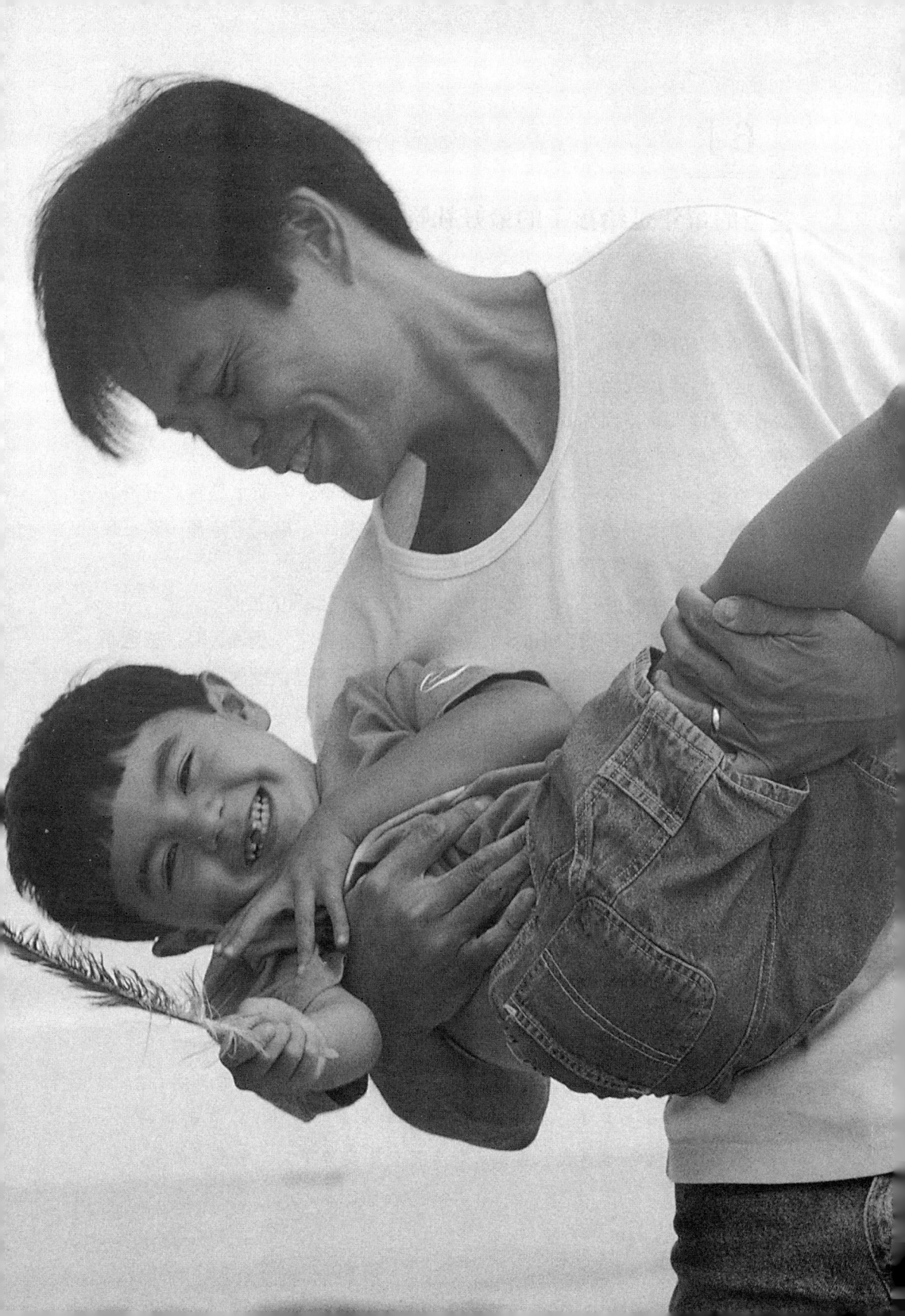

[6]

爸爸的童年是给孩子的最好礼物

孩子有时候会关心爸爸的童年,这是好事。

这个时候,我们千万不要忆苦思甜,用成人腔调对孩子进行苦口婆心的教育,而要真正回到我们的童年,回顾过去的生活和所思所想,用还原的童心与孩子对接,与孩子零距离交流。

启元小时候非常喜欢他爷爷,之所以喜欢爷爷,实质上是喜欢爷爷家的老牛。只要爷爷说一声,孙子哎,我带你去骑牛,启元一定是一跳三尺高,大喊一声:爷爷真好!然后,跑得屁颠屁颠的。

老牛是儿子的最爱。孩子不知道,其实老牛也是我的最爱。

有一天,儿子问我,小时候,你是不是经常骑牛?我说,对,爸爸小时候是牧童,放牛是我的一半职业。儿子惊掉了下巴,世界上还有这么好的职业。然后,我给儿子讲起了我和牛的故事。在故事的叙述中,我觉得气氛和天空都变了,那一天,我和儿子都是孩子。

记忆中有一只老牛,在我们家很多年,几乎陪伴我的整个童年。

小牛是我们家老牛的孩子,也就是家生崽。

有一天,我问我爸爸小牛的父亲是哪一个,父亲竟然回答不上,这让我对他大失所望。从此我对小牛更加同情,甚至有一点怜爱,它生下来,就没有了父亲,更难过的是,它还不知道自己没有了父亲。

小牛一天天长大,越来越强壮,头顶上长出了月牙形的角。角的长成,意味着一只健壮的牛的诞生。那时候,我也没有弄明白,一只健壮牛的长大,对于一个母亲,究竟意味着什么。直到有一天,父亲突然告诉我,第二天就要把老牛卖掉了。老牛累不动了,要卖肉牛。所谓肉牛，就是卖过去之后，最多休养两天，老牛就要被杀掉，然后变成很多餐桌上的牛肉。

第二天我上学去了。回来的时候，老牛已经不在了。据说，父亲牵它走的时候，它先是赖着不走，等父亲扬起鞭子，才不得不走出屋子。反抗是没有用的，这是多年来它得出的教训。走出之后，突然间它又跪在地上，流泪不止……

对于小牛，我有两件事，实在对它不住，偶尔想起，还是不能释怀。

一件是逼着它打架。

那个时候，最快乐的事就是放牛了。我家门前不远处，就是一条大河。除非迫不得已，牛是不敢过河的。因此，我们这些伙伴，只要把牛赶到河堤上就可以了。河堤上一望无际都是青草，牛能吃很久很久，似乎永远也没有把河堤上的草吃光过。这时候，我们都能尽情享乐，疯，打牌，下棋，玩游戏，到了晚上，一一把牛找回来，骑上去，前呼后叫，回家。没有牧童的短笛，却有心旷神怡的快活。

有一天，邻村的一个坏家伙，放了一头精壮的大牛。这头牛一看到我们家的小牛，就呼啸着冲过来。小牛落荒而逃，差一点把我踩到。那家伙竟然哈哈大笑！

我把小牛牵到远远的地方，躲开他，谁知道那个家伙一会儿又跟过来了。大牛虎虎生风，小牛落荒而逃。如此一而再，再而三，我终于惹火了，拼命鞭赶小牛跟它干。我们可以站着死，决不跪着生。人不可有傲气，牛不可无傲骨。小牛在我的鞭打下，终于迎上去，但是，刚一靠近，还没交战，就撒腿就跑，跑得屁滚尿流。我赶过去，把牛的缰绳短短地抓在手上，狠狠地打，我气急败坏，恨铁不成钢。

正在这个时候，那个家伙又牵着牛过来了。我心头火起，不再指望牛了，从来没有打过架的我，色厉内荏地警告那个家伙，那家伙脸上挂不住，自然不依不饶，终于，我们俩干了一架。

所有的人都惊呆了，我居然敢和他打架，我可是一个乖孩子啊，而那个家伙，却是当地的一个小霸王，家里弟兄好几个，抱团欺负人。我们哪一天不是被他欺负，不是躲着他？

一切反动派都是纸老虎，我三下五除二就把那个家伙摔倒在地，我的心怦怦直跳，又紧张，又刺激。我说："你还敢欺负人吗？"后来，我把这个家伙抓起来，悠过来悠过去，旁边有人起哄："把他扔到河里去！""把他扔到河里去！"我问："信不信我把你扔到河里去？"他终于恐惧了，一个劲求饶，我清楚地看到，他的脸都绿了。

也许是受到我的鼓舞，小牛突然冲过去，对着那头牛的屁股，狠狠一家伙，那头牛一个趔趄，跌倒在河沿下，爬起来，就是跑，跑，跑……

几天之后，那头牛看见我们的小牛，远远地躲开。那个人也不例外。实质上我心里怕得很，生怕他要寻仇，我知道他们家三个兄弟。我虽然也有一个哥哥，但如果知道我打架，首先教训我的，就是我哥。

江山和威风都是打出来的，这是我很小就明白的一个道理，但我却没有勇气去实践它。这也是我人生中唯一的一次打架。

还有一次，我玩疯了，很晚才回来，就选择了一条捷径，那条路我从来没有走过。一路上，我赶着牛，一路狂奔。走到一个下坡的时候，小牛拼命不动。死猪不怕开水烫，我狠狠地抽打它，它只是收紧了自己的屁股，任我打。

天已经快黑了，远方，我似乎听见妈妈叫我吃饭的声音，回家晚了，妈妈是要责骂的。因为人很多，要轮流洗澡，妈妈晚上还要洗好衣服，我必须顾全大局。我实在急了，挥起棍子，狠命地打下。小牛终于迈步奔下去，一棵歪脖子树横在路上，把我从牛背上扫下来。不知什么时候，我苏醒过来，四下里一片漆黑，满地都是叶子，我的嘴里还有泥土……

裤子破了，腿上有一块很大的伤口，小牛，正用湿润的舌头，慢慢地舔我的伤口,有一点痛,也有一点痒。那个时候,我终于明白,小牛是知道下面的状况的,或许是看见了,又或许是感觉,我骑在牛上,一定会被树枝刮下来!但我那个时候,却不依不饶,一定要报仇,可是,棍子也不知道摔到哪里去了。我口里喃喃咒骂。

突然,牛跪了下来。电光石火,它的母亲,那头苦命的老牛,负载着我童年的很多记忆的老牛,曾经就这样跪过。我一下子忘记了它的不是,似乎也忘记了疼痛。我忍住痛,从它的角上爬上去。牛驮着我,慢慢地、平稳地走回家……

生命的成长,是和牛相关的。我甚至不敢设想,假如没有牛,我的生命会是什么模样?是牛,让我明白了生命和死亡、艰辛和劳作、怯懦和勇敢,以及哭泣和感恩……

后来,我进城读重点高中去了,只在放假回来时,才和牛相见。牛在我们家待了那么久,它已经成了老牛了。安闲,顺着眼睛,波澜不惊。这个时候,牛有一间专门的小屋了,在外间,里间堆积着一些杂物。回家之后,我和母亲提出来,我需要一个人一个房间,于是,母亲就把那间杂物间整理出来,我住在里间,牛住在外间。

梁上是隔开的,母亲很节俭,这样,正好两个房间可以共用一盏灯。每天我读书写字的时候,老牛就在外间吃草,然后,就是慢慢地反刍,像在咀嚼往事。四下里有稻草的清香,有蝈蝈的叫声,偶尔还有昆虫的飞舞,在灯的周围,而牛,始终用春蚕一样的旋律伴我入眠。

母亲说,最奇怪的是,自从我搬进去之后,牛就不在房子里拉撒了,一次都没有。我这才想起,牛也是要拉撒的,不知道牛是怎么憋住的,它一定是很小心,珍惜这段和我相处的短暂时光。

很多年之后,这都是一段极其温馨的日子。生命的某个阶段,我是一个不折不扣的牛郎,只是没有七仙女。

牛的故事说完了，儿子的眼睛里竟然有了泪光，我什么也不说了，拥抱了一下儿子。我知道有很多东西，无法说，也不用说，需要时间来酝酿和体悟。这就是在教育中，我们为什么要相信岁月，相信种子。

但我越来越坚信，爸爸的童年是很好的教育，所有美好的东西，我们都需要和孩子分享。当分享成为父子的一种常态，我们就能打破代沟和隔阂的宿命，我们就会在孩子对我们的分享中保持一种童心，我们不仅被尊重、被需要，也被信任，最终达到多年父子成兄弟的最高境界，何乐而不为？

[7]

经常带着孩子疯一把

启元在芜湖的方特欢乐世界玩过之后，觉得很爽。但唯一的不爽，是我们没有陪他玩。他所说的刺激和感受，我们无法领会，他的快乐也就少了很多。这就像我们看一场足球赛，一个人看，总没有很多人看有意思。孟子说，独乐乐，不如与人乐乐。

因为这个原因，启元几次提出来，希望他做向导，带我们好好玩一次。于是，假期里我们陪同儿子，一起疯了一把。

方特没有大小之分，长幼之别，走进方特，你就是孩童，就融入了欢乐世界。

"飞跃极限"中，我们一起扯着嗓子惊呼，我们从埃菲尔铁塔的缝隙中呼啸而过，蓝色的海水打到我们的脚上，我们的衣服牵绊着自由女神像，我们越过布达拉宫，从故宫的中轴线一切而过，我用我的脚给整个皇城做了一条切线。然后，就是草原，浩瀚的无边无际的草原，最后，我们不断地升腾，直到世界最高峰——珠穆朗玛峰，突然，我们直接坠落万丈深渊，在雅鲁藏布江上飞翔，巨大的海鸟，扑扇着翅膀，还有迎面而来的巨浪……

第二个栏目是"星际航行"，可想而知，我们驾驶着宇宙飞船，在广袤的外太空中航行，我们见识了一个无限神奇的世界。无数的陨石，每一块都有几栋楼大小，铺天盖地砸来，我们的航天器，灵巧地躲过一个个危险，在我和儿子的惊呼声中，安全抵达我们要去的未名星球。

等待探访"神秘河谷"，是一个非常漫长的过程。我们每个人都买了两套雨衣，把自己包裹得像一个雨人。儿子再三叮嘱我们，一定要把雨衣穿好啊，不然一定死得很惨。

好容易坐上一只小船，估计有20多个人。我们出发了，一路上都有阴森森的叫声，突然，墙壁被推开了，一个骷髅头伸了出来，引来几个女生的惊叫。然后，四面八方都伸出青筋暴露的枯黄的手——恶魔的手。我们就这样经历恐怖。突然，我们的船离开水了，一个台阶一个台阶地爬上山顶，也不知道升了多久，我们终于到了山顶。

有人提醒我们最刺激的一刻就要到了，我屏住呼吸，咬紧牙关。

嗖的一声，我们的船成了飞船，飞向空中，然后，像断线的风筝一样坠落，坠落，溅起数丈高的巨浪，我们全部被水淹没了。我浑身湿淋淋的，因为坐在后排，整个浪都涌进来，我的屁股全湿了。

最糟糕的是，天灾过了，还有人祸。经过游人区的时候，很多人都用水枪和水炮干我们，把我们往死里整，因为和我坐一排的是两个大美女，我们那一块成了重点打击的区域。

上岸的时候，我才发现，很多人脱掉雨衣，马上加入了人祸的行列。一块钱放三炮，或者一块钱20秒水枪。有一个白领女人，长得非常秀气，估计有30多岁了，一开始不好意思，怯生生的，干了一会儿坏事，觉得刺激，干脆端起枪，疯狂扫射。

"维苏威火山"也非常刺激，本来不想玩的，我害怕那种尖锐的刺激，但是，儿子提醒我，爸爸，组织考验你的时候到了，你不可以退缩的。既然是儿子这个最大的"组织"考验我，我自然不能拒绝，拼着老命也就上了。很多人都在互相提醒,不要吃东西,防止下来要呕吐,我心里更是忐忑不安。

再后来,我豁出去了,想,怕是解决不了问题的,反正安全是没问题的,反正是不会死人的,反正等一会儿我还是会正常的。这样想着,就不再前怕狼后怕虎的了。

到了我们,坐上了飞车。工作人员让我们把包和眼镜全部摘掉,做好最后的准备。我们的过山车,是要穿过火山,所以速度更有要求。这样的项目,只要你一坐上去,马上就会后悔的。

果然,随着过山车往山顶上爬去,哐当哐当,我的心也随之咚咚咚敲起了战鼓。突然间过山车一泻而下,如一条扭动的长龙,从山谷中迂回曲折,我们整个人都被甩起来,屁股离开了座位,身体一会儿倒向左,一会儿倒向右,时间一下子凝固了,大脑一下子空白了,意识一下子麻木了,耳朵一下子什么也听不见了。

终于,车子缓缓地停了下来。谢天谢地,总算下来了。但过了一会儿,过山车又往山上爬去,哐当哐当,似乎永远不会停歇,要比上一次爬得高得多,原来第一次是小意思,只是让我们喘息一下,更刺激的还在后头,后头简直是生不如死……

方特回来之后,儿子问我感觉如何。我说,这种感觉我说不出。总之,就是我太喜欢了。

回头想一想,人一生中不为功利,真正为了快乐而做的事情,是多么稀少啊。然而,一个人活在世上,又必须要有自己真正爱好的事情,才会活得充实,有意思。假如,一个人做一件事情,只是觉得这件事情非常美好,他被美好吸引,他愿意去做,在做的过程中,他就体验到了最大的快乐。这种人才是幸福的。

真正的教育工作者也应该这样,他必须要有自己的一个精神的小屋,有自己一块独特的园地,他在这个园地里,挥汗如雨,侍弄花草,他不是要出售这些花草,他只是为了春天或者为了美丽。唯有这样的小屋,才能淘洗去世俗的尘埃,使我们活得简单并且纯粹。这种简单,能够使得我们剔除外在的束缚;这种纯粹,能使我们活得比较自由。

因为陪儿子疯了一把,儿子也和我们更贴心了,我们也有了更多的共同语言,这是走进孩子心灵的必需。和孩子能玩到一块,才能说到一块儿,打破父母的权威,孩子才能真正成长。

陪孩子玩的注意事项有:

第一,最好是孩子主动提出来,父母欣然呼应。

第二,最好听从孩子指挥,相信孩子会安排得井井有条,这既是充分信任孩子,也是锻炼孩子。

第三,一定不要附加任何条件。玩就是玩,玩既是目标,也是结果。

第四,一定别忘记谢谢孩子,感谢他带给我们那么多的快乐,并约定下次游玩的地点和时间,让未来永远都在憧憬之中。

[8]

抢着做孩子的第一粉丝

启元八周岁的时候,读三年级,可在我眼里,他仍然是小不点。现在,我该对他刮目相看了。前天晚上,他突然出了一道数学题,差一点就难倒了我。于是,又回忆起儿子从前的种种。

一年级,儿子曾经就练习上的一个词倒过来变成另一个词来求教我,比如"火焰"倒过来变成"焰火","青年"倒过来变成"年青"。当我告诉了他规则,儿子一下子就明白了,他竟然要挑战我。我自然是慷慨应战,结果,他一餐饭不到的工夫就想了十组,比如,"天上、上天,楼上、上楼"等等,而我只想了三个。结果自然是儿子大获全胜。

从儿子的身上,我常常看到自己的影子,更多的时候,他简直就是我的偶像。

儿子三周岁的时候，看到我们每天早晨都要做仰卧起坐，于是他也跃跃欲试，扬言能做一百个。结果，在我们的欢呼声中，儿子涨红着脸，终于做到了一百个。那种体质、那种永不服输的精神让我们没法不动容。

后来到了外校，一年级的时候，儿子非常喜欢悬梯，两只手抓着，悬挂在上面，从这边到那边，一开始一个杠换一下手，后来是两个，再后来是三个，最后是四个杠一换手，让高年级的学生都叹为观止。结果儿子手上起了指甲大的血泡，再后来血泡破了，儿子满手是血。老师吓坏了，带他到医务室看，刚包扎好，他又挂在上面了。喜欢就勇往直前，这就是我的儿子！

儿子是外校全年级最小的学生，而外校的小学部又是全市最好的小学，有很长的时间儿子都是班级的倒数第一。我从来不管他成绩，还常常陪他在家看电影，儿子对电影的兴趣和我一样大，学习被我俩扔到了九霄云外。

到了三年级，某一天，我们突然收到老师的短信："热烈祝贺王启元同学获得三年级数学竞赛一等奖（唯一的满分）！"放学后，儿子回来了，把奖品偷偷扔到橱里，就玩去了。晚上还是一样和我看电视，好像没有这回事。

还有一次，家长们听老师上公开课，老师先说："今天这么多家长来了，哪个小朋友代表我们跟家长说几句话。"儿子马上站起来说："亲爱的爸爸、妈妈，你们平常太辛苦了！我代表小朋友们谢谢你们，我们会很乖地读书。"闪光灯四起，掌声四起，儿子的表现让我汗颜。在那一节课上，儿子总共回答了五个问题，是全场最闪耀的明星。

但我真正认识儿子，还是过年回老家的时候。儿子得到了好几千元的压岁钱，吃年夜饭的时候，所有的人都说，想听儿子说说吉利话。在课堂之外，我其实是一个不擅长言谈的人。儿子像我，平常也很少说话，我以为儿子肯定说不出。

可能是压岁钱的刺激，儿子豁出去了。他郑重其事地说，让我想一想，更是惹来一片笑声。

儿子从奶奶开始说起:"我祝奶奶身体健康,能活一百岁。"奶奶乐呵呵地笑了。我觉得这句话不错,能够契合奶奶身份。谁知道好戏才刚刚开始呢!

儿子接着说,希望他大伯(也就是我哥哥):"早日成为一个好的猎手。"大伯笑岔了气。原来,整个下午儿子屁颠屁颠跟着大伯打鸟,结果,一只鸟也没有打到,儿子当然很不满。

这时候,大妈去厨房了,大伯告诉儿子说:"你大妈每天都要打麻将,等会儿你祝她天天赢钱。"儿子很惊讶,可能在想,为什么要打麻将呢?

大妈回来了,儿子想了想,严肃地说:"我祝大妈早日戒赌!"所有人都笑得不行,问,为什么要戒赌呢?赢钱不是挺好的吗?他们在逗儿子。儿子说:"赢了钱是犯法的,人家输了钱一定很难过。"我当时就特别感动,多可爱的儿子啊!既有逻辑的判断,还有天真的爱心。

然后到了他亲爱的妈妈面前,儿子祝愿说:"希望妈妈永远年轻漂亮,眼角的皱纹早日消除。"妈妈笑得流出了眼泪。可能经常看到妈妈在家臭美吧,儿子这样祝愿。

儿子接着说:"希望我爸爸的文章传遍全世界。"这次,反而是我不好意思了。

最后,儿子对爷爷说:"祝愿爷爷的病情早日——"儿子找不到一个好词,涨红了脸。我们都提醒他,康复、康复。儿子显然不理我们这一套,而是换了一种说法:"祝愿爷爷身体早日健康!"爷爷高兴得不行,连声说,我祝孙子考清华大学。儿子一撇嘴,说:"不行,我要考哈佛大学。"

这就是我的儿子,能够根据每个人的特点,契合每个人的身份,说出最精彩的话。

想到过去,每天上完课,我常常都要跨越长江去看他,我觉得特别值。

儿子,是我的偶像。我们夫妻俩是儿子的超级粉丝。但说老实话,做粉丝的感觉真好。

做孩子的粉丝要注意几个方面:

第一,要真诚,你要真的欣赏,真的喜欢,真的崇拜,要做孩子的真粉丝。

第二,要通过你们的"粉",让孩子感觉到自己的优势所在,从而强化自己的优势,获得强大的自信心。

第三,父母也要努力打造自己的某一方面,让孩子也成为自己的粉丝,家庭互粉,才更有意义。

天安门留影:在庄严肃穆的地方,张开翅膀,飞翔。

第二辑　培养良好的学习习惯

[1]

孩子回家的第一句话

很多家长回家看见孩子，第一句话百分之八十都是——"作业写完了吗？"

"作业写完了吗？"高票当选为孩子最讨厌的话。这句话简直就是孙悟空的紧箍咒，只要轻轻一念，孩子立马面如金纸，生气全无。

为什么这句话的杀伤力这么大呢？

想想看，孩子劳累一天回来，一口气还没有喘过来，父母就要追问他的作业，孩子的厌烦和苦恼可想而知。孩子就会想，父母从来不会在意他的健康和身体，父母只在意他的成绩，有了成绩就有了一切，没有成绩就一无所有。父母的爱都是假的，只要成绩不好，爸爸是一副凶脸孔，妈妈也没有好声气。

很多孩子对父母愤愤不平：你们究竟是爱我，还是爱我的作业啊？你们口口声声地说爱我，其实是爱我的成绩。你们打着爱我的旗号实现你们的目的。很多东西只是你们的愿望，未必是我们的想法。

但这只是孩子内心的呐喊，在重压之下，孩子没办法也没有能力对抗，于是，他们开始消极怠工，出工不出力，死猪不怕开水烫，磨蹭、拖拉、撒谎、沉默、惹是生非……

到了这个时候，我们家长真的是叫天不应，叫地不灵了。

其实，我们不妨换位思考，如果你工作了一天，累得像一条狗，刚刚回家，你的上司就要求你去加班，你心里怎么想？更要命的是，上司不但要求你加班，而且每天都在你下班后要求你加班，你会不会也要崩溃？

这就是换位思考的妙处。

《笑林广记》中有一个笑话。有一个妈妈信佛，每天都在家念"南无阿弥陀佛"，一直念叨不停，非常虔诚。孩子感到很苦恼，没办法解决这个事情。后来,他想了一个办法,只要妈妈念"南无阿弥陀佛",他就喊"妈妈"。妈妈念一声,他就喊一声。后来,他妈妈不胜其烦,责骂他:孩子,你别喊我了,我都快疯了!孩子这时候才劝告他妈妈,我叫你的名字,你都要发疯,那么,你每天这样念经,菩萨的感觉会怎么样?从此之后,孩子的妈妈就很少执着地念经了。

爱也是需要学习的。孩子其实不怕累、不怕苦,怕的是不被理解、不被真爱。孩子会为真爱而努力,而且心甘情愿,并且把这种努力内化为自己的行为。

由此看来,不是作业出了问题,而是爱出了问题。中国98%的家长错把爱的方式当成了爱。比如给孩子最好的东西吃,最好的衣服穿,我们以为这就是爱了,但这只是一种爱的方式,并不是爱本身。

真正的爱是没有附加值的,相信教育是慢的艺术。以极大的耐心,关注孩子的心灵,尊重孩子的感受,时时刻刻想到孩子一生的长远发展,倾注心力发现和创造一切机会,帮助、引导和促进孩子发现自身潜力,进而在让孩子与外在的积极互动中,认识自我,找到自我,获得自我肯定与内心的尊严感,并由这种尊严感导引,建立起坚定的道德信念,表现出持之以恒的道德努力。

孩子成绩不好,绝不指责孩子,而是蹲在孩子旁边帮孩子找出出错的原因;每一个孩子都是不同的焰火,永远不拿孩子与别人比较;尊重孩子,不在外人面前批评孩子,让孩子永远做他自己。

尽量少问孩子作业有没有做完,而要多和孩子交流以下几个方面。

第一,孩子,今天你在学校里快乐吗?说出来听听。

这个问题其实告诉孩子,你一定要快乐。也就是说,在爸妈心目中你的快乐是最重要的。

第二,班级里发生了哪些好玩的事?请与我们分享。

这个问题实际上是鼓励孩子,做一个有心人,永远发现生活中的美,这既是交流,也是给孩子放松。

第三,你今天又有哪些精彩的表现?

这个问题是提高孩子的自信心,注意这里的"又"字,让孩子确认一下具体学到了什么,每天都有所得,一天一得,得得相连,孩子就会在反思中不断积淀。

第四,有问题,不要找百度,而要找爸妈。

这个问题不仅幽默,而且富有多层意思。一是爸妈关心你,会帮你,但学习是你自己的事,自己的事要自己干,靠天,靠地,靠老子,不能算好汉。

简简单单的四个问题,包含了很多关爱和关怀在里面,事实证明很有效。在教育理念中,要把孩子教育好,最关键的就是亲子关系要处理好。

如果家长在孩子心中建立起绝对的信任,孩子相信家长无条件地爱着自己,相信家长所有批评、表扬的出发点都是为了自己好,如果孩子在潜意识里对此达到完全相信的地步,那么这种关系便是良性的,是相互关爱、相互支持、相互理解的稳定关系。在这种情况下,所有教育孩子的最简单的事情,用苏联大教育家苏霍姆林斯基的话说就是"伴随孩子成长"。

但现实生活中,一个非常尴尬的现象就是孩子不愿意与父母交流,更不愿意父母陪伴,其原因何在呢?

其实,孩子不跟父母沟通,主要是因为他觉得跟父母沟通没有意义。一是父母不理解他,总是从自己的角度指责和训导他;二是父母不能提出建设性或者启发性的建议。想想看,孩子跟父母畅谈心里话,但父母总拿自己的经验大做文章,听不进孩子的想法,不尊重孩子的选择,长此以往,哪个孩子还愿意跟父母交流呢?

因此,父母和孩子交流要始终记住三个词语:闲聊,聆听,建议。

一是最好从生活小事打开话匣子。从生活小事谈起,容易有气氛,能谈得起来,避免孩子"我不清楚"一句话就封死了交流的渠道。

二是最好从别人的事情说起。不是针对孩子本身,孩子就不会有逆反心理,但家长却能从中看出孩子的态度、情感和价值观。

三是永远设身处地,用同理心为孩子考虑。比如孩子考砸了,你说:"考不好心情一定很难受,但没关系,有一次我考砸了,我……"孩子听着听着,就会宽慰很多,并暗暗下定决心,下次一定东山再起,卷土重来。

四是永远做倾听者，不做说教者。

很多时候，聊天只是一种发泄，那就让聊天回到聊天，永远做倾听者，不做说教者。孩子就愿意源源不断地说下去。我们只需要对孩子的话题保持高度兴趣，多询问、少评论，多说"你"、少说"我"，这就是最好的沟通。

[2]

教育要从孩子的需求出发

很多时候，家长辛苦复辛苦，辛苦何其多？孩子逍遥又逍遥，逍遥又如何？家长不断退让，孩子步步紧逼。久而久之，最让家长心痛的是，孩子变得身体肥胖，好逸恶劳，攀比虚荣，自私自利。其实，孩子的手很小，需求很简单，家长给的东西要少一点，最重要的是从孩子真正的需要出发。

有一个小兔子钓鱼的故事，非常有意思。小兔子去钓鱼，第一天没有钓到；第二天又空手而归；第三天眼看着就要过去了，小兔子很失望，决定回去了，突然一条鱼从水里跳出来对兔子喊着："小兔崽子，再拿胡萝卜当诱饵，小心我拍死你！"

这个故事意味深长，对家长来说，很有启发意义。

假如把这里的小兔子看成是大人，把鱼看成是孩子，我们可以把这个寓言故事理解为——大人对孩子学习或做某事的引导。

小兔子以自己的喜好代替了鱼的喜好。胡萝卜只是兔子最好的美味，对鱼来说，蚯蚓才是上帝的礼物。能诱惑父母的不一定能诱惑孩子啊。

家庭教育中我们常常犯此类错误，故意挖空心思制造一些问题，殊不知这些都是孩子知道的，或者是孩子不感兴趣的，那只是我们家长的"胡萝卜",孩子真正所需要的"蚯蚓",我们却又忽略不计,如此下去,孩子怎么会对我们的教育感兴趣呢?

有段时间,儿子疯狂地喜欢奥特曼,我也就沉下心来,先是弄清奥特曼家族:老大叫佐菲。老二叫奥特曼,又叫宇宙英雄奥特曼。老三叫赛文。老四叫杰克。老五叫艾斯。老六叫泰罗。老七叫雷欧。老八叫梦比优斯。老九叫赛罗,赛罗是赛文的儿子。接着研究奥特曼家族每个人的特点、战斗力、致命缺点。儿子甚至对奥特曼的每个人的战袍都是一目了然。我自然也不甘落后。

奥特曼就是儿子的"蚯蚓",我借助奥特曼给孩子讲解了很多道理。比如男子汉的担当,社会责任感,个体生存不能离开集体而独立存在……也就是从那个时候起,儿子的词典里有了热血和能量,这些,无疑是一个未来男子汉最重要的词汇。

老舍说,考而不死是为神。儿子在以后的那么多次的考试中,无论经历多少挫折和痛苦,从来没有被不幸打倒,我觉得奥特曼都起了重要的作用。孩子阅读和看的某一个东西多了,慢慢就会打下那一种烙印,就会具有那一种气质。

父母喜欢孩子所喜欢的东西,投孩子所好,认真把握孩子的需求,就能和孩子拥有共同的语言密码。一旦拥有了共同语言,教育就轻而易举了。

那么,青春期的孩子常常有哪些需求,家长如何正确对待孩子的需求呢?

青春期孩子一般有四大心理需求。

1. 合理的物质需求。对于追求攀比和盲目从众的孩子来说,一定的物质需求,是可以理解的。孩子需要一定的物质基础,融入同学中去,和他们结成朋友,获得定位和安全感。但家长一定要坚持一个"度",这个"度"就是孩子的需求是否正常。不论男孩子,还是女孩子,我倾向于穷养,也就是给孩子的物质的"度"大致处于全班孩子的平均数或平均数稍下。这样既不会让孩子产生自卑感,也不会让孩子因物质需求膨胀产生分心。

2. 获得帮助的需求。孩子在成长的过程中,遇见的问题越来越多,事情越来越复杂。比如成绩的不尽如人意,老师的批评,同学的误解,青春期的困扰，甚至人是从哪里来的？为什么活着？为什么要面对这一切困难？什么是人生观？什么是幸福？我要的幸福在哪里？……孩子们有很多的迷茫，需要有人帮助他们拨开迷雾，揭开谜团。

那么，我们家长怎么做呢？

家长一定要避免一个误区，以为关心照顾孩子就是帮助，让孩子饭来张口，衣来伸手就是帮助。恰恰相反，这些过度的帮助，使得孩子失去了动手能力，好逸恶劳，反而是伤害了孩子。

其次是家长要建立一个氛围。不是任何人的帮助孩子都会接受，包括来自家长的帮助。这就要求家长必须是孩子信任的人，孩子只接受自己信赖的人帮助。这不仅需要家长有让孩子请求你帮助的愿望，自己也要不断学习，最好像哆啦 A 梦一样，确实有帮助孩子的本领。

最后，这个帮助不是赐予，也不是给予，而是共同面对。孩子需要的是平等的、有效的、具体的帮助，而不是居高临下的、命令式的指导。家长努力把"你应该这样，你不应该这样"换成"我们可以这样，我们还可以这样"，意思虽然差不多，但效果会截然不同。

3. 朋友的交往需求。孩子进入初中之后，开始交朋友。朋友占用了孩子和家长相处的时间，孩子为了朋友有时候甚至不顾一切。家长这时候一定要理解孩子，这是他们特定阶段的心理需求。孩子的世界广阔了，遇到的问题多了，困惑多了，而有些问题显然不能和家长交流，朋友是他们交流和倾诉的第一渠道，也是孩子最直接的帮助者。

家长最好的办法，就是支持孩子交朋友，并努力成为孩子的朋友，让孩子信任你，愿意和你交流他的困难和困惑。家长一定要学会倾听，给孩子宣泄的机会，减轻孩子心理负担。听后，家长要和孩子一同协商，给孩子提出建议，供孩子选择。家长成为孩子最信赖的朋友，是最好的方法。

但同时家长也要明确孩子交友的底线。比如，坏人不能做朋友，自私的人不能做朋友，自以为是的人不能做朋友……特别重要的是，还要早早告诉孩子，一定要有心理准备，朋友不一定是永恒的，朋友也会变，甚至也会绝交。

4. 对异性关注的需求。家长一定要搞清楚，孩子喜欢异性是正常的，美好的。一点也不喜欢异性，才是不正常的，可怕的。一个孩子完全没有过初恋，甚至暗恋，其实对孩子的成长并不是一件好事。我们只不过希望孩子们再懵懂一些，情窦初开的时间再晚一些而已。

家长正确的做法是，首先创造和谐温馨的家庭氛围。当孩子很容易在家里获得亲情的抚慰，美好的正能量，孩子就不会孤独，就算有了一些青春的懵懂，孩子也愿意和家长交流。

其次，当孩子举止异常时，家长既要不动声色，又要细心观察，但切记不能大惊小怪。像对待特务一样对待孩子，暗中窥探孩子的隐私，含沙射影的讽刺，忧心忡忡的唠叨，捕风捉影的批评，都只会加重孩子的逆反心理，从而促使孩子在异性面前寻求安慰，对孩子的"爱情"起到了推波助澜的作用。

最后，有意识地给孩子收集一些好文章，让孩子理解爱情确实是美好的、甜蜜的、温馨的，但爱情也需要责任和担当。青涩的苹果是酸的，瓜熟蒂落的红苹果才会成熟香甜，爱情也是如此。学生时代努力学习，认真锻炼，有一个强健的身体，向上的心态，美好的前程，那么，属于自己的美好爱情一定会姗姗而来。

[3]

尊重孩子的独特思维

对于孩子思维，或者是孩子腔调，很多大人不屑一顾。但我们忘记了一句古话，小孩嘴里吐真言。我们忽视了这里的真言，不仅是真实的话，也是真理的话。

很多家长认为，家长经过的桥不是比孩子走过的路还要长，吃过的盐不是比孩子吃过的饭还要多？家长都认为孩子幼稚，但家长们似乎都忘记了一个事实，每个家长都曾经是孩子，而且，童年还是最让人怀念的一个季节。

小王子说，他画的作品1号，是一条蟒蛇吞了一只大象，但所有的大人，都认为这是一顶帽子。小王子又把巨蟒肚子里的情况画了出来，以便让大人们能够看懂。这些大人总是需要解释，小王子痛心地说。

大人都已经堕落了，难道不是吗？

很多大人，好多年没闻过一朵花，没看过一颗星星。他什么人也没有喜欢过。除了算账以外，他什么也没有做过。他整天老是说："我有正经事，我是个严肃的人。"这使他傲气十足。他简直不像是个人，他是个蘑菇。

大人都需要解释，大人不过是一个蘑菇，这就是小王子对我们成人的评价。

经常看到一些大家，他们如星辰辉映于天空，如高山巍峨而高大，但他们都有一个共同的特点，就是孩子气，或者说是天真。

天真，是打开艺术之门的一把钥匙。但我们的成长，却要以天真的丧失为代价。这是一个悖论。

当我们一天天成长，十万个为什么就越来越少，我们的创造性也越来越萎缩。我们不再成长，因为我们没有问题了，也失去好奇心了。一个残酷的事实是，我们越成长，离死亡就越近。这简直是一个隐喻。我们离创造的死亡，不也是越近？

人不可能是绝对客观的，被社会格式化了的大人，更是如此。而孩子因为没有被污染，活得比较真实，真理也是赤裸裸的，没有任何的附加物，在这一点上真理与孩子非常切近。因此，孩子离真理更近。

福建省漳州市有一个南山寺，那里有一个菩萨，泥塑的，塑造得非常精致，而且有很多年了。关于这个菩萨，还有一个掌故。

塑造这个菩萨的人，据说是一个大师。大师很自信，简直就是傲慢，菩萨塑好之后，大师满意得不得了，于是就开始显摆。他说，我塑造的这尊菩萨十全十美，如果你们挑出任何毛病，我分文不取。

漳州府的官员，很想节省一笔经费，就发动全城的老百姓，都来挑毛病。人山人海，鸡蛋里挑骨头，但愣是挑不出毛病来。

有一个妇女抱着孩子，也来凑热闹，她也看不出毛病。正要走的时候，她怀里的孩子大叫一声，妈，我看出毛病来了。

大家都很惊讶，也很恼火，小孩子家懂得什么。倒是这个妇女比较民主，反正，让孩子说说看嘛。孩子就说了，这个菩萨的手指太肥了。有大人说，这算不上毛病吧。可能这个菩萨，比较胖，成天坐着练功，没有减肥。但是，孩子又说了，你看看这菩萨的鼻孔，很小。又有大人说了，这算什么毛病？人家天生的，你难道不许人家鼻孔小一点？可孩子又说，这可是个大毛病，如果这个菩萨鼻孔发痒，要挖鼻孔，那手指伸不进去怎么办？

石破天惊！醍醐灌顶！一语惊醒梦里人！

大人不得不承认小孩子说得对。这么明显的毛病，为什么这么多大人视而不见，而小孩子却能一眼看穿？

因为小孩子对于挖鼻孔，有特殊的兴趣，有深刻的体验，有迫切的关注，而大人却没有这个癖好。或者过去有，但忘却的救主早已降临了。

小孩子的天真，还表现在大胆，初生牛犊不怕虎。正因为孩子什么也不怕，所以，敢想，更敢说。

启元也是如此，常常有惊人之语。

有一个国庆假期，我们俩追了一部剧《刀锋1937》。该剧借助上海滩黑帮江湖争斗，引出1937背后的民族博弈。

顶针，一个胆小如鼠的弄堂小混混，鬼使神差，成为上海滩的老大。台湾的寇世勋沉稳厚重，举手投足，老大气质，贵族气息，一览无余。大陆的孙红雷近些年异军突起，本色表演，玩世不恭，却个性十足。香港的叶童饰演的风尘女子，也是仪态万方，风情万种中有一丝忧郁、一丝怅惘，人物内在的把握丝丝入扣。

假期倒数第二天是最后三集，难怪儿子说是放给他们看的。

《刀锋1937》的最后，惊心动魄。庞德和郑树森两个患难与共的兄弟，再度携手，送走共同深爱的女人，对抗共同的仇人日本鬼子。"谁能与我浴血奋战，谁就是我的兄弟。"这是刘先生唱戏的一句台词。但这句话激动人心。在打完所有的子弹之后，庞德的眼睛瞎了，郑树森却在枪林弹雨中看到了那些死去的兄弟。最后，郑树森拿出最后两颗手榴弹，一人一个。庞德说："我们再和他们干。"郑树森说："大哥，我们该走啦。"于是，两个人迎着日寇的炮火，拉响手榴弹，冲向敌群。画面定格在那里，久久地……

儿子和我都受了感染，很长时间没有说话。孩子妈那个时候正在烧饭。

吃饭的时候，儿子给她叙说这个场景。儿子最后说："结束的时候，两个人定格在那里，一段历史定格在那里。"想了想，儿子又说："他们也定格在我心里。"

一瞬间，我忘记了吃饭，和他妈妈偷偷交换了一下眼色。

江苏省第九届高中作文大赛的题目就是《定格》，假期我布置给学生做的就是《定格》，我这段时间苦思冥想的就是《定格》，没想到我儿子一口气说了三个定格。"定格"在我儿子眼里，如此简单，如此丰富。

是的，庞德和郑树森最后定格在那里，两个人定格在那里。但人就是历史，没有人就没有历史，历史是由人编织的。因此，历史定格在那里。但任何历史如果没有人记取，这个历史是没有价值的，是冷的、冰封的，因此每一段流着眼泪和鲜血的历史，都定格在我们的心里。不是吗？

这就是孩子思维，天花乱坠，但又石破天惊。知道了这些，我们家长就会敬畏孩子，有时候，大胆一点，放开一点，让孩子说一说，讲一讲，谈一谈，也许有意想不到的精彩，所谓的教学相长也包括家长和孩子。

尊重孩子的独特思维，孩子才能自由地成长，直至长成参天大树。我们完全可以根据国外的大树法则来推动孩子的成长：

1.成为一棵大树的第一个条件：时间。

每棵大树都是慢慢长成的，经历了无数的风、无数的雨，还有虫子的噬咬。人也是这样，要想成功，一定要给自己时间。时间就是经验的积累、环境的选择、平台的构建和能力的提升。

2.成为一棵大树的第二个条件：不动。

没有一棵大树，第一年种在这里，第二年种在那里……最后能够长成一棵大树。一定是千百年来，咬定青山不放松，屹立不动。正是无数次的经风霜、历雨露，最终成就大树。这就告诉我们，人一定不要三心二意，而要认准一个方向，锲而不舍。"蚓无爪牙之利，筋骨之强，上食埃土，下

饮黄泉，用心一也。"

3. 成为一棵大树的第三个条件：根基。

树有千百万条根，粗根、细根、微根，深入地底，忙碌而不停地吸收营养，成长自己。绝对没有一棵大树没有根。对于人而言，要想获得成功，一定要不断学习，不断充实自己，打好深厚的根基，根深才能叶茂。

4. 成为一棵大树的第四个条件：向上长。

每一棵大树，一定是先长主干再长细枝，一直向上长，绝不能旁逸斜出。这给人的启示就是要想成功，一定要向上生长。不断向上才会有更大的空间，"居高声自远，非是藉秋风"。

5. 成为一棵大树的第五个条件：向阳光。

阳光，就是大树的希望所在，大树向着光，向着成功，努力生长，而绝不会朝向坑洞，长向黑暗。人也是如此，要想成功，一定要心怀坦荡，心向光明，不屈不挠，坚信风雨过后是彩虹，阴影过后是阳光。

[4]

珍惜孩子的第一次创作

孩子成长中的每一个第一次，家长都需要格外珍惜。因为孩子最初的灵光乍现，很可能就播下了他一生的种子，或者是打下烙印，成为他心灵中永恒的基因和密码，然后，在某一个日出或黄昏，突然从沉睡中苏醒，引领着孩子走向前方。

启元二年级，有一天，我接他回家，走在路上，儿子突然说："爸爸，我想作诗。"我哈哈大笑，小孩子连作文都不会做，竟然要作诗了。

但我还是鼓励他，儿子你大胆地作，你爸爸记忆力好，保证把你的诗记下来,还在我的博客上发表。

于是,儿子煞有介事地开始做了,拖着口音和鼻涕,几乎是口占一绝:

> 春光明媚花正艳,
> 鸟飞燕归风满面。
> 夜宵之月美不得,
> 只闻花香赛神仙。

我狠狠地把儿子夸赞了一番,我说,你爸爸是从初三才开始有意识地写作;你是从二年级开始,你太了不起了。

我赶紧把儿子的大作发在我的博客上,对于儿子的第一篇作品,我把它看得比金子更宝贵。晚上很多朋友纷纷点评、鼓励,我把所有的评价都记下来了。

第二天一早起床,儿子睡眼蒙眬地问我,爸爸,有没有把我的诗发表啊?有没有人看啊?我把叔叔阿姨的评价都说了一遍,以为儿子很高兴,谁知道他认为正常得很呢。好作品当然好评价!这骄傲的家伙!

不过,看着屏幕上他发表的大作,还有后面密密麻麻的评价,儿子的脸上露出了笑容。看来,他还是蛮高兴、蛮在意的。

我们的高度重视和大力宣传,激发了儿子的写作热情,并一发不可收。

第二天晚上,小家伙躲在房间里,一口气写好了三篇作品。不会写的地方,一律注音,然后由我们更正。

这三篇作品一下子镇住了我,觉得孩子的天才想象,奇诡绚丽,我们这些格式化的大人根本无法与他们相提并论。但儿子贪吃的毛病也在文章中一览无余,所谓文如其人是也。

我的梦想

王启元(7岁)

(一)万能嘴

假如我的嘴里能吐出任何东西,我就要去野营,体验一下野外生活。我先拿一些木头，再吐出火点燃木头，有了火还要吐出一支猎枪，走进森林，我看见什么动物就射，当然国家级保护动物除外，我要多射几只回"家"吃。

为了不让这个森林里的动物变得很少，我要吐出一个牧场，刚吐出来的那个牧场只有一厘米长，不一会儿，就变得有一百米一千米长了。我先捉几只母羊和公羊，捉不到就吐出几只。这样羊儿们就会不停地繁殖了。我还要吐出一艘船开始海上探险……

（二）天上飞　水上行

假如我能飞的话，我会飞到非洲大草原的上空看看狮子真实的捕猎过程。我还要以每小时150公里的速度捉6只小白兔带回家养，听说母兔每年生五六只，这样一来我们家一年就成了兔子天堂了。如果有小孩问我要小兔的话，我肯定会爽快地答应的，反正家里兔子多得是。

我还要飞到遥远的亚马孙丛林去捕捉那头力大无比伤人无数的凶猛的野猪，这样我的威名将震惊天下，我死了，全世界人都会记得我这个为民除害的大英雄。

我还要飞回到我出生的那年飞跳到喜马拉雅山顶，成为世界上第一个登上珠峰的小男孩。

我还要飞回到一亿年前的侏罗纪后期，跳到凶猛的暴龙头上骑"马"，看它能把我怎么样。

我还要把异特龙、鲨齿龙、南方巨兽和暴龙引到一起，看它们到底谁更强更有力。

我还要看一下河马的嘴巴到底有多大，看看是不是能吞一头猪。

假如我能在水上走的话，我会走到太平洋的上面，看看鲨鱼是怎样将巨大无比的鲸鱼吃掉的。

我要用每秒钟100米的速度捉几条大鲈鱼带回家红烧、清蒸着吃。

我还要听座头鲸那美妙无比的歌声。我要丢一块大肉吸引勇猛的虎鲸上来看着它凶狠的吃相。如果有人问我为什么不害怕，我会说如果它伤害我就以每秒钟1000米的速度逃到岸上。

（三）光

假如我可以用光造任何东西，只有我能碰到，而光能碰到其他事物。我要用光做一滑板，再用光做一件航天服，以光的力量和光速飞出太阳系寻找科技强大的外星人。

如果我真能找到外星人，我就用光变出至今人类还未发明出来的翻译糕糖，与外星人对话，因为只要吃了翻译糕糖，外国人的话就会变成你自己的语言，对方听到你说出的也是他的语言。要是外星人要赶我走，并不择手段的话，我就不跟他客气了，我可不是好惹的。我就用光变出五指山将他压在下面，三年后才能出来，没给他五百年已经算他走运了。

这就是我的儿子，因为我们珍惜他的第一次创作，从而找到了写作的乐趣，一直到今天，儿子的写作天赋很高，常有惊人的构思。

我多么希望我的儿子，不要被应试和考场作文磨去棱角和个性，人的一生一定要有一件自己喜欢做的事，才能有一个真正属于自己的园子，而小启元的园子，就是写作。

[5]

鼓励孩子把一件事情做到极致

小启元四年级的时候，已经能够很好地写作。并且常常有惊人之语，比如"小麻雀傻乎乎地站在电线上一排，像五线谱上的音符……""我希望能够把蔚蓝的大海切一块下来，放在我家里做游泳池……""我走在马路上，后面拖着我的影子，像一根绳子"。

但我也发现，启元最大的问题是有句无篇，精练没问题，但是太短了。

有一次，我找到一个机会，幽默地对儿子说："我给你提一个建议，儿子，你不能老是吊你爸爸的胃口啊。你的文章每一篇都很漂亮，但是每次我读得津津有味的时候，它就突然结束了，这不是吊我们胃口吗？这就像你吃饭，吃得最痛快的时候，锅里就没了。"

儿子红了脸说："没关系，什么时候，我给你们写一篇长的。很长很长，长到天上去。"

我想起了我的好朋友深圳外国语学校的校长邬晓莉，她的愿望是办一所温暖的学校。她最惊人的所在是每天给孩子讲一个故事，这个广播的栏目叫"爱的叮咛"，这个故事一讲就是十年，十年坚持下来了，一切都不一样了。后来，《爱的叮咛》出版，风靡一时。而邬晓莉校长也被孩子们称为妈妈校长。

邬晓莉校长的女儿叫笛子，这个可爱的小姑娘从 5 岁就开始拉小提琴，后来常年在美国读书，但是对小提琴的热爱都没有变。她经常公益性地演出，也给名家跑场预热。

最后，笛子被美国耶鲁大学录取，据说，笛子被录取很重要的一个原因，不是她来自一所著名的高中，而是她喜爱的小提琴。

我对邬校长说，耶鲁大学看中的不是笛子的小提琴的技艺，而是一个孩子对小提琴 20 年的坚持，能够 20 年不变地坚持一项东西，这一种品质最可贵。

坚持也是需要学习的。从这个角度来说，我倒不是看启元的文章长不长，关键是看他能不能坚持，我对男子汉的坚持非常看重。

于是，那一个暑假，我们就沉浸在儿子的写作中，每天我和孩子妈妈一起看，抢着看，猜测着故事的走向……儿子在一种巨大的肯定中，文思泉涌，倚马可待，我们所做的就是打字，鼓励，解读。一个 9 岁的小男孩在那个暑假完成了一部作品，尽管稍显稚嫩，但是，这不再是作品，不是小提琴，这是一种毅力、一种坚持、一种品格，也是未来的一种命运。

家长如何让孩子进行道德长跑，进而养成一个好习惯呢？

1. 让孩子有方向感。

让孩子选准一个目标，这个目标是孩子喜欢的，也是他能够坚持的。

2. 给孩子提供选择的权利。

这个权利包括孩子选择目标的权利，还有随时放弃目标不受嘲笑的权利。这样孩子就能自由，人唯有在自由下才有创造力。

3. 让孩子把大任务划分为很多小计划。

每天或大或小，孩子都能完成一些小计划，让孩子每天都能看见自己的进步。一个一个小计划，连接起来，就是一个不可能完成的大任务的完成，一个大任务完成了，一种品格就会潜移默化地养成。

4. 让孩子感到自己的重要性。

让孩子觉得他不是一个人在战斗，父母都是他忠实的粉丝，每天都在享受着他的成功和喜悦。人只有感受到自己的重要性，才会自觉建立起担当意识。

5. 永远不要强求完美主义。

对孩子来说，积极地参与比什么都重要。如果强求完美，一定会挫伤孩子的积极性，也会打击孩子的自尊，让孩子提前放弃。

其实，过程比结果重要，成长比成功重要，追求比超越重要。人生是一个生命过程，好好享受这个过程，才能让生命之光活泼泼地闪耀在寄身所在的时空中。

附录：

贝洛·特利亚之古老时代

王启元

1

"这是塔姆西群岛的灭龙岛，请求海上救援队支援！"哈里芬大声呼叫着，手里的电台信号机发出"滴滴"的声音，但无一人回应。他完全绝望了，这是他第九次呼叫了。这时旁边的树丛发出"沙沙"的声音，他骇然回头……伴随着一阵惨叫和一群麻雀的飞起，岛上一片寂静，只剩下几声诡异的声响……

"喂，嗯，我是贝洛，什么，在灭龙岛上，又有人失踪了？我知道了，待会儿见。"他合上手机，闭上双眼，叹了口气。他已是第八次听到这种消息了。

美驻澳大利亚大使馆来了一位贵客，他曾是美军特种兵的一名战士，不久前，他还是年轻的冒险王：贝洛·特利亚。人们在孤岛、丛林、峡谷等地球上最危险的地带曾见过他的身影。而现在，他在由美国、英国、法国等大国组合起来的极地救援队任副队长，队长是一位上面派下来的少校，而贝洛则在获取去禁岛——灭龙岛的通行证。

灭龙岛，传说中的死域，去那儿的人没有一个能活着回来，但正是它的神秘，引来了一群又一群探险队。

他终于选择了去灭龙岛，他将挑战这个世界死亡之地，站在甲板上，凉风丝丝吹过，乌云密集起来。一名水手望着海面，他叫弗洛西斯，八岁时就被卖给这艘船的船长，当上了水手。海面突然平静下来，贝洛心中冒出一丝忧虑，这不是风暴来临时的情景吗？突然船身一阵震动，虽然微小，但他还是感觉到了，并且看到了海底一条巨大的黑影……

2

他顿时一惊，"全体警戒！准备战斗！"听他这么一说，水手们各个握紧手里的枪支，紧张地盯着海面。可是海面平静依旧，蓝天、白云、海鸥，形成一道惬意的风景，将水手们心中的阴影一扫而尽。贝洛正奇怪，突然一只手停在他的肩上，他本能地回头，他的少校队长帕特微笑着说："不要太紧张，贝。"说罢，走进了船舱。

贝洛凝望着出奇静的海洋，心中腾出一种异样的感觉。与此同时，船下，庞然大物没入海底，一切似乎结束了。但，它的行为，更像是在躲避。没过一会儿，海下开始了一场战斗。这是一场毫无悬念的战斗，大白鲨对沧龙（沧龙，恐龙时代水中之王）！

夜晚悄悄来临，谁知道这是平静的夜，还是血色朦胧的黑？

那隐藏在水底无尽黑暗的怪物，睁大汽车大小的双眼，望着头上的"小不点"，身子开始游动，目标——"特其拉"号（贝洛他们的船，装备精良）。

贝洛在床上睡着，突然手心一阵颤抖，这是他遇到危险时的征兆，但他没有察觉。"啦啦……嗯哆西……"一个值班的水手哼着小曲巡夜。一个景象把他吓坏了——一个高十余米的鱼脊，他机警地按响警报铃……

当贝洛他们赶到甲板上时，只看见一摊鲜红的血在流淌……

3

贝洛一见，大声道："快，准备潜艇！其他人上救生艇，快！"人们立刻行动起来，果然，在他们逃出"特其拉"号时，一个大如岛屿的怪物从水下冲出，转眼，"装备到牙齿"的军舰就被吞没了。怪物吃了军舰，并未注意到水面上的救生艇。人们开始射击这大得惊人的怪物，但，那似乎是在为它挠痒，子弹一碰它的身子，就如打在了防弹衣上，弹了下来。

贝洛在潜艇里惊讶地看着，却看不出惊恐，旁边的一名军官面如死灰，刚要问贝洛为什么这么镇定，贝洛突然走进发电室，将一个球状物按入一个孔里，只见原本暗淡的灯光亮了起来。这时，一个工作人员大声欢呼起来："海水发电核！"众人一怔，"难道刚刚贝洛……"

他们的潜艇是靠电力维系航行的，在这无穷无尽的海域，拥有一部水能发电机是幸运的，但拥有一个海水发电核的人更幸运，装有海水发电核的潜艇，在海水里几乎能无限地加速行驶。不久怪物消失了，远方海面出现了一片浮动的山峦，不，那是一座岛。

看着远方的岛，听着艇上导航的信息提示，贝洛对其他人说："去武器库挑家伙去吧！"不一会儿，所有人都冲去了武器库。贝洛挑了一把左轮手枪、一副锁子甲和一把锋利的长剑。

快到灭龙岛了，经历了这么多，他都快忘了此次目的是灭龙岛的失踪案了。

……

[6]

用书信和孩子进行交流

启元很小的时候,我们夫妇要很早上班,来不及管他。每每叫他的时候,他故意装睡,其目的就是让我们给他写便条。

有一天,他甚至含蓄地提醒我们,你们早晨很早上班,不要叫我啊,你们给我写便条就好了。我们相视一笑,从此给儿子留便条,就成了我们夫妻的习惯。而儿子也常常给我们留纸条。

这是儿子成长中的秘密。

后来,慢慢我就明白了,这是儿童需要尊重的一种体现。因为便条郑重其事,是成人之间的一种交流方式。孩子感觉到自己长大了,也需要父母用这种方式来确认自己长大了。

从另外的角度来说,便条也有独到之处,比如,我们要用笔写出来,那一定要讲究措辞和造句,不会信口胡诌。

而且孩子读了便条,也能够慢慢体味。特别是当我们在便条上花一点心思的时候,比如画一个笑脸,让孩子做饭,我们就画一张大嘴巴,饿得干瘪的肚子等。

印象中,最深刻的一次是儿子考试失败了,我正儿八经地给他写了一封信。

信的名字叫《沉重的时刻》。那封信以后,孩子的改变真的非常大,我真切地感受到书信是父母和孩子交流的一个重要渠道。很多话当面说不出来,不好说,都可以通过书信来说。而且,效果显著。

王启元小朋友:

爸爸今天突然给你写信,你一定会感到很奇怪吧?

记得小的时候,你最喜欢的就是妈妈给你留便条。你喜欢这种大人的方式，可爸爸似乎很少给你留过。这是我的粗心，也是我的失职。今天，爸爸给你写信，也算是一种弥补吧。

说实话，王启元，我的孩子，你一直就是我们的骄傲。无论什么时候，什么场合，无论将来你如何发展，相信这一点都不会改变。

儿子，三岁时你就能独立生活。

冬天，爸爸妈妈批改试卷，只好留你一个人在家。你毫不含糊，和我们再见后，就一个人歪在床上看电视。等我们回来，你衣服也不脱，缩进被子里，呼呼大睡。我们给你脱掉衣服，搬过来，搬过去，像搬一块温暖的石头。你也不会醒，照样会你的周公。

你习惯了，我们也习惯了。作为一个教师家庭的孩子，你从六个月就被送到家婆那里，一直到会走路才接回来。孩子，你比别人少了多少宠爱和关怀啊，不过，这不只是你，也是我们全天下教师的集体悲剧！

二年级的时候，你就能骑着自行车上学了，你自己打饭，自己安排生活，从不需要我们过问，有时候你还吹嘘，说自己能吃到免费的午餐。

记得三年级的时候，你还偷偷给我们做过几次饭，香喷喷的米饭，一直到今天还萦绕在我们的心头。诗人说，每个孩子，都是上帝送来的天使。这句诗在一个父亲的眼里，多么富有深意。

孩子，今年暑假，你真正承担了一个成人的责任，送奶奶回家。横跨两大省，行程近千公里，你不仅圆满完成了任务，而且还给我们带回了一大堆好吃的。孩子，你是好样的。这个评价，爸爸在心里说过无数次，但今天，我要郑重告诉你。

儿子，你和其他孩子都不一样，你是独立的、个性的、鲜活的、有创造力的，也是特立独行的"这一个"。

孩子，你一定会感到奇怪，除了鼓励你读书之外，爸爸从来就没有辅导你功课，印象中，好像一次也没有。因为爸爸也吃不准，我究竟是喜欢所谓的尖子生呢，还是喜欢一个内心丰富、健康活泼的孩子。

如果让我选择，我宁愿你是后者。

我之所以踌躇，是因为我害怕别人的眼光，那些被功利主义和世俗主义所糟蹋的人，他们对你异样的眼光，会使你澄澈的心灵蒙尘。人毕竟是社会的人，是社会的人质，没办法摆脱社会的束缚。我们活着，不仅为自己而活，也为别人的眼光而活。这就是人，是人的悲剧，也是人的进步。孩子，我说的这些，你能明白吗？

想起了郑渊洁，那个童话大王，像老母鸡护住小鸡一样，坚决不让自己的孩子上学。很多人认为他的孩子失去了学校，但很少有人想到，或许他的孩子因为失去了学校，反而获得了真的教育，获得了真正完整的童年。我曾看过这个孩子的相片，干净得像天池的湖水，阳光得像长白山的雪。有时候，学校是离教育最远的地方，难道不是吗？

现在，我的好朋友干国祥和铁皮鼓都让孩子辍学了，两个孩子在一起修学，研读最本质的经典，与最美好高贵的作品对话。她们学得轻松、快乐，干如云对《吉檀迦利》的点评，我是要欣然阅读的，并从中获得诸多启发，而她现在只有十三岁。皮鼓家的依依，几年不见，简直焕然一新，整个换了一个人，自信、阳光、侃侃而谈、条理清晰、落落大方。皮鼓告诉我，让孩子在学校里浪费时间学无用之物，然后，还要花费更多的时间才能剔除这些杂质，这是对孩子的双重伤害。

孩子，但我无法做到这一点。我没有那么多的空闲，也没有那么多的精力，还有一个重要原因，爸爸不妨也告诉你，我暂时还没有他们那样高的水平，不能给你最优质的教育，否则，我也愿那样做的。

不过，孩子，从小学到今天，爸爸依然认为你的教育是成功的。因为张敏亚老师、徐丽珍老师、吴海燕老师、谈亦能老师等等优秀老师的呵护，因为她们的耐心、细致、宽容，你从来没有失去孩子的本性。这是最可宝贵的，也是我最感激她们的地方。

考了100分，你不放在心上；考得不好，你也并不难过。每天，你都沉浸在伟大作品中，一个人读到深夜，每个周末，你都泡在图书馆浩瀚的书海里。孩子，你的心灵比天空还要广阔。

有一次，爸爸嘲笑你，王启元，为什么你的作文总像兔子的尾巴——长不了。你突然就脸红了，然后，你就下决心了，开始写长长的作品。你的处女作叫《贝洛·特利亚之古老时代》，一部科幻小说，一写就是30多个章节，好几万字，想象神奇、光怪陆离、精彩绝伦。老实说，无论如何，我是写不出来的。每天，我们都是你忠实的读者，是你的粉丝。欢呼下一个章节，谁能够在灭龙岛中挺身而出，开创一个新的英雄时代？

我去莫干山回来的时候，我的电脑屏保被你换了。你做了PPT，展示你的伟大作品。一行大字划过——《贝洛·特利亚之古老时代》，王启元著。举剑问天，天当臣服！在这个弱肉强食的世界上，实力决定一切！

然后，就是一系列精彩的PPT展示，各种武器装备、人物造型，一览无余。孩子，知道吗，这就是你的创造力。

你的毅力，向来就是我最佩服的。小的时候，有一次，你告诉我们，你能做100个仰卧起坐，把我们吓了一跳，打死我们也不相信。但你就开始做了，做到最后，脸色煞白。我们让你停下来，你就是不停，一直做到100个……

永远不屈服，永远面对困难，永远坚守男子汉的倔强，这就是你的秉性。爸爸希望你的这个秉性不要丢。男子汉，永远要学会承担，学会笑对困难，学会应对一切。山崩于前，而不变色；海啸于后，而不变声。

孩子，还记得你看《青铜葵花》流下的眼泪吗？你以为我要责骂你，嘲笑你，你偷偷地擦去泪水，还骗我说你没有哭。

但爸爸却告诉你，孩子，爸爸为你的眼泪而高兴，善良的泪水是高尚的、清洁的、珍贵的。因为你今天的泪水，爸爸允许你期末考试考得不好，相对于一个人的善良和健康的个性，那些身外的分数，又价值几何呢？

特别是有一次，你和妈妈一道去买菜，妈妈已经买好了小青菜，但回来的时候，你却紧紧地拉住妈妈的手，使眼色给妈妈，让她把一个老太太的小青菜全买下来。

回来的路上，你告诉妈妈。老太太年龄大了，天很冷，把她小青菜全买了，她就可以早点回家了……

那一次，我们的小青菜吃了好几餐，最后叶子都黄了，但我们还是舍不得扔。因为青菜里有我们孩子的善良，悲悯的情怀，它比什么都珍贵。孩子，我们全吃了，味道很好，至今还口齿生香。

这就是你，王启元，我们骄傲的儿子。

虽然，你11周岁还不到，但你已经是初中的学生了。时间过得真快啊。

孩子，你现在正面临着难题，如里尔克所言，这是沉重的时刻，你在努力学习和保持自己爱好之间挣扎，痛苦不堪。最让我们难过的，是你失去了笑脸了。

孩子，你要知道，你的智商比我们高得多。稍稍努力，成绩就会突飞猛进。小学时候的英语就是例证。

爸爸小时候，很笨，也不用功，常常被我爸爸也就是你爷爷揍得嗷嗷叫。但，我还是依然故我。直到有一天，我自己突然明白了读书的价值，才开始认真读书。

我不怕鬼，不信邪。总认为别人是人，我也是人，人家能够做到的，凭什么我做不到？话又说回来，最后就算做不到，又有什么关系呢，我已经努力了，也就没有遗憾。这或许就是爸爸的经验吧。你妈妈的勤奋和坚忍，更是你的榜样。

孩子，你现在迫切需要我们给你一些建议。但我们还是把难题交给你，让你自己去选择，去面对。生命是你自己的，没有谁可以代替。这既是我们对你的信任，也是对你的尊重。

但有一点，爸爸要告诉你，无论你怎样发展，只要是健康快乐的发展，永远保持善良高贵的品质，你就会永远是我们的骄傲，我们珍惜和你的相遇和缘分。这辈子，你做我们的孩子，是上帝的眷顾和垂青，是我们永远的幸运。

你的爸爸：王开东

[7]

不要让孩子证明自己

在第一天尝试从最高处跳下来之后,启元第二天赶好作业,又央求我陪他下楼去玩一玩。

玩了几次吊环上的引体向上,启元把两脚勾在吊环里,卷身两周翻,背和四脚朝天,俯身大鹏展翅。喝彩声传来,儿子习以为常,不动声色。

月明星稀,人们已回家休息。儿子又上了蓝色铁架,三格,五格,七格,又一步步登顶了。他又俯瞰脚下,显然恐惧又占了上风,又重复昨晚前100次的动作:上去,不敢,缩身钻低一格,下跳。

我希望他比昨晚从容威风,但我也不希望他的脚疼,选择权在他自己。最终,儿子没能战胜心魔,但他说自己已具备相应的实力。

见我无话,他说:"爸爸你心里一定不高兴,认为儿子没用。"

我说:"如果地下很软,你肯定早跳下来了。你只是不想受伤而已。"

"那我从八格跳下来就相当于从顶上跳下来了?"儿子问。

"可以,其实八格到顶没多少距离,从顶上跳是因为地面显得高了,你感到畏惧才不敢跳。"

"我们回家吧。"

这次他只折回去一次,试了试没能成功,就没再坚持。昨晚退回去有八九次呢。

问他要不要吃最喜欢的哈密瓜,他说没成功没胃口,没精打采地抹干泪,窝在沙发角落里翻着书。

后来,他慢悠悠地说:"爸爸,今晚我学会了一样东西。"

"什么东西啊?"

"放弃。"

"放弃就是不坚持,应该比较容易吧?"

"不容易,要想让一个倔强的人放弃却不容易,比如我。"

哈哈,这哪里像一个不到十岁小孩子的话啊!

我认为孩子没有错,该放弃的时候也要放弃。孩子已经做到了,没必要再证明自己了。为自己的真实的内心而活,永远不要为了外在的赞美,就不顾一切地去证明。

父母老是让孩子证明自己,孩子就会很累。在启元的成长过程中,我们很少刺激他,让他证明自己。尽管这种方法是有效的,但有效的方法未必是好方法。孩子在证明自己的过程中,会失去很多东西。

有的父母为了刺激孩子努力,故意使用激将法,预言孩子不行。孩子急了,赌咒发誓要好好干,一定要证明给父母看。父母心中暗暗得意,以为阴谋得逞。但激将之下,孩子往往提出不切实际的目标,这个目标常常能把孩子压垮。孩子的天性是爱玩,一旦放弃玩了,最终又未能实现目标,驼子摔跤两头没着落,孩子的这种挫败感无以复加。

如果这时候父母再语带讥讽,孩子更是没有日子过了。因此,任何情况下,父母不要激将孩子不行。激将孩子不行只会有两种后果:一种孩子你越说他不行,他就越不行。反正你已经认定他不行了,他真的不行自然顺理成章,因此孩子完全丧失了斗志和学习能力,最终帮助你实现你的预言!另一种孩子,你越说他不行,他越要证明自己行。但是让那么小的孩子活在"证明"中,失去自我,失去幸福,只为了赌一口气,这是多么可悲啊。

我有一个朋友童蓓蓓,曾经写过一篇文章《谁败坏了凤凰水晶精英男》。此文获得2009年世界华文第一点击量,单帖点击1200万,并创造了一个新词"凤凰男"。凤凰男,特指农家孩子有了大出息,寓意为鸡窝里出凤凰。但此文有个重要的观点,这样的凤凰男与都市女孩的婚姻一般都不幸福。所以然者何?盖因男孩子在农村待久了,自然沾染了农村的一些习性,很为城市的女孩子所看不惯。而凤凰男不断地要证明自己,苦心孤诣,歇斯底里,逐渐改变了心性和品质。一旦这样的苦孩子脱胎换骨,很多的美德同时也丢弃了，因为他活在给他人的"证明"中，而不是活在真正的自我生活中。

我们家门口有一个农村长大的女孩子，她上面有个哥哥。从小父母就偏爱哥哥，认定哥哥比她有出息。她心里很委屈、很不服气，于是自我砥砺，一定要争口气给父母看看，看看她是不是能把哥哥比下去。后来她果然比哥哥成绩还好，考上大学，有不错的工作，成家立业。但是她养成了争强好胜的习性，一辈子就想着不能落后，一定要证明给他人看，包括对自己的丈夫也是如此。长此以往，面对她的强势和刻薄，她的丈夫忍无可忍，终于提出离婚……

这来自我们的生活，文学作品中也是如此。约翰·诺斯的杰作《独自和解》中有一个经典场景。小说的主人公菲尼亚斯是一位卓越的运动员及第六阶段思维的实践者。某日在游泳池畔，他注意到游泳比赛的全校纪录保持者并不是他们班上的同学。从未受过游泳训练的他对友人吉恩表示自己破得了纪录。他简单地热了身，走上起跳台，接着要吉恩帮他计时。一分钟后，吉恩难以置信地看见菲尼亚斯破了纪录，但是她很失望，因为没有其他人在场来确认这个纪录的"正式性"。她打算致电当地报纸，还要菲尼亚斯第二天在正式计时人员和记者面前重游一次。菲尼亚斯婉拒了，而且要求吉恩守口如瓶，因为他想破纪录，也办到了，这就够了。吉恩惊讶得说不出话来。

我对这个孩子感到由衷的敬佩。他完全是为了自己，他有自己的原则，他的努力不是为了证明给谁看。他想做，他做到了，这就够了。

[8]

培养良好习惯的两次重大失误

生活没有假设,孩子教育中也没有后悔药。

我在教育中曾经有过两次重大失误。最后,我们费尽九牛二虎之力,才慢慢挽回一些。如果让我总结我的家庭教育,遗憾总是比成功多一点。

第一大失误是,启元很小的时候,经常喜欢玩我的笔,我觉得孩子既然喜欢笔,那就给他买一些光秃秃的笔,只要保证安全,就让他画画写写。没想到孩子很感兴趣,也许是不知道那些花花绿绿的笔画是从哪里来的。因此启元很小的时候,总是笔不离手。

但我们万万没想到,这给我们以后带来了严重困扰。启元真正上学之后,握笔的错误姿势习惯了,很难纠正。更要命的是,这个时候,我们还没往心里去,以为孩子慢慢大一点就会好起来的。但渐渐发现,由于握笔的姿势不规范,导致孩子的字写得又慢又难看。写字时,手正好挡住了视线,造成孩子坐姿产生问题,影响孩子的健康发育。直到这个时候,我们才知道了问题有多严重。

尽管我们多次和老师交流,老师也是千叮咛万嘱咐,但是,医生告诉我们,由于很小的时候,孩子的骨骼发育还不健全,就早早握笔,笔的挤压,使得孩子握笔的手骨稍稍变形,很难纠正。我们肠子都悔青了。

每当孩子写字的时候,我们就在一边监督。但孩子一旦纠正了用笔姿势,写字就太慢,久而久之,孩子产生了写字恐惧症。一旦我们站在他旁边,他就根本没办法写字。我们觉得这不是办法,于是就自动放弃了。

直到孩子到了初中,我们觉得这个问题始终要解决。我和爱人商量好了,利用整整一个暑假时间,减免他所有的作业,一个暑假只读书和摘抄练字。但不论字数多少,所有的摘抄都必须是用正确的姿势写出来的。孩子很高兴,一口答应了。

我们从零开始，告诉孩子不怕慢，纠正姿势最重要，在慢慢摘抄练字的过程中，体悟那些名言名句的重要内蕴，我们把这个作为一项重大工程，一个人一旦能够改变写字的姿势，就能把这种精神内化为无穷的财富。这样的孩子，我在高中阶段见过两个，一个是蒋伟豪，一个是龚启善。最后，这两个孩子都取得了不凡的成绩。

我们给孩子提供了"写字歌"，同时给他巨大的空间，让他一个人慢慢写，每天晚上我们欣赏他的摘抄，品味文字的工整和语言之美，成了我们一家晚上的必修课。

写字歌为："一抵二压三衬托，指实掌虚腕灵活，角度适宜方向正，笔画轻重细琢磨。"

"一抵"是指用中指的指甲根从笔杆的下方将笔从下往上抵住，笔杆留出一寸长的距离，一般是在旋笔刀旋出的锥形的根部。

"二压"是指用大拇指从里侧、食指从外侧将笔捏紧后往下轻压，拇指和食指的指肚着力，这样捏时指肚面大，肉软且厚，不用费很大力气就能将笔握紧。

"三衬托"是指无名指、小指略弯曲呈前后状，两指成一平面贴于桌面，再加上掌侧要贴实桌面，从而将中指及整个笔托起，形成既稳且活的握笔姿势。

"指实"是指食指、中指、无名指、小指紧贴靠实。"掌虚"是要求无名指和小指不可蜷回掌心，二指蜷回掌心，使中指失去托力，造成书写不稳状即掌心是空的。"腕灵活"是指手腕不能拿劲，要放松、灵活，以便在书写时运用手腕的运动而达到"巧"的效果。

"方向"是指笔尖和笔杆的方向，正确的笔尖方向一般应指向前方，而笔杆的朝向应是右后方。

"笔画轻重"是指书写时用力的轻和重，即让孩子体会轻和重的不同结果。书写时用力轻则笔画细，用力重则笔画粗。要让孩子知道在书写硬笔字时，用力是有变化的，遇到该细的笔画，如写点时下笔要轻，方可出现尖的效果，收笔时用力要重，方可出现粗的效果。

整整一个暑假，儿子写完了满满一个笔记本，摘抄了《论语》《孟子》

等经典作品中的很多名句。后半部分则是儿子自己创造的名言。汇报演出的时候到了,儿子在正常人的写作时间内,完成了《陋室铭》一文的默写,握笔姿势正确,书写工整、美观。

那天晚上,我对妻子说,儿子像一个男子汉了。他承担了我们的过错,并且用惊人的毅力纠正了。我们有这样的儿子,何其幸福!

我们的第二大失误就是让孩子提前入学了。

我当时的想法就是,孩子提前入学,成绩差一点关系不大,我根本不在乎他考一个什么学校。但是,节省这几年时间非常重要,能够让孩子早一点明确人生道路,早一点走上正轨,早一点抢占有利地形,并且永远保证有一种年龄上的优势。

启元没有进幼儿园,就直接入学了。由于年龄太小,小男孩智力发育本身又晚,根本不知道学习是怎么回事,一开始就跟不上班。再后来,儿子渐渐知道学习是怎么回事了,跟不上别人的滋味也尝到了。他的一个同学的家长,甚至对他孩子有一项要求,在小同学间广为流传,凡是不能进入班级前十名的孩子,是不允许一起玩的。这个孩子家是一个超级富翁家庭,家里像童话城堡,恰恰是小孩子们最想去的地方。我儿子不止一次和我说过,想去他家,但是成绩不够,然后就是一声叹息。

我想,这个时候孩子的挫败感一定刻骨铭心,但我们无能为力。我们唯一能做的就是不要求孩子成绩,总是夸奖孩子各个方面的优点,比如他的体育天赋,能够做一百个仰卧起坐,能够翻跟头,还能够照顾老人,我们尽量让孩子感觉到他是一个有价值的人,因为人的价值是多元的。我们还告诉孩子,他只是年龄小,一旦有一天他长高了,胳膊粗了,力气大了,解决问题的能力强了,他就能取得最后的胜利。

为了这一天,我们能够等。孩子的成长是他自己的事,我们大人没办法代替。在孩子的成长到来之前,我们唯一能做的事,就是等待。

但我们没想到,这一等,就是整整三年。三年后,常常挨批的儿子,家长会上灰头土脸的我们,突然接到一条短信:热烈祝贺王启元同学在三年级数学竞赛中获得一等奖!后来,我们才知道,儿子是唯一的满分。这是儿子人生中的第一次成功,我们终于等到了。

一旦孩子有了一次真正属于自己的高峰体验，他就会从自卑走向超越。这种人生体验会成为孩子生命里的胜利基因，随着血管流淌，也就在这个时候，我们的教育才刚刚开始。

我今天写下这些，想起因为我们的过错，让孩子承受的那些苦难和挫折，依然有一点伤心。但是，偶然的事情发生了，就成了必然。再痛苦的事经历了，也就成了财富。教育，是多么神奇啊。

梁丰生态园：独坐池塘如虎踞，绿荫树下养精神。春来我不先开口，哪个虫儿敢作声？

第三辑　学习一点儿也不难

[1]
决不用金钱奖励孩子

很多家长用金钱刺激孩子读书、劳动，孩子在一段时间里，确实焕然一新，严格约束自己，取得了意想不到的成效。但教育真的那么简单吗？一个优秀好学的孩子，很有可能就在金钱的奖励中被毁了。

家长该不该用金钱刺激小孩子，或者是家长该不该用物质来奖励孩子呢？我们不妨来看一个故事。

一个老头，特别爱安静。每天傍晚，小孩子放学后，都在他楼下踢空油桶，咚咚咚，咚咚咚。老头苦不堪言。后来，老头想了一个办法，让小孩子们好好地踢，结束的时候，每个人奖励5块钱。孩子们可高兴了，踢得更起劲。结束的时候，老头信守诺言，每个孩子奖励了5块钱。

第二天，老头又来了，请求小孩子们继续踢，但因为手头不宽裕，只奖励2块钱。那天，孩子们还在踢，但明显积极性不高，发出的响声也不大，有些孩子甚至开始心猿意马，消极怠工。

第三天，老头继续让小孩子帮自己踢，只是，他再也不拿钱来奖励了。孩子们很愤怒，没有钱，鬼才愿意帮你踢呢，孩子们一哄而散，再也不想踢油桶了。老头很快解决了这个难题，他的世界又恢复安静了。

读完这个故事，作为父母的我，久久不能平静。我关注的不是这个事情的结果，而是这个故事的意义。换言之，这个故事背后的心理学元素是什么？是什么让孩子在短时间之内，就失去了踢油桶的动力，甚至避之唯恐不及？

人做任何事情，都有内在动机和外在动机。所谓内在动机，是指活动本身能带来满足感和乐趣，从而产生一种主动性的内驱力，促使人做出相应的行为。所谓外在动机，是指因外在的表扬和奖励而促使自己所发出的被动行为。

其实，每个孩子先天就有学习的内驱力，爱学习，爱问问题。以踢油桶来说，孩子喜欢闹，喜欢踢油桶，只是觉得好玩、有趣、带劲，踢油桶是他们的内在动机，这种主动性的内在动机，转化为持久的内驱力，使得他们乐此不疲，不怕苦不怕累，不嫌脏不怕疼。

由内在动机产生的内驱力是持久的，不容易消逝的。老人的高明在于，他巧妙地利用物质奖励，把孩子的内在动机转化为外在动机，把孩子单纯的有趣的快乐的踢油桶行为，转化为仅仅为了5块钱的刺激踢油桶，然后又逐步减少金钱，直至最终斩断外在动机，从而使得孩子既失去了内驱力，也失去了外驱力，最后感到索然寡味，无聊至极。

道理很简单，先前的孩子是为了快乐而踢，后来的孩子是为了钱而踢。钱少了，他们就会怠工；没有钱，他们当然就不踢了。

须知，教育本来就是多彩的，鲜艳的，湿润的，水灵的，幸福的，完整的，魅惑的。出生以来，哪个孩子头脑里没有十万个为什么？哪个孩子不是对这个世界充满了无限好奇？探究知识，追求道理，本来就是孩子莫大的欲望，无限的兴趣，天然就有巨大的内驱力。

可是什么时候开始，我们就像那个老头一样，老师用成绩、名次、三好生、奖状来激励孩子努力，家长则用旅游、玩具、花花绿绿的票子来刺激孩子。殊不知我们是用一些可怜的外在动机，压抑了孩子内在的求知欲望。

可怜的孩子，他们对世界内在的探究乐趣，因为我们的无知和谋杀，不知不觉地转化为对外在奖励的追求。一旦孩子不再为兴趣而学习，不再为求知而努力，只是为一些所谓的外在功利而奋斗，有一天，当他们感到外在的奖励，不值得他们为之奋斗时，动机就没有了。孩子们就会停下来，不再"踢油桶"，并且远远地躲开。

生活中，很多家长鼓励孩子做家务，这是没有问题的，一旦和金钱扯上关系，问题就大了。有的家长甚至把做什么家务获得什么报酬，明码标价，比如洗碗2块，晾衣服3块，拖地5块等等。

世界上没有免费的午餐，这种做法可以杜绝孩子不劳而获的习惯，让孩子明白劳动创造财富。可是，作为家庭的一个成员，权利和义务不是对等的吗？孩子享受了家庭的好处，难道不应该为家庭做出应有的贡献？通过孩子为家庭的义务劳动，培养起孩子的责任心、奉献精神和爱心，让孩子流一些必要的汗水，不是可以让孩子和家庭建立起真正的驯养关系？为什么要用金钱把快乐的劳动变成一种交易？

孩子如果没有对家庭付出过汗水和劳动，他就不知道珍惜家庭，也不会懂得疼爱父母和获得感恩之心。未经省察的人生是没有意义的，没有经过努力而得来的东西也是没有意义的，或者是无价值的。

当孩子的劳动，不是因为"我要为家庭尽责任"的内在动机而驱动，而是受"帮父母干活就可以得到钱"这样的外在动机来驱使，结局可想而知：一旦父母不给孩子钱，孩子就失去了干活的驱动力，或者当父母的奖金不能对孩子产生吸引力的时候，孩子就会拒绝劳动，而且振振有词，不会有丝毫的愧疚。

总之，在奖励孩子的劳动上，我的观点是：

首先，保护孩子学习的内在动机，增强孩子学习的内驱力，引导孩子从学习中获得最大快乐。

其次，要保护好孩子的学习兴趣，让孩子因为好奇而学习，因为想学习而学习。告诉孩子，学习是他与生俱来的一种权利。任何人不能剥夺，让孩子捍卫他自己的这个权利。

再次，让孩子做力所能及的劳动，唯有付出汗水，孩子才能学会珍惜和爱，才能热爱家和感恩父母。爱也是需要学习的。

最后，要不要奖励孩子呢？我看还是要的，但要区别对待。坚决不奖励孩子喜欢做的事情，而要奖励孩子改正了不良习惯。但一定要换一种精神奖励的方式，或者奖励孩子一本书，或者带孩子看一场电影等。这本书或者这场电影将打上烙印，将成为你孩子生命中难忘的盛典。

[2]

成为好孩子本身就是最大的奖赏

很多家长认为，孩子是要鼓励的，尤其当孩子取得了不起的成绩时，更需要家长的激励。喜出望外的家长，这个时候，无论如何奖励孩子也会在所不惜。

但是，我还是想提醒家长，绝对不可以用物质来奖励孩子，尤其孩子所做的是美好的事。20年教学生涯中，因为想获得奖励而出类拔萃的孩子，我还从来没有见过一例。

我们完全可以改变奖励的方式，比如奖励孩子非常棒的一本书，或者带孩子游一次泳，很多有创意的奖励都可以。启元取得好成绩的时候，我们的奖励方式很特别，就是一家人看一场电影。孩子非常享受一家人看电影的快乐。而且，还有一个无所不知的电影讲解员。

但这依然不是最好的方式。那么，最好的奖励方式是什么？

直到有一天，我看到《芝加哥论坛报》的主编西勒·库斯特对一个问题的求解，对这个问题，才算是豁然开朗。

1963年，一个7岁的小姑娘玛莉·班尼写信给《芝加哥论坛报》的西勒·库斯特。因为她实在搞不明白，为什么她帮妈妈把烤好的甜饼送到餐桌上，得到的只是一句"好孩子"的夸奖，而她的弟弟，那个什么都不干，只知捣蛋的戴维得到的却是一个甜饼。她想问一问无所不知的西勒·库斯特先生，上帝真的是公平的吗？如果是，那么，上帝为什么不奖励好孩子？

这个问题，让西勒·库斯特非常棘手，也非常沉重。十多年来，孩子们有关"上帝为什么不奖赏好人，为什么不惩罚坏人"之类的来信，他收到不下千封。可是，他实在不知该怎样回答，这也是他的困惑所在。

正当这个时候，一位朋友邀请他参加婚礼。也许他一生都该感谢这次婚礼，因为就是在这次婚礼上，他找到了答案，并且这个答案让他一夜之间名扬天下。

西勒·库斯特是这样回忆那场婚礼的：牧师主持完仪式后，新娘和新郎互赠戒指，也许是他们正沉浸在幸福之中，也许是两人过于激动，总之，在他们互赠戒指时，两人阴差阳错地把戒指戴在了对方的右手上。牧师看到这一情节，幽默地提醒：右手已经够完美了，我想你们最好还是用它来装扮左手吧。

石破天惊，茅塞顿开，豁然敞亮！右手成为右手，本身就非常完美了，的确没有必要把饰物再戴在右手上了。那些有道德的人，之所以常常被忽略，不就是因为他们已经非常完美了吗？后来，西勒·库斯特得出结论，上帝让右手成为右手，就是对右手最高的奖赏，同理，上帝让好人成为好人，也就是对好人的最高奖赏，让恶人成为恶人，就是对恶人最大的惩罚。

西勒·库斯特发现这一真理后，兴奋不已，他以"上帝让你成为好孩子，就是对你的最高奖赏"为题，立即给玛莉·班尼回了一封信，这封信在《芝加哥论坛报》刊登之后，在不长的时间内，被美国及欧洲一千多家报刊转载，并且每年的儿童节他们都要重新刊载一次。

西勒·库斯特解决了我们最大的一个难题——让孩子成为好孩子就是最大的奖励！

为什么不能奖励美好的事情呢？因为美好的事情本身就是无价的，孩子在做美好事情的过程中，他本身就能获得快乐，就能拥有精神优越，这种快乐和优越比所谓的物质要多得多，一旦换算成物质，反而抑制了人做美好事情的道德冲动。

有一年，俄国作家高尔基在意大利的一个岛上休养。他十岁的儿子跟着妈妈去看望爸爸，儿子在爸爸的院子里栽了好些花，不久，就跟着妈妈回俄国去了。

春天，儿子种的花开了。高尔基看着窗子下面怒放的鲜花，心里很高兴，就给儿子写了一封信，意思是这样的：

孩子，你走了，可是你栽的花留下来了。我望着它们，心里想，我的儿子在岛上留下了一样美好的东西——鲜花。

要是你不管在什么地方，什么时候，留给人们的都是美好的东西，那你的生活该是多么愉快啊！那时候，你会感到所有的人都需要你。要知道："给"永远比"拿"愉快。

给永远比拿愉快。人的价值在于付出，以索取为耻。付出，证明你富有；索取，证明你贫穷。帮助别人，快乐的是自己。向人索取，得到的是失落。人的尊严比黄金还要宝贵。有时候，真的无须对孩子进行奖励，做一个好孩子本身就有最大的快乐。

[3]

听孩子把话说完

世界上没有任何工作比做父母更易犯错，更具有风险，也没有任何工作比做父母更令人欣慰，更让人自豪。孩子是我们的甜蜜，也是我们的忧伤。任何时候，都要以最大的耐心，听孩子把话说完，要把和孩子在一起，看成是上帝对我们最大的馈赠。

《吕氏春秋》里记载着一则孔子与颜回的故事：孔子被困在陈国和蔡国之间，疲倦不堪，已经有七天没尝过米饭滋味了。大白天躺着休息，节省体力。颜回想办法讨回一些米煮饭。饭快熟的时候，孔子远远看见颜回用手抓取锅中的饭吃，孔子装作没有看见。

当颜回请孔子吃饭时，孔子起身说："我梦到先祖了，应该用这些清洁的食物先祭祀他们。"颜回忙说："不行！刚才有灰尘掉到锅里了，我抓了出来，但觉得扔掉实在可惜，所以自己吃掉了。"

孔子感叹反省道："原以为眼见为实，谁知眼见未必可信；用臆测判断事物，到头不一定可靠。以此来识别人，不是太糊涂了吗？"

但我觉得，不轻易地下结论，才是最重要的。

不着急，往下看一看再说。尤其是对小孩子，父母千万要有耐心，让孩子把事情做完，听孩子把话说完，尤其重要的是，不要用成人的思维来推断孩子，让孩子把自己的想法说出来。一个爱说话，会表达自己想法的孩子，还能差到哪里去？

吴非在《致青年教师》中说到一个故事。某人问一个小孩："这儿有两个苹果，一个大的，一个小的，你把哪个给妈妈吃？"小孩说："我要在两个苹果上分别咬一口……"某人大吃一惊，对小孩子的这种做法，感到不可思议，正准备搬出"百善孝为先"进行说教。谁知道小孩子却说出下一句话："我想知道哪个苹果甜一些，我就让妈妈吃哪个。"

多么好的孩子啊，我们认为苹果大才是好的，那是因为我们小时候物质不丰富，但在孩子的思维中，苹果大与小是无所谓的，苹果甜与不甜才是最重要的。每一个上咬一口，然后把最甜的给妈妈，这就是孩子思维。这个苹果上的一个缺口，比乔布斯的"苹果"意义还要重大，因为童心无价！但可怕的是，大人差一点就打断了孩子，给孩子贴上贪婪和不孝的标签，用成人的武断和粗暴，扼杀孩子的善良。

无独有偶，美国知名主持人林克莱特有一天访问一名小朋友，问他说："你长大后想要做什么呀？"小朋友天真地回答："嗯……我要当飞机的驾驶员！"

林克莱特接着问："如果有一天，你的飞机飞到太平洋上空所有引擎都熄火了，你会怎么办？"小朋友想了想："我会先告诉坐在飞机上的人绑好安全带，然后我挂上我的降落伞跳出去。"

在场的观众笑得东倒西歪，不亦乐乎。但林克莱特却继续注视着这孩子，想看他是不是自作聪明的家伙。没想到，接着孩子的两行热泪夺眶而出，这才使得林克莱特发觉这孩子的悲悯之心远非笔墨所能形容。

于是林克莱特问他说："为什么你要这么做？"小孩的答案透露了这个孩子真挚的想法："我要去拿燃料，我还要回来！！！"现场所有的人都惊呆了，随之流下热泪。

这个故事告诉我们听的艺术，只有听孩子把话说完，你才能真正了解孩子。

小时候，哪怕小启元五音不全，我们也一定要听他把话说完，然后，正儿八经地和他交流。

小启元小学二年级，有一次睡觉前，老是念叨着语文老师好，有些兴奋。我觉得很奇怪，在家里不由自主地唠叨老师好，这还不常见，于是问他为什么。他说："语文老师今天说了，小孩子不开小差不可能，但在重点内容上不可以。以前老师都绝对不准开小差的！"

我说："哈哈，原来你是高兴老师准你开小差啊。"

儿子说："哪是的，老师讲的大多都很重要，不重要的少，我还是开不了多少小差。"

我问："那你为什么那么开心呢？"

儿子说："因为老师很诚实，允许开小差是老师的事，开不开小差是我们的事。"

"哇噻，"我欢呼起来，"儿子，你简直是小小哲学家啊，为了奖励你，今天晚上爸爸帮你洗碗。"

鸢飞戾天者，望峰息心；经纶世务者，窥谷忘反。当我们听孩子把话说完，我们是不是也有一种回到纯真时代的感觉？感谢孩子们教育了我们，让我们重新童年一回，青涩一次。

[4]

让孩子敢于冒险

不少家长总希望自己的孩子听话一点，乖一点。这种教育目标的短视，具有致命的危害，会抑制孩子的生命力和想象力。上海一家教育研究所得出权威结论——听话儿童是问题儿童。

南方有一个著名校长,很多做法让人耳目一新。

有一天,有个老师慌慌张张地跑来:"校长,校长,大事不好了,操场上两个男生打架了!"校长说:"啊,男生打架?走,看看去!他娘的,好多年没看见男生打架了。男生不打架,还叫男生吗?"

"男生一定要打架",当然没有多少依据,不过是对"教育缺乏男人气"的一种愤激之语。但是,"男生不打架"的背后,确实值得我们深思。对很多家有男生的家长来说,一个不容回避的问题是男孩子危机。请看现在的现实情况:

第一名是女孩子。班长和团支书是女孩子。语文与英语科代表是女孩子。懂事体贴的是女孩子。认真听讲积极回答问题的是女孩子。试卷干净整洁的是女孩子。计算准确无误的是女孩子。单词默写全对的是女孩子。作文被当作范文的是女孩子。暗暗较劲互拼成绩的是女孩子。

男孩子呢?与上面情形反过来的就是男孩子。原因并不难找。

一方面是教师男女比例严重失调。

沿海地区,男教师早已成了稀有动物。从幼儿园开始,女教师就包打天下。很多女教师是"鞠萍姐姐式"和"倪萍姥姥式"教育,她们和蔼可亲,不急不躁。但千万不要忽视她们的压迫力,一旦男生犯错误了,女教师巨大的绵劲和持之以恒的说教,就像滚滚江水,滔滔不绝。任你男生是刺头,还是猴头,紧箍咒不断地念,照样满地打滚,束手就擒。

放学之后,男孩子基本上是和奶奶和妈妈打交道,这和大观园里的贾宝玉没有什么区别。由于失去男性意识的启蒙关照,失去男子汉的濡染熏陶,致使不少男生娘娘腔;少了刚烈,少了野性,少了担当。

其次是我们的课程设置,偏重文科,偏重识记,注重书写,特别适合女孩子。从小考试到高考,一路高歌猛进的都是女生,每年80%的高考状元都是女的。甚至在竞技体育中,中国也常常是靠女人打天下。

最后就是教育追求。家长总喜欢听话、乖巧的孩子,这种导向危害无穷。

孩子们顺心、听话,家长教起来自然省心、省力。殊不知这种听话教育,实质就是奴才教育,会使孩子丧失独立性,没有见解,不敢质疑,更不敢抗争，久而久之，就会变得冷漠麻木，世故小聪明，把自己纳入规范之中，失去了纯真的笑容和独有的清澈。这样的孩子，还怎么叫作孩子？他们与使用了增长剂的那些动物，又有什么两样？

其实，西方也曾经面临这样的情况，但是，他们通过兵役制，把男孩子送到火热的军营中去磨炼，去锻造，培养男孩子的阳刚之气、英武之气、雄霸之气。我们则为了安全起见，甚至取消了春游，很多剧烈的体育活动也被学校取消了。

多年来，我更加关心启元男子气的锻炼，甚至让他冒险，哪怕受伤也在所不惜。尽管这个时候，自己也是忐忑不安，但是，依然咬紧牙关，鼓励启元战胜心魔，野蛮到底。

有一次，我带着启元在小区广场玩耍。广场上有一个丈把高的蓝色铁架子，供人攀登或置顶做仰卧起坐。启元晚上本意去练臂力，以便先掰过妈妈再向我挑战。谁知练了几分钟吊环后，他又去爬架子，爬上去再跳下来，两格两格越跳越高，最后上升到七格，已超过姚明的个头了，纵身往下跳，下来安然无恙。

他又向最高一格攀爬，由于铁架本身太高了，再加上他自身的高度，他坐在上面看地下隐隐约约的，刚要俯身跳下，又缩回去，口里说着我还要再练练，将身体缩成蛇形从铁架空隙处溜至七格或八格纵身下来，那已接近铁架最高点了。他解释说："跳下来的实力是有，就是坐上去看起来怕，不敢跳下来。恐惧，对，就是恐惧，我一定要战胜我的心魔，就像李小龙那样。"

他又熟练地爬上去，坐稳身子准备跳时，又不敢跳了。"爸爸，实在太高了，我还来练练。"他缩身穿插过横铁架，降一格纵身而下。

"我一定要从顶上跳下来！"他气呼呼地爬上顶。谁知他试了试仍然未敢跳下。爬上去，俯瞰，不敢跳，又缩身往下，一次两次三次……

最后我说："咱们回家吧。"他大叫："爸爸，再给我五分钟吧！"我心里忍住笑，离开两步又转身回来。

他爬上去，又未敢。四五个回合。我又起步走。他大叫："爸爸，你要相信我，你可不能瞧不起你的儿子啊！"

我停下，远远地不作声。他边爬边壮胆子说："这次我一定行！"仍然是降格跳下。

　　我又走了。"爸爸！"声音哀求而凄凉。我停下。只听，"嘣"的一声，比前几次粗重。"爸爸，我成功了！哎呀，好痛啊，我的脚！""爸爸，你来看啊，我行了。"

　　"你的脚很疼吗？"我故作平静地问。"不疼了，看我的。"他以最快的速度爬上顶端，"嗖"的一声，如呼啸的子弹，重重地落地。儿子面色倔强，表情冷酷，没有喜悦。演示了两次，他昂首说："走吧。"

　　儿子战胜了心魔，具有冒险精神，有小男子汉的勇敢，我很欣慰，谁知道，他突然又说了一句话："没有任何东西能够阻止一个人倔强的勇敢！"我哈哈大笑，告诉孩子，我将把他的这一句名言用到自己的作品中……

　　启元初一的暑假，我和妻子做了一个惊人的决定：让启元送奶奶回安徽老家。奶奶已经70多岁了，一出门，两眼一抹黑。我们给了儿子一个手机，让他自己买票，中途还要转车，横跨两个省，总行程400多公里。儿子愣是没给我们一个咨询电话，安全地把奶奶送回家，然后，一个人买票回来了。儿子说，回家的车上，一位大哥哥还给他果冻和青豆吃，余味无穷啊。

　　儿子回来的时候，我们知道我们家的男子汉真正地诞生了，每一个蜕变都需要一个事件来洗礼。儿子送奶奶回老家，就是一次伟大的洗礼。

　　培养男孩子的野性和男子气，家长有四大注意。

　　首先，家长从小要让孩子知道，他是了不起的男子汉。打针不能哭，跌倒了爬起来，犯错了敢于担当，还要保护妈妈，因为她是女的，这是男子汉的荣耀。

　　其次，敢于让男孩子冒险，不怕男孩子受伤，男孩子受伤是男孩子的加冕。但家长一定要让孩子知道冒险的价值。

　　再次，给男孩子更多的选择权，别忘了，男孩有多少选择权，就有多少担当。千万别和男孩子来"硬"的，男孩子总是"越打越犟"。

　　最后，男孩子要穷养，越磨砺越光芒。家长一定要记住，再富不能富孩子，在贫穷中锻造出来的男子汉才是真正铁打的男子汉。

[5]

用欣赏的眼光看待孩子犯错

很多家长对孩子要求精益求精，凡事都要高标准，做到最好。我从不这样，我喜欢让孩子多尝试，多犯错，自己摸索，自己总结。在我眼里，事情本身并不重要，孩子在做事过程中的体悟和成长才重要。

这些年做教师，我轻而易举地就能把学生调动起来，哪怕是高三的孩子也不例外。为什么？答案很简单，我总是用欣赏的眼光看待孩子犯错。我甚至常常鼓励孩子犯错，因为犯错是一种行动能力，而纠正错误则是一种反思能力，解决错误，就是进步。唯有真切地经历了错误过程，我们才能深入理解我们为什么错了。下一次我们重新经历的时候，我们才能不犯错，少犯错。而且，在这种清晰的思维下，我们更能体会到正确的甜美。

启元烧饭的过程中，不断地犯错误，也不断给我们带来惊喜。我们一直猜测，这家伙究竟还能犯什么错，而他的错总是很有创意，像希区柯克的悬疑大片。我们在这个过程中，获得了很多快乐。这是一段成长的故事，这也是一段生命的故事。

故事是这样的。话说，有一天，我们下班回家，突然感到儿子有一点神秘，鬼鬼祟祟的，一溜烟朝厨房跑去。我们本能地感觉到不对，赶过去一看，原来儿子偷偷地做好了饭，正打开电饭煲，向我们邀功请赏呢！看到饭做得松软，不干不湿，我们非常高兴。于是，我狠狠地把他表扬了一番。

受到成功激励的儿子，大喜过望，不断想把话题吸引到做饭上去。下一次，我们委托儿子做饭，我给他留了便条（他常常在我上班的时候，假装睡觉，就是要让我给他写信）。快要下班的时候，我不放心，又给儿子打了电话，结果，回来一看，儿子正在那里如醉如痴地看电视，饭，自然是忘记煮了。儿子挠着头，不好意思地说："我忘记了。"笑容里有讨好卖乖的味道。我当然不责怪他。

第三次，我们是监考，儿子早就放假了，于是，我们又把这个光荣的任务交给了他。为了吸取上一次的教训，我是千叮咛万嘱咐。回到家，儿子还在那里看动画片，我问儿子："有没有做饭？"他说："做了。"说完，就跑到厨房去，打开电饭煲给我看。结果，他自己的脸色变了，又是讨好的神色，我问："怎么啦？"他吞吞吐吐地回答："我忘记放水了。"我大笑，说："你真想让你老爸吃干饭啊！"

为了让儿子摆脱煮饭不成功的阴影，我决定再给儿子一次将功赎罪的机会，于是，就有了儿子的第四次做饭。

回到家，儿子唱着歌，打开电饭煲让我们看，哇噻，饭做得精致，香喷喷，雪白雪白。我们也是饿了，带回了几个卤菜，就准备开饭了。可是，找来找去，找遍了任何角落，就差点找老鼠洞了，都没有找到饭勺子。在绝望中，我想只有一种可能，那就是儿子把它煮到饭里去了，一查看，果然。

这次，我说什么也不想让儿子做饭了，但儿子坚决请缨，大有和做饭决战到底的气魄。我被这种屡败屡战的精神感动，答应给儿子最后一次机会。

晚上一回家，儿子慌忙打开电饭煲，我马上闻到一股锅巴的清香。原来，我们刚刚上班，儿子就把饭煮了，也就是这餐饭，儿子烧了5个多小时，焉有不焦的道理。

儿子非常难堪，红着脸，想往地洞里钻。我和爱人交换了一下眼色，大声欢呼起来，啊，我们有锅巴汤吃了。我把上面的饭一点点刮干净，放到碗里去。锅里剩下来的全是锅巴了，然后，我加点水，再烧，一会儿整个屋子里全是香味。

晚上，我们吃着香甜的锅巴，感觉到无法言说的温馨。我和儿子说起了我的童年。小时候，我贪吃，常常吃得太多了，这在医学上叫积食，很不好治的。但民间也有土办法嘛，那就是喝锅巴汤。儿子，就和你今天做法一样。你奶奶锅巴中加入水，烧得香味馥郁，很有嚼头，就像今天一样，特别好喝。有时候加一点青菜，调节调节口味，疗效很好。儿子非常开心，说，爸爸妈妈，哪天你们积食了，一定告诉我啊，我会做锅巴汤！

儿子做饭，让我获得很多教育的启迪。

首先，对孩子而言，他们喜欢尝试，这种尝试的成功，以及大人的夸奖，让他们很有成就感。因此，家长要及时跟进，努力发现优点，死命夸赞。

其次，一旦孩子的自主尝试变成了任务，孩子就会变得漫不经心了，甚至有一种本能的抗拒。因此，家长要想方设法把任务转为孩子的自主需要。

再次，永远用欣赏的眼光看待孩子的犯错，任何一个错误都是有价值的，都是成长过程中必然的一种经历。家长要引导孩子，把每一次犯错，都变成一次成长的契机。但切不可急功近利，要慢下来。

最后，要意识到教育是非连续性的，常常要经历一个不断反复的过程。因此，作为家长一定要耐心，寻找机会，学会等待，争取每一次特殊的教育，都能让孩子的生命成长打下深刻的烙印。

[6]

何必强求孩子完美

很多家长希望自己的孩子完美，这种想法是人之常情。但完美既不大可能，也没有必要。为了孩子完美，让孩子牺牲掉童年和闲暇，那就更加得不偿失。

通常情况下，家长的期望越大，失望也就越大。为了不使自己失望，家长只能变本加厉给孩子施压。施压的结果有两种可能，一种是孩子压力过大，超出他的能力范畴，逐渐自卑，一蹶不振，从此破罐子破摔；一种是孩子迎合家长、老师甚至迎合社会评价，咬紧牙关，最终坚持下来，成为一个"优秀"的孩子。但这样的优秀，因为忽略了孩子本身的需求，使得孩子失去了自我，他的生命状态停滞下来，不再清澈奔流，孩子逐渐变得自私、冷漠。除了所谓的优秀，他就一无所有。

正因为如此，他当然要紧紧抓住优秀这根活命的稻草，一旦在另一个优秀的群体中，他不再优秀，那么，这个优秀的孩子就是一枚炸弹！随时会被引爆，不是炸伤别人，就是炸坏自己！有一个统计数字，大学中有心理疾病的孩子，有23%的孩子在初高中被公认是很"优秀"的学生。

多年来，我从来不给孩子灌输优秀的概念，我只在乎孩子是不是一个品德端正的孩子。孩子有没有尽自己的最大努力，只要努力了，就是好孩子。成绩只是一个结果，努力与否则是孩子的一个过程。成人比成才重要，过程比结果重要。

有一个绘本故事——《失落的一角》，内涵丰富。

"有一个圆，它缺了一角，它很不快乐，于是动身去寻找那失落的一角。它唱着歌向前滚动，有时候要忍受日晒，有时候冰雪把它冻僵了。它因为缺了一角，不能滚得太快，有时候停下来跟小虫说话，或者闻闻花香，有时候蝴蝶站在它头上跳舞……

"它渡过大洋，穿过森林和沼泽，它找到很多失落的一角，可是有些太小了，有些又太大了，有些太尖了，有些又太钝了……后来它终于找到刚刚好的一角，合适极了！它很高兴，因为再不缺少什么，它滚得很快，从来也没有这么快，快得停不下来，不能跟小虫说话了，也不能闻闻花香，快得蝴蝶也不能在它身上落脚了……后来它累了，它把那千辛万苦找来的一角轻轻放下，从容地走开……"

这个故事告诉我们，也许正是因为失去，才让我们变得完整。

一个完整的人某种程度上是可怜的，他永远失去了一种有所希求、有所梦想的感觉，一种可望而不可即的忧伤，以及对这种美好愿景必然到来的与日俱增的期待。不是吗？

当我们能够坦然地接受生命的不完整，当我们为理想和目标继续运转而心存感激之时，我们的心灵是充实的、丰富的、饱满的、灵性的，我们为不可知的未来而悸动，为未来的光明挥汗如雨，一枝一叶，每一小步都写着我们的笑容和骄傲；而当我们变得圆满、完整，志得意满，飞快地旋转时，我们或许就错过了路上的小甲虫和鲜花朵朵，错过了天空里的云彩飘飘，还有蝴蝶的一次次亲密接触，我们的心灵变得不再敏感，甚至麻木粗糙，我们失去了平常心和平民情怀，难道我们不是因此而缺失太多了吗？

维纳斯是世人公认的爱与美的女神，她的断臂一点也不影响她的端庄美丽、宁静纯洁、妩媚温柔。

当然，细细分析，我们知道成就爱神的美有两个条件：

一是断臂的遗憾与创造空间。维纳斯的残缺，让欣赏者留下永久的遗憾，有时候遗憾更能够撞击人心，犹如悲剧更容易统治人的心灵。其次，维纳斯断臂留下的空白，迫使欣赏者进行二度创造，艺术形象由作者与欣赏者共同创造完成，这是古典的维纳斯呈现出的现代风采和永恒魅力。

二是维纳斯断臂带来的谜团。断臂维纳斯永远处在亮出谜底之前的时刻，她的手臂是什么姿势？她的纤纤玉手是怎么样的？她手里拿的是什么？是什么使得维纳斯充满着温情和宁静？许多人因此陷入狂热的猜谜之中，维纳斯失去了两条手臂，却获得了无数条手臂，而且都是最美的，无可取代。追求完美是对的，可是别忘了，残缺有时候比圆满更接近生活的常态。那个李煜，如果没有山河之悲，亡国之痛，能否成为婉约派的一代词宗？那个曹雪芹，如果没有抄家流落，没有体验过树倒猢狲散的世态炎凉，还能否写出惊世之作《红楼梦》？还有那个鲁迅，如果没有经历小康之家坠入困顿的冷眼和热嘲，还能否拥有洞穿灵魂的冷峻和清醒？连他自己都说过，童年的情形就是将来的命运。所谓愤怒出诗人，不平则鸣，国家不幸诗人幸。上帝给你关上一扇门，就会给你打开一扇窗，反过来，上帝给你关上一扇窗，当然也会给你打开一扇门。这样看来，就算在世俗人的眼里，所谓的圆满和残缺之间的距离，也不过是门到窗子的距离。

反复阅读这个故事，我还深深地被一种寻找的过程所感动。

人生不可能完美无缺，正因为每个人都有缺失的一角，孩子更是如此。我们才会上路，去努力、去探索、去寻找，也许前面有风雨雷电，有鬼怪妖魔，有九九八十一难，但谁也不能阻止我们对完整的追求，对圆满的期盼……只要出发了，总会有隆重的庆典。

不是追求的结果，是追求的过程，让孩子看上去接近完美，因为孩子每时每刻都在经历，都在革新，都在创造，都在成长之中，每个孩子都是正在进行时，一旦孩子变成了完成时态，他很可能就停滞了，而停滞的水是死去的，停滞的户枢是要生虫子的，停滞的完美就是人生的终结。唐诗在唐朝死去，宋词在宋代灭亡，元曲在元朝沦陷，不是因为残缺，而是因为完美。

叔本华说，人生就像一个钟摆，在痛苦和无聊中度过。人生多欲望，当欲望没有实现，钟摆走向痛苦这一端，于是，人生即痛苦；当一个欲望已经实现，钟摆走向无聊一端，于是，人生即无聊，人生就这样反反复复地在痛苦与无聊当中度过。

假如叔本华的这段话是有道理的，那么，我宁愿选择痛苦地寻找，也决不满足于无聊的圆满。更重要的是，圆满和残缺，本来就是相对的。无聊的圆满，还能叫作圆满吗？反过来，追求的过程是痛苦的，但为自己的理想拼搏，为希望博弈，那种痛苦还能叫作痛苦吗？

有时候，我们的缺失，有可能正是对他人的帮助。

一个挑水夫每天用两只水桶给主人送水，其中一只桶子有裂缝，另一只则完好无缺，这样，两年来挑水夫其实每天只挑了一桶半的水到主人家。因此，有裂缝的桶羞愧不已，就向挑水工道歉，因为它的残缺，漏掉了一半的水。挑水工问道："你有没有注意到，只有你这一侧有鲜花，而另一侧没有？那是因为我知道你漏水，于是就在这一侧撒了些花种，而正是你漏出的水浇灌了它们，我才能采到美丽的花，装饰我的房间。"

我为这个睿智的挑水工感到高兴，他是一个真正的智者，能够把缺陷变成一种芬芳。

人只能活这一辈子，没有再来一次的机会。那么，我们何妨允许自己有一些缺失，允许自己不够完美，也许我们能够在这种豁达之中，在磕磕碰碰之下，领悟比他人更多的人生？

其实，我们还可以换一个视角，我们自己也并不完美，但不也生活得很快乐？要知道，水至清则无鱼，人至察则无徒。也许，正是我们允许孩子不完美，孩子才有可能趋向于完美。

[7]

用平常心对待孩子的考试

说我不关心启元的成绩，这不但显得矫情，也不是事实。但我能够克制自己的关心。我了解他的成绩，但从不责怪。偶尔我只是问他，你需要一些帮助吗？启元也从来不需要帮助，他不在乎，也许只是假装不在乎。

好像是二年级的时候，有一次考试，他考得特别烂。回家签名的时候，眼睛红红的。我和妻子交换了一下眼神，在心里感叹，当一个孩子明白分数的重要时，他的童年就永远失去了。而孩子童年的失去，意味着我们将失去一个可爱的孩子，家里增添了一个苦大仇深的学生。这多么可怕！

我拿过试卷，签好名后，笑着问他，他这个成绩在班级是不是倒数第一。孩子说，不是倒数第一，比倒数第一要高2分。

我说，儿子，你考得不错，你比最后一名多出2分呢，但你却是班级里最小的孩子。你没上过幼儿园，你只是暂时比他们差，没关系。爸爸相信你，任何时候，无条件地相信你。只要你认真了，爸爸就为你骄傲。认真比分数更重要！

还有，你看，除了成绩，你比其他孩子勇敢多了，打预防针你是第一个。上次我参加你们的公开课，你第一个发言，口齿清楚，家长们纷纷竖起了大拇指。你还会理财，把自己的钱管理得井井有条。暑假你还参加劳动，用自己的劳动报酬请我们吃冰棒。你还会帮我们烧饭，烧得喷香喷香的。在我们眼里，你就是最棒的孩子。

那个晚上，我对启元说，孩子，考试只是检查你学习情况的一种方式。

考得好，不会上天堂；考得不好，也绝对不会下地狱。而且，无论你考得怎么样，爸爸妈妈依然爱你。我们拉钩上吊。很多美好的东西是考试考不出来的，比如你身上的诚实、你的勇敢、你的善良，还有你的坚强。孩子，我对你非常的满意。

孩子一下子破涕为笑。

我只是告诉他，考最后一名也没关系，只要事后和我说一声，不会考的现在会了，就一切都OK。

后来，儿子的成绩忽上忽下。有一次考了倒数第15名，儿子非常开心，我也很开心。我告诉儿子，因为他这次考得很好，我允许他下一次考得不好。因为考试总是有起有落，这很正常。儿子说，我才不干呢。我不能又掉到坑里去。下次，我还要进步。

但是，下次，儿子果然考得不好，又落下去了。我对儿子说，这就是规律，下一次说不定你又好了。

那以后，在徐丽珍老师的帮助下，儿子的数学越来越好。倒数第3，倒数第8，倒数第15，倒数第12，倒数第17……直到有一天，我们收到一条短信，这条短信，我经常想起，经常感到温暖，那是我们家启元走上人生正轨的第一个大奖，意义重大。"热烈祝贺王启元同学获得小学应用题大赛第一名！"我们激动不已，我们欣喜若狂。

晚上儿子回家了，脸上毫无喜色，把书包往一边一扔，就准备逗弄楼下的小猫去。我叫住他："王启元同学，今天是不是获得了数学比赛的第一名？"儿子很平静："是的，这有什么了不起的。"

儿子走了，我们打开他的书包，看到了满分的试卷，还看到了一个木头的漂亮笔架，明显是奖品。但儿子根本没把奖品放在眼里，甚至都懒得告诉我们。我觉得，这才是对待荣誉的好办法。

据说，有一天，居里夫人的一个朋友来做客，发现居里夫人的小女儿正在玩一枚奖章。朋友很吃惊，忙问居里夫人："你应该知道，一枚英国皇家协会颁发的金质奖章是多么高的荣誉，你怎么能把它给孩子玩呢？"居里夫人说："我正是想要让孩子知道，荣誉就像玩具，只能玩玩而已，绝不能永远守着它，否则将一事无成。"

后来，我也常常反思，儿子为什么能够那么看淡荣誉？是不是我从来都没有在意他的成绩，所以对于好成绩他也能正确对待？这样的孩子，永远不会被分数绑架。这是我们的意外之喜。

有一段时间，我在学校值班，好几天没看见儿子了，很偶然地在操场上看见了他。

"儿子，好长时间没有看见你了，最近在干吗呢？"

儿子诡秘地一笑，"在看《笑傲江湖》，已经看得差不多了。"

"好家伙，老爸可告诉过你，武侠不可不看，但要适可而止。"

"知道，我不想看，马上就会停的。"

"最近有没有考试，考得怎么样啊？"

儿子挠了挠脑袋，不想回答……

"嗯什么呀，可以考得不好，没关系的。"

"考了数学。"

"考得怎么样？"

"班里只有一个100分。"

"我不关心几个100分，我问你考了多少分？"

"100分。"

我默然无语。

"走啦！"儿子夹着书扬长而去。

好家伙，敢放我的鸽子了，这就是我儿子，说话常常希区柯克。真的，当我们不在意孩子成绩的时候，我们常常会有意外之喜。俗话说："有心栽花花不发，无心插柳柳成荫。""踏破铁鞋无觅处，得来全不费功夫。"真是至理名言。

对于孩子的成绩，我的观点是：

第一，要适当上心。要让孩子知道，你对成绩是在意的，但比较孩子的成长，你更在意他的成长。

第二，要学会等待。学习不可能一蹴而就，有一个漫长的过程，每天都努力，每天都学有所获就够了。

第三，要善于鼓励。鼓励的方式有很多种，但一定要发掘出孩子真正的闪光点。

有一个很好的例子。美国有一位著名的物理学家,上初中刚开始学物理的时候,他的物理成绩很差,只考了 8 分。物理老师找他谈话,让他好好学物理。学生说我不喜欢就是学不好,老师特别聪明,他告诉这个学生,别的同学都是 60 分及格,你下次只要考到 9 分就算及格。学生一想我随便画个钩就能及格,很容易,于是就答应了,结果下次考试考了 28 分。

虽然只有 28 分,老师还是没有理由在全班面前表扬他,因为还是不及格的分数。这个老师真聪明,她让全班同学把上次的考试成绩和这次的成绩做一个减法,上次考了 90,这次还是 90,一减就是 0,上次 95,这次 93,一减就是 -2,这样减到最后,就一个同学剩下了 20 分,就是这个同学。老师把所有同学两次考试的分数差写在黑板上,问了个问题:"哪个同学进步最大?"全班同学异口同声说某某,这是一个铁的事实,因为只有他一个人进步了 20 分。

这种鼓励方式不但没有侮辱色彩,而且有很大的激励色彩。这个学生一下就兴奋起来,他想无论我考到 48、68 还是 88 都是全班进步最大的,我有无数进步的空间。

老师做了件聪明的事情,孩子就觉得有广阔进步的空间,从此这个孩子就喜欢上了物理,并最终成为全世界最伟大的物理学家之一。这一切不是空洞鼓励带来的作用,而是善于鼓励才拥有的神奇。

[8]

学习只有在自由下才可能发生

一些家长问我孩子的良好发展,最需要的究竟是什么。我的观点很简单,孩子最需要的就是自由,不过是有规则的自由。

什么叫有规则的自由呢?

当年梅兰芳先生在莫斯科表演《洛神赋》,有一位酷爱京剧艺术的苏联老太太连看九场,她发现梅先生的表演有一定程式,又不受程式束缚,每次都有新的变化,就请梅先生释其缘由。梅先生尚未开腔,斯坦尼斯拉夫斯基在一旁代为作答,说梅先生的表演是"有规则的自由活动"。

所谓有规则的自由,就是既有一定的规则,但又是自由的、变化的。梁思成把中国建筑的特点概括为"千篇一律与千变万化",就是这个道理。我们所说的有规则的自由,就是在大的规则之下,孩子有完全属于自己的自由活动。

比如我和启元一起制定规则,放学后首先他要完成作业。余下的属于他的私人时间,他想做什么就做什么,这是他的兴趣和自由。作为家长,我绝不会去管,如果他希望我陪他玩,那我也会捋起袖子毫不含糊。

我为什么对自由如此看重?

因为没有自由,人性就会被压抑,被压抑的人性很快就会枯萎,失去水分,僵化腐朽,这正是我们这么多年教育没有生命力的最大原因。

1560年,瑞士钟表匠布克在游览金字塔时,做出一个石破天惊的推断:"金字塔的建造者,绝不会是奴隶,而只能是一批欢快的自由人。"很长的时间,这个推论都被当作一个笑料。然而,400年之后,也即2003年,埃及最高文物委员会宣布:通过对吉萨附近600处墓葬的发掘考证,金字塔是由当地具有自由身份的农民和手工业者建造的,而非希罗多德在《历史》中所记载——由30万奴隶所建造。

历史在这里发生了一个拐点,穿过漫漫的历史烟尘,400年前,那个叫布克的小小钟表匠,究竟凭什么否定了伟大的希罗多德?何以一眼就能洞穿金字塔是自由人建造的?埃及国家博物馆馆长多玛斯对布克产生了强烈兴趣,他一定要破解这个谜团。

真相一步步被揭开:布克原是法国的一名天主教信徒,1536年,因反对罗马教廷的刻板教规,锒铛入狱。由于他是一位钟表制作大师,囚禁期间,被狱警安排制作钟表。在那个失去自由的地方,布克发现无论狱方采取什么高压手段，自己无论如何都不能制作出日误差低于 1/10 秒的钟表；而在入狱之前，在自家的作坊里，布克能轻松制造出误差低于 1/100 秒的钟表。为什么会出现这种情况呢？布克苦苦思索。

起先，布克以为是制造钟表的环境太差，后来布克越狱逃跑，又过上了自由的生活。在更糟糕的环境里，布克制造钟表的水准，竟然奇迹般地恢复了。此时，布克才发现真正影响钟表准确度的不是环境，而是制作钟表时的心情。

在布克的资料中，多玛斯发现了这么两段话："一个钟表匠在不满和愤懑中，要想圆满地完成制作钟表的 1200 道工序，是不可能的；在对抗和憎恨中，要精确地磨锉出一块钟表所需要的 254 个零件，更是比登天还难。"

正因为如此，布克才能大胆推断："金字塔这么浩大的工程，被建造得那么精细，各个环节衔接得那么天衣无缝，建造者必定是一批怀有虔诚之心的自由人。难以想象，一群有懈怠行为和对抗思想的奴隶，绝不可能让金字塔的巨石之间连一片小小的刀片都插不进去。"

布克后来成为瑞士钟表业的奠基人与开创者。瑞士到现在仍然保持着布克的制表理念：不与那些强制工人工作或克扣工人工资的外国企业联合。他们认为那样的企业永远也造不出瑞士表。

也就是说：在过分指导和严格监管的地方，别指望有奇迹发生，因为人的能力，唯有在身心和谐的情况下，才能发挥到最佳水平。

电光石火，石破天惊，我想到了我们的教育。

当前，我们的教育生态，恰恰就是以束缚、控制、压制、监管为特征，以大负荷、高速度和快节奏为根本，以不成功便成仁相要挟。如果把水灵灵的教育业弄成了干巴巴的制造业，那么我们将只有统一模型的产品，而没有千姿百态的孩子。

教育，绝不可能在恐惧中产生。恐惧会让孩子失去生命的安全感，在这种倾斜之下，孩子的心灵只有小心翼翼地自我保全，没有活泼泼地主动发展。这样教育出来的孩子，他们的心灵，既不会完整，更不会幸福。最要命的是，久而久之，一种平和的、充满好奇心的教育禀赋逐渐沦丧了。

而真的教育必须是：作为孩子的自己，你的心不再被恐惧占领，不再被理想、符号、词语所裹挟，你必须敞开你所有的心灵和毛孔，直接和世界肌肤接触。你能闻见世界的味道和气息，触摸到它的柔软和质地，你的所见才是真实、永恒、不受时间限制的东西。当然，你要真正地实现它，还需要深刻的洞察力、领悟力以及坚忍力，你得永远保持你的敏感，并且和惯常的习性赛跑。

教育的意义是帮助你从孩提时代开始就不要去模仿任何人，永远都做你自己。我们必须杜绝依赖，依赖某个人或者某个观念，通过依赖激励自己，就会产生恐惧，这是虚假的激励。教育必须从生活中来，向生命里去，天地有大美而不言，万事都能激励人。叶片的落下、鸟儿的死亡，人们的行为举止，如果孩子能注意这一切，他就一直在学习，保持永不停息地探索的心灵，从观察、挣扎、快乐与眼泪中学习。

当孩子永远处在发问之中，做一个世界的探询者，并且努力寻找事情的真相，他就永远处在发展之中。人本来就是一种不完美的，但却知道自己不完美，并努力使自己完美的生物。不断地累积，不断地丰富，永远处在变化之中，这是人的局限，也是人的发展。

如果一个孩子说他什么都知道了，那么从发展性上来说他已经死了；如果一个孩子认为他什么都不知道，但一直在发现和了解，他不急于寻找终点，也不想达到什么或变成什么，只问攀登不问高，这种孩子才是活生生的，这样的人生就是真理。

金字塔必须由自由人建造，教育，也必须在自由中产生。唯有自由的人，才有感悟的闲暇，创造的快乐。我们带着孩子每天都在创造，我们为自己的创造而感动，我们独立赋予自己学习的意义，选择我们自以为有价值的生命质感。这个时候，我们的灵感在飞扬，思维在穿越，微笑和友谊都在潜滋暗长。

为了自由，我们还必须摒弃经验。经验不能使人自由，透过经验学习，只是根据个人原有的局限所造出来的新模子，这个模子会阻碍人找到真正的自由。榜样有时候也是。自由是对自己的不断认识，从而达成的对人和世界的认识。

遗憾的是，现在家庭教育最缺乏的就是自由。对自由最大的压制就是教训，我们只有教训，没有教育。教训和教育，一字之差，谬以千里。家长往往把"教"与"训"混为一谈，但是在儒家两大作品《论语》和《学记》中，不但根本找不到一个"训"字，甚至连"教"字也用得极为少见。

"学"是主动的，"教"是被动的，主动地"学"比被动地"教"更为有效，因此《论语》中有56个"学"字，《学记》中有48个"学"字，远远超过"教"字出现的频率。

教育，只有在自由的状态下，才可能发生。为了提倡主动学习，反对强加于人，孔子不仅有"学而时习之，不亦乐乎"等主动学习的愉悦感受，还有"人之患，在好为人师"等谆谆告诫。

真正的教育不应有也不会有"训"的成分，舍此，我们何以解释"教学相长"？师生围绕着问题，共同经历或者重新经历原初发现的伟大喜悦。

伟大的教育家蒙台梭利则从人格培养的角度分析了强迫教育的危害。她说："一个儿童，如果没有学会独自一个人行动，自主地控制他的作为，自动地管理他的意志，到了成人以后，他不但容易受到别人指挥，并且遇事非依赖别人不可。一个学校里的儿童，如果不断地受教师干涉、禁止、呵斥，以至于诟骂，结果会变成一种性格上很复杂的可怜虫。"而一个可怜虫注定是教育的残次品。

制造出金字塔的，注定是那些自由的人。教育，如果真正地发生，注定要让孩子获得自由，免于恐惧。如果没有自由，我们永远不会培养出健康的孩子，当然也就不能培养出真正的大师。

当然，这里的自由是有限定的。我们不能都渴望自由，但又误解自由。自由不是去打破一切规律的限制，因为真正的规律是任何人都无法打破的，也是万事万物都必须遵循的。真正的自由是顺应规律，就像我们的脚穿上合适的鞋子，我们的脚才是自由的；就像火车行驶在铁轨上，火车才是自由的一样。真正的自由就是这顺应规律后的行止无碍。

健康的孩子和真正的大师不会在恐惧和束缚中产生。如果不能真正给教育松绑，钱学森之问，会永远问下去，并且成为天问。这正是我在教学和家教中，始终强调要给孩子自由的真正缘由。

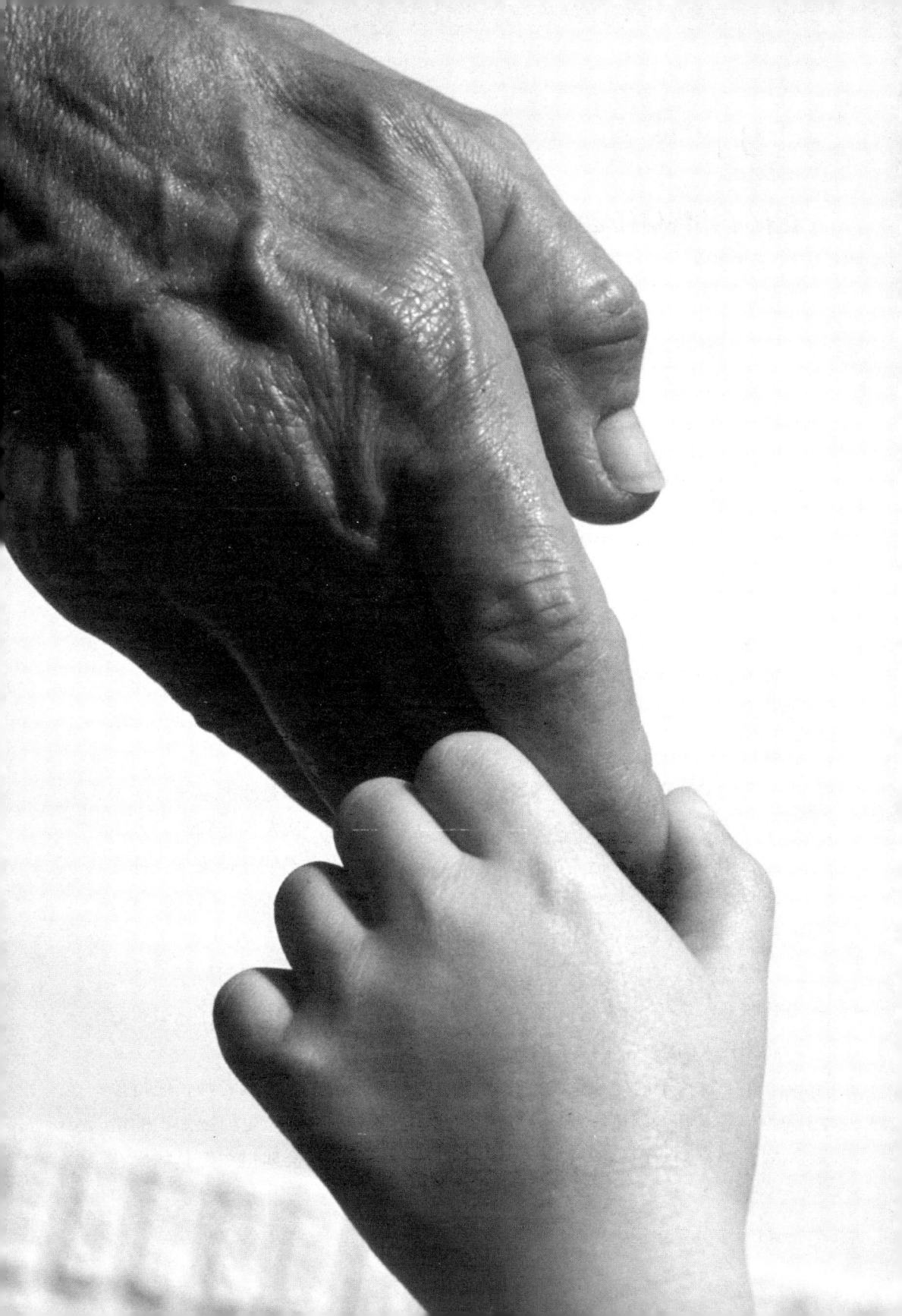

[9]

让孩子始终信任老师

　　一些家长出于溺爱孩子，或是出于卖弄，或是出于对正确知识的捍卫，有时候不经意间显示出对孩子老师的不屑。孩子是最善于察言观色的，一旦被孩子捕捉到这样的神色，对孩子的影响绝对是致命的。

　　孩子会把以后自己的失败和错误归咎于老师，家长不经意的举动，无形中就给孩子找到了一个不努力的理由。

　　尽管我们说，吾爱吾师，吾更爱真理。但在孩子的小学阶段，我们应该把这句话颠倒过来：吾爱真理，但吾更爱吾师。

　　作为老师，他们会充分理解家长望子成龙、望女成凤的迫切心情，会努力维护家长的形象，全身心投入工作中来，教好书，育好人，让学生满意，家长放心。作为家长，也应该与老师加强联系，多多沟通，让老师掌握孩子在家里的学习情况，还要维护教师在孩子心目中的威信，坚定地站在学校老师一边，这样，我们的家校教育才能形成合力。

　　我的导师孙文光，自己和爱人，还有小儿子孙川都是北大学生，一家三个北大，号称北大之家。孙川在小学读书时，有一次发现老师有一处讲错了，就提出来了，但老师认为没错。孩子回家向自己的爸爸求证，孙文光是著名的大学教授，中国红学大家，但他却旗帜鲜明地站在老师一边，认为孩子错了，老师是对的，并且煞有介事地给孩子分析了原因。

　　那么，孙老师为什么要这样做呢？有一次我实在忍不住问他了。孙老师告诉我，第一，一个堂堂的大学教授站出来，认为一个老师错了，会给老师带来巨大的压力，也会对老师构成一种伤害。

　　第二，孩子尚处在接受知识的小学学习阶段，一旦贬低老师，使得孩子不信任老师，就可能使孩子失去接受学习的最好时机。更何况知识的错与对，都是相对的，随着时间的推移，孩子将来自然会明白。但是如果在师生关系上犯了错误,导致孩子从此不信任老师所教,这是要命的。所以,他宁肯放弃真理,也选择让孩子信任老师。我深以为然。

我夫妻两人都是高中教师,我也算一个教育专家,但是,从那以后,我们夫妻一致维护老师在孩子心目中的形象,从来没有干涉过任何一个老师对启元的教育。就算对某位老师的做法不认同,也只是在心里不赞同,在儿子面前,我们是大力收集他们老师的光荣事迹,使得儿子喜欢老师,崇拜老师。

启元能够从多年的倒数第一中顺利走出来,得益于老师对他的帮助。

启元的普通话很好,张敏亚老师每天都让他领读,早读课带着全班同学琅琅读书,渐渐培养起了启元的自信心,并且使得他最终成为一名朗读者。

班主任徐丽珍老师是一位数学老师,她最大的特点是对孩子有耐心。每周都有数学智力挑战题,也是她的特点。这些题可做可不做,一旦做出来了,就有很大的名声,被很多孩子追捧。儿子偶尔有一两次做得好,被老师狠狠表扬了,后来,就特别认真对待这些智力开发题,孩子的数学思维就这样一点点培养起来。2013年中考中,数学特别难,一度引发了网络讨伐的狂潮,困扰了数学命题老师很久。总分130分,平均分68.5,但王启元同学却考出了125分的好成绩,名列全校第二名。

亲其师,才会信其教;信其师,才会爱其教。家长朋友们,不可不慎重。家长在引导孩子和老师和谐相处时,当着孩子的面贬低老师,这样做的目的可能只是发几句牢骚,发泄一下对老师的不满,并不是真的和老师有什么矛盾,也不是就想让孩子不尊敬这个老师。但说者无心,听者有意,这些话会在孩子的心里产生巨大影响,直接影响孩子与老师的关系。由于年龄和阅历的限制,孩子对于一个人的评价往往会受到他人的影响,而父母对孩子的影响又是最大的。当孩子听到父母对老师的批评时,会减轻对老师的信任度,从而很难在今后的学习中听从老师的教导,问题孩子常常因此而产生。

[10]

不让孩子做自己也做不到的事

真正能起到教育作用的，唯有父母的身体力行和与家人在朝夕相处中构建的家庭关系，以及以关系为基础营造的家庭氛围。因为孩子是通过父母做了什么，而不是说了什么来学习的。我们能做的，就是用我们的爱教会孩子关怀，用我们的微笑教会孩子乐观，用我们的豁达教会孩子包容，用我们的担当教会孩子责任，用我们的自省教会孩子思考。

很多家长对待自己非常宽松，对待孩子却非常严厉。他们的理由很充分，成人是已经长成的人，没办法改变了。而孩子是学生，是学生就应该努力读书，学习是孩子的第一使命。

鉴于此，他们把孩子从动画片前赶走，自己却霸占着遥控器追韩剧，哭得一把鼻涕一把眼泪的。让孩子拒绝平庸，追求卓越，自己却在单位里混日子，得过且过。让孩子尊敬老人，自己却常常对自己的父母出言不逊……

俗话说，一两的身教大于一吨的言传。家长永远不要让孩子做自己也做不到的事。

"己所不欲，勿施于人"，是孔夫子的经典妙语，也是儒家文化的精粹之处。所谓"己所不欲，勿施于人"，是指"自己不想要的东西，切勿施加给别人"。支撑这一思维基点的，就是同理心。所谓同理心，就是指能够体会他人的情绪和想法，理解他人的立场和感受，并站在他人角度思考和处理问题的一种思维方式。能够从自己的内心出发，将心比心，推己及人，我们就能理解他人，尊重他人，对待他人。所谓"人同此心，心同此理"是也。

那么，同样的道理，己所不能，勿施于人。你自己也做不到的事情，凭什么要让孩子做到？由此看来，真正的家庭教育，乃是父母的自我教育。

你希望孩子有什么改变，就先自己改变起来。正如胡适所说，要想怎么收获，先怎么栽。

种瓜得瓜，种豆得豆。这个世界，没有无缘无故的爱，也没有无缘无故的恨，你种下什么，收获的就是什么。播种一个行动，你会收到一个习惯；播种一个习惯，你会收到一种性情；播种一种性情，你会收到一个命运。我们能推己及人，孩子也会推己及人。闭上自己的嘴，抬起自己的腿，才是正确的教育之道。

家庭教育的核心，不是对孩子的约束和惩罚，而是父母的自我管理。约束和惩罚孩子总是容易的，而自我反省、自我管理、自我成长却是艰难的。父母是什么样的人，过什么样的生活，构建了什么样的家庭关系，其实就是给了孩子什么样的教育。父母生活的边界就是孩子受教育的边界，父母生活的过程就是孩子被教育的过程。

圣雄甘地也是如此。一名崇拜圣雄甘地的孩子非常爱吃糖，他妈妈为了让他戒掉糖，千里迢迢找到甘地，希望他能劝说自己的孩子。可是甘地说，你三个星期后再带着他来。母亲说我们家很远，好不容易来了，就请你帮帮我吧。可甘地坚持说，你三个星期后再来。

于是，这个母亲三个星期后又带着孩子去见甘地。甘地告诉孩子要少吃糖，孩子答应了。孩子的妈妈问甘地，这么简单的一句话，为什么上次不说，非要自己等三个星期？甘地说，我也很喜欢吃糖，我花三周时间让自己戒掉糖，我才有勇气跟他讲。

这才是伟大的教育，知行合一，从不虚妄。

当我们自己就是一位遇事不反躬自问，总指责他人，焦点放在外、矛头指向外部的父母，我们的孩子也注定会是一个缺乏责任感的孩子。我们常说孩子是我们的未来，其实，我们才是孩子的未来。

启元小时候，为了培养他读书，一到周末，我们全家每个人都抱着书，看得津津有味，他自然也不好意思，慢慢看书就成了他的一种习惯。

孩子小的时候，我们绝不让孩子做自己也做不到的事。但孩子渐渐大了，我们完全可以引导孩子：我们当初没有达到那样的高度，这是我们一辈子的遗憾。孩子，你那么年轻，有朝气，你完全有达到那个高度的机会，我对你有信任，也有期望。然后，我们就把选择权交给孩子。当年陈景润的老师，就是那样把哥德巴赫猜想接力棒交给了陈景润。谁知道孩子将来会怎么样呢？也许一不小心就到达了巅峰。

不让孩子做我们自己也做不到的事，其实，还意味着一定要让孩子做自己力所能及的事。著名教育家陈鹤琴先生就曾说过："凡是孩子能做的事情应该让孩子自己做，不要替代他。"

那么，如何让孩子做力所能及的事呢？

首先是引导孩子学会自我服务。比如自理能力，简单的家务。在家里，父母可以根据孩子的兴趣和能力因势利导，通过具体、细致的示范，从身边的小事做起，由易到难，从小就教给孩子一些自我服务的技能。

等到孩子大了，父母更加鼓励孩子要具有一点奉献精神和服务公众的意识。主要遵循以下原则：

1. 尊重孩子的好奇心，激发孩子做事的兴趣。

2. 大胆放手，让孩子独立完成，但需要耐心指导，在孩子需要帮助的时候，始终站在孩子的身后。

3. 循序渐进，逐步提高。一口吃不成一个胖子，一步也登不上青天。做任何事情也都会有一个过程，家长要引导孩子耐心细致地把事做好。

4. 鼓励孩子坚持下去，那么，收获的不仅是做事，还有做好事的信心。

5. 家长千万别忘了，自己要常常以身作则，树立榜样。父母不应该为了孩子牺牲自己的追求，一个热爱阅读的妈妈，胜过整天逼着孩子读书的妈妈；一个努力进取的爸爸，胜过把人生希望都寄托在孩子身上的爸爸。

第四辑　努力做一个有用的人

[1]

人品是核心竞争力

这些年下来,我慢慢发现,一个人最核心的竞争力,不是知识,不是见识,也不是胆识,甚至也不是能力,而是建立在一定基础上的人品。我们可以大胆判断:人品是第一竞争力。因此,一点一点地培养孩子的人品非常重要。

我曾经和启元猜读过一个故事。这个故事的名字叫《那里有思坦因曼思》。这是一个我们耳熟能详的故事,不过却被人改写了。改写的所在,恰恰是我们教育的缺失所在。

我们平常看到的故事是:思坦因曼思是德国的一位工程技术人员,因为失业和国内经济不景气,不远千里来到美国。找工作很困难,好在他还算幸运,一家小工厂的老板看重他,聘用他担任生产机器马达的技术人员。

1923年,美国福特公司有一台马达坏了,公司所有的工程技术人员都未能修好。正在焦急万分的时候,有人推荐了思坦因曼思。福特公司就派人请他来。他来之后,什么也没做,只是要了一张席子铺在电机旁,聚精会神地听了3天,然后又要了梯子,爬上爬下忙了多时,最后他在电机的一个部位用粉笔画了一道线,写上"这儿的线圈多绕了16圈"几个字。福特公司的技术人员按照思坦因曼思的建议,拆开电机修理,电机正常运转了。

故事发展到这里,有人对这个故事进行了改写,增加了这样一段内容:思坦因曼思索价一万美元。福特公司的人非常恼怒,认为思坦因曼思狮子大开口,只画出一条线,就漫天要价。思坦因曼思说,画一条线1美元,知道在哪里画一条线9999美元。

故事讲到这里意味无穷,所谓的教育意义呼之欲出,这就是很多家长的教育观。

知识就是金钱,书中自有黄金屋。我们现在怎么办?当然是——学习,学习,再学习,直到有一天,我们出息了,画一条线,就能够挣大钱!那个时候,就能够光宗耀祖,光耀门楣。

甚嚣尘上的功利主义教育,就是这样一步步被撩拨起来的。其中,也有我们家长的一份功劳。

其实,这个故事还有下文。我们常常买椟还珠,要命的是,舍弃的、丢弃的,往往都是画龙点睛之笔。

故事真正的后续部分是:福特公司总裁福特先生得知后,对这位德国技术人员十分欣赏,先给了他一万美元的酬金,然后又亲自邀请思坦因曼思加盟福特公司。但思坦因曼思却向福特先生说,他不能离开那家小工厂,因为那家小工厂的老板在他最困难的时候帮助了他。

福特先生先是觉得遗憾万分,继而又感慨不已。福特公司在美国是实力雄厚的大公司,人们都以进福特公司为荣,而他却为了报恩而舍弃如此好的机会。

不久,福特先生做出一个惊人的决定,收购思坦因曼思所在的那家小工厂。董事会的成员都觉得不可思议:"这样一家小工厂怎么会进入福特先生的视野?"福特先生说:"人品难得,因为那里有思坦因曼思。"福特公司何以会成为全球数一数二的大公司,从这里可以看出一些端倪。

福特先生之所以收购这家小公司,原因在于三个方面。

第一,思坦因曼思是一个人才,福特公司需要这种人才。

第二,思坦因曼思人品出众,福特公司看重他的人品。

第三,福特借此还教育了全体董事会成员,或者更多的员工。不仅要有才,更要有品。福特先生高瞻远瞩,故而能成就大事业。

而我在这个故事中,看到了更多家庭教育的元素。孩子的智力不是最重要的,比智力重要的是意志,比意志重要的是品德,比品德重要的是一个人的胸襟和抱负。

意志、品德、胸襟等这些最重要的因素不是通过父母的说教等"显教育"就能产生效果的,而是通过父母的行为即"潜教育"化进孩子的血肉里的。因此孩子是站在父母的肩膀上的,父母能走多远,孩子就能走多远,父母能有多高,孩子就能有多高。

那么,如何对孩子进行人品教育呢?

首先是"成人"比"成才"更重要。德大于才。司马光在《资治通鉴》里分析智伯无德而亡时写道:"才德全尽,谓之圣人;才德兼亡,谓之愚人;德胜才,谓之君子;才胜德,谓之小人。"在人才的选拔和任命上也有一句名言:德才兼备是精品,有德无才是次品,无德无才是废品,有才无德是危险品。

其次是"成人"能够更好地促进"成才"。人品是增长力,好的人品、好的情商,无疑对人的成长具有重大推进作用。更重要的是,好的人品,会赢得更多人的喜爱和帮助,会产生无形的催化作用,推动你更好地成才。

再次就是功利主义的教育,必将造成孩子目光短浅,轻浮浅薄,冷漠自私,害莫大焉。孩子被功利主义说绑架,这个孩子无论将来怎么成功,不过是贾宝玉所说的一个禄蠹。

最后就是感到莫名的恐惧,功利主义教育或许就是一场阴谋。能够巧妙地转化矛盾,大家都冲着名啊利啊去了,趋之若鹜,狼奔豕突,再没有人去追求所谓的理想、自由、精神的超拔、思想的高迈。

我愿我的孩子,能够永远坚守自己的信仰,做一个有益于他人的人,并且始终能够感到内心的充实和宁静。

[2]

一定要给孩子方向感

当孩子到了小学中年级,我们就要告诉孩子方向感的重要性,如果孩子上了初中,还不知道自己的未来方向,那就太危险了。一个简单的道理是，没有方向，就永远不可能抵达。

有一天，我和几个好朋友聊天。我们不约而同地想到，对于高年级的孩子，我们最应该给他们什么？或者说，高年级的孩子最需要什么？

结果，我们的观点惊人一致：我们一定要给孩子方向感。

别看孩子们长高了，长壮了，其实，很多孩子心智都不成熟，相当多的孩子，从来没有想过为什么而读书。更多的孩子从未考虑过，对自己的人生有一个规划。换句话来说，孩子们根本不知道自己往哪里走。既然没有明确的奋斗方向，那就只有跟着感觉走了。他们读书只是一种习惯动作，或者说是一种规定动作。

好一点的孩子把大学当作自己最终的避难所，但大学只是一个干瘪的目的地，大学之后呢？谁也没有好好想过，车到山前必有路吧。孩子们没有方向感，就没有价值坐标，没有人生走向。他们就只能摸着石头过河，走的只能是中国特色的学生之路。

现在，不少高校都出现了很多专业读书人，他们一辈子都在学校里读书，读到头发花白，也不愿意融入社会。他们啃老，他们过着学生生活，他们唯一的工作，就是活在校园中读书。除了读书，他们什么也不会，也不想会。最终，他们都成了两只脚的书橱。因为没有方向，干脆就停下不走。这样的人读再多的书，对家庭、对个人、对社会，又有什么用呢？

家长在功利主义教育之下，成为分数的拜物教，实话说，也是情有可原。但无论如何，在可能的情况下，还是要尽可能地告诉孩子，他有什么样的潜能和材质，他可能更适合于什么样的工作。也许，我们不经意的一句话，电光石火的一刹那，就给了孩子方向感，从此，他们的世界就被打开了，身上的正能量和小宇宙爆发了。

最要命的是，家长不是没有这个意识，而是没有这个水平，甚至连自己也没有方向感，随波逐流，得过且过。

曾经和央视评论员宗春山老师交流，他告诉我们一件真实的事，让我震撼无比。

据说，汶川大地震之后，宗老师受命去汶川某中学对学生进行心理干预。有个家长找到他，让他一定要向上级反映一件事。在汶川大地震的前一天，该校有个物理老师要上公开课。但在课堂上，指南针发出刺耳的声音，而且拼命不指南方。班级的一个孩子站起来，告诉老师："老师，会不会是要地震？指南针不指南方，意味着地磁力发生变化，地质构造有了变异。"物理老师说，不会的。可能是指南针受潮了。于是，用一本厚厚的书，把指南针强行压制住，不让它尖叫。公开课继续进行，而且大获成功。

第二天，地震到来，全班60多人，只有4个孩子幸免于难，包括那个告诉老师可能地震的孩子，也永远地走了。

家长肿着桃子一样的眼，愤愤不平地说："宗老师，你说，你说，这样的老师，自己什么也没有，怎么能教育孩子？我们把孩子交给这样的老师，孩子没了，我们死不瞑目！"

宗老师当然没有向上反映，生命逝去了，怎么也唤不回来。让精神的思缕还牵着已逝的寂寞时光，还有什么意味呢？

一个简单的道理是，自己没有的东西，不可能给得了别人；自己没有方向感，不可能给别人引路。这是秃子头上的虱子。每个有良知的老师，每个有责任心的家长，可能都要问问自己：我们能够给孩子什么？

为什么要给孩子方向感呢？科学家的一个实验，把道理阐释得淋漓尽致。

"想象一下，你手里有一张足够大的白纸。现在，你的任务是，把它折叠51次。那么，它有多高？"

绝大多数人认为，51张纸简单地叠在一起，不过是小半本书的厚度。那么，一张白纸折叠51次，大不了厚度会有一张桌子、一栋楼那么高，少数人认为有一栋摩天大厦那么高。其实，折叠51次的纸张，恐怖到了极点，它的真实厚度超过了地球和太阳之间的距离。

为什么折叠51次的白纸能达到那么恐怖的厚度呢？

道理很简单。51张纸叠加在一起，不过是没有方向感事件的叠加，是猴子掰的51支玉米。它们之间没有一以贯之的联系，产生不了量变到质变的合力。而一张纸的51次折叠，每一次折叠都朝向同一个方向，因而爆发出惊人的能量。

学会给孩子方向感，你就等于给了他一辈子最大的正能量。

[3]

保护孩子美好的人性

在孩子成长的过程中,如果孩子美好心灵与真理发生了冲突,怎么办?办法很简单,美好的人性比真理重要 100 倍。

在教育孩子的过程中,很多家长陷入一个困境,究竟是真理重要,还是人性重要?不妨看一个故事。

有一回,日本歌伎大师勘弥扮演一位徒步旅行的百姓,正当他要上场时,一个门生提醒他:"师傅,您的鞋带松了。"他回了声"谢谢你",然后立刻蹲下,系紧了鞋带。当他走到门生看不到的舞台入口处时,却又蹲下,把鞋带复又弄松。显然,他是想以松垮的鞋带表达一个长途旅行者的疲惫。

有位记者恰好看到了这一幕,戏演完后,他问勘弥:"您为什么不当场教那位门生呢?"勘弥答道:"别人的亲切必须坦率接受,要教导门生演戏的技能,机会多得是。在今天的场合,最要紧的是要以感谢之心去接受别人的亲切,并给予回报。"

这个故事,每看一次,我的心灵就被净化一次。

与做人的教育而言,真理有时候并不重要。所谓的知识教育,更是等而下之了。我敢断言,因为师傅的及时感激和回报,门生获得的教益,要远远大于师傅的技能点拨。

但我们的家庭教育中,却常常做错选择,不注重孩子的心理特点,以为知识和真理是万能的,而忘记了一个简单的道理,没有温暖的人性,所谓的真理就没有存活的土壤。

伟大的苏霍姆林斯基处理小孩子摘玫瑰花,就是一个极好的案例。

校园的花房里开出了一朵硕大的玫瑰花,全校师生每天都来看。这天早晨,苏霍姆林斯基在校园里散步,看到幼儿园的一个四岁的女孩在花房里摘下了那朵玫瑰花,抓在手里,从容地往外走。

苏霍姆林斯基很想知道这个小女孩为什么摘花，他弯下腰，亲切地问："孩子，你摘这朵花是给谁的？能告诉我吗？"小女孩害羞地说："奶奶病得很重，我告诉她学校里有这样一朵大玫瑰花，奶奶有点不相信，我现在摘下来送给她看，看过后，我就把花送回来。"

听了孩子天真的回答，苏霍姆林斯基的心颤动了，他挽着小女孩，在花房里又摘下了两朵大玫瑰花，对孩子说："这一朵是奖给你的，你是一个懂得爱的孩子；这一朵是送给妈妈的，感谢她养育了你这样的好孩子。"

苏氏此举和勘弥如出一辙。真正的教育，应该像春风一样，唤醒一颗颗善和美的种子！

如果换成我们，极有可能采取的是道德责罚、道德训斥，至少是道德说教。可是，试想一下，将来那个天真的孩子，看见玫瑰花还有鲜艳的美感吗？还有，那个可爱孩子对祖母的孝敬，可能会因此蒙上阴影。是让可爱的孩子蒙受道德愧疚，还是让天真的孩子因爱心而自豪？我们常常会因人性美、人情美的缺失而做错选择。

启元身上发生的一件事，就是这样。

一年级期末考试，小启元最后一题得了0分，小家伙自然很沮丧，他不知道自己哪里不对。

题目是：小华来了11个小朋友，妈妈要小华买苹果来招待。苹果有6个一箱子，有7个一箱子，有8个一箱子。请问小华要怎么买？

启元的想法是：11个小朋友加上自己是12人，再加上妈妈，总共是13人。因此，他买一箱子6个，还买一箱子7个，正好13个苹果，每人一个。而答案却是买两箱6个苹果的。儿子错了，错在他把妈妈计算在内。

分析这个答案，不大可能是让孩子把自己遗忘，没有苹果的那一位只能是妈妈！我们的教育，难道能让孩子忘记妈妈？

这个小小的案例，透露出很多教育的弊端。

首先是成人心理。很多教师不大考虑孩子的想法，也不大考虑孩子的逻辑，更多的是从成人的角度来理解和要求孩子。这个命题者（有可能也是一位妈妈），首先就忘记了自己，然后，又无意识地强化孩子们要忘记妈妈们。

其次是忘我教育。很多父母和教师的教育都是无我、忘我的教育，这种自虐式的教育，固然可以看出我们含辛茹苦的伟大，但是，不可忽视的是，同时也对孩子成长造成了巨大伤害，要知道失去了感恩情怀，失去了对母亲的爱，孩子们还能爱谁呢？他们还会爱吗？

最后是单一思维。其实这道题目，有太多的答案，而标准答案恰恰是最差的一种。在社会越来越走向开放的今天，我们的教育却画地为牢，扼杀学生可能的创造性，甚至爱心。

要真理，还是要真人？我们的选择很清楚，当然是要做真人。叶圣陶说："千学万学，学做真人。"所谓的知识和真理，一旦离开了真人，就一文不值。如果一种教育让孩子忘记了自己的妈妈，这只能是一种吃人的教育。

[4]

呵护孩子的童年是父母的第一责任

鲁迅说，童年的情形就是将来的命运。父母如果没有捍卫好孩子的童年，无论孩子将来获得怎样的成就，孩子都不会感到幸福，因为在孩子人格形成最关键的时候，童话、诗意和想象缺席了。没有完整的人格，孩子就不会有完美的人生。

很多人和我交流，孩子小时候，父母最需要做什么。我的答案是，不要太用力做父母，自然而然，保护好孩子的童年是父母的第一责任。这个真切的体验来自我的童年。

小时候，我是一个最调皮的孩子。父亲常常用皮带揍我，把我揍得鼻青脸肿。父亲是一副凶脸孔，老师也没有好声气。童年时，两个老师，对我的伤害，无与伦比。一个是惩罚，一个是表扬。

我的小学班主任特别恶劣，我永远都不可能原谅他，他深深伤害了我，改变了我童年的颜色。

也怪我那个时候太贪玩了，经常迟到。有一天班主任当着很多同学的面说，明天你要再敢迟到，你就永远不要进这个门了。我害怕极了，第二天，大公鸡还没有叫，我就起来了。也没有吃饭，就往学校跑。到了学校，谁知道天刚刚放亮，老师们都没有来，学校的大门紧紧关着。我在门口徘徊了很久，实在觉得无聊，就从墙头上翻过去了。教室的门也锁着，我于是爬到教室门口的一棵大树上，骑在树干上睡觉。也许是起得太早，也许是走得太辛苦了，累了，迷迷糊糊地，我竟睡着了。

……

早读过后，就是早操，班主任清点人数，发现我又不在，愤怒到了极点。后来，眼尖的学生发现，我睡在树上，就报告了班主任。

那个时候，天朗气清，惠风和畅，阳光就洒在我的身上，我睡得正香……班主任气疯了，小兔崽子！一声大吼，声嘶力竭，犹如一声惊雷。我受了惊吓，从睡梦中惊醒，竟然从树上跌了下来。慌乱中，我抓住一根树枝，树枝弹了一弹，折断了，我就像一个沙包一样摔在地上，发出沉闷的响声。

班主任先是吓傻了。看我像灰老鼠一样，一个滚就爬起来了，接着又气冲斗牛，根本不容我辩解，老鹰拎小鸡一样，抓住我的后领，把我提起来。后来，班主任想出一个诡异的惩罚方式，让我举着那根折断的枝条，站在教室的门口，展览示众，整整一个上午……

我高高地举着枝条，像举着一面投降的白旗。我回忆不起来，那个时候，我想了什么，还是什么也没有想。总之，脑子里很乱，但是，我觉得一种本能的耻辱，一种很深很深的刺痛，一种空洞的无依无靠的感觉，从童年生活中弥漫开来。

我怨恨这个老师，并且长时间没有原谅他。不是从树上掉下来的疼痛，而是举着一根树枝的屈辱。

还有一个小学高年级的老师，也深深地刺痛了我。

那个时候，我太贪玩了。为了约束自己，有一次，我竟然鼓足勇气找到我的老师，让老师每天上课都提问我，这样，我上课就能认真了。然后，我还提醒老师，不要把我的话说出去。

老师是一个老教师，满头白发，戴着老花眼镜。他很吃惊，先是紧紧盯着我，目光从镜片上透过来，好像还有一些激动，喉结一上一下……

第二天，上课的时候，老师第一个请我回答问题。然后，把我的话在班上重复了一遍，把我狠狠夸奖了一通。

天旋地转，天崩地裂，天塌地陷，天地良心，当时，我面孔苍白，呼吸急促，只恨没有地洞钻进去。老师答应我的啊，他骗人，他暴露了我的隐私，他伤害了我。

天哪，这孩子竟然知道拍老师的马屁，竟然假装好学。从此，我被孩子们嘲笑，有很长的时间，我被排除在孩子们之外。

这是我人生中最初的挫折，很长时间里，让我生不如死。它来自老师温情脉脉的表扬，可是，它对我的伤害无以复加。

……

很多年过去了，我做了孩子的父亲，我知道孩子的心灵是像水晶一样的露珠，既不能经历大风的吹刮，也不适宜阳光的暴晒。父母一定不能太用力，太刻意，太有目标感。孩子就是孩子，把孩子的童年还给孩子，让他们懵懵懂懂，无忧无虑，快快乐乐，与自然相亲近，玩沙，捉蛐蛐，逮知了，叠飞机，过家家，在泥土里打滚……在孩子的童年，让孩子和小伙伴多多相处，和自然多多相处，父母不要轻易打扰，这就是最好的教育！

人生最重要的，是寻找到生命的价值，而生命的价值在于幸福和快乐。人的成长，是有客观时间规律的，违反了就会失衡，就会不完整、不快乐、不幸福。其实，人生的每一个阶段，都是重要的，不应该牺牲一个阶段为另一个阶段做准备，要让任何年龄的孩子，都有自己的尊严和选择的权利，让他们保持对生活的、知识的好奇心和兴趣，比暂时获得成绩和分数更有价值。每个人的幸福，在于满足他们自己的内心需求，而不在于和别人的比较，孩子不是员工，家庭不是公司，生活不是市场，人生不是竞争。

正是因为这些，我们一定要呵护好孩子的童年：

第一，努力满足孩子的需要，父母一定要为了孩子的兴趣和好奇心而努力工作。

第二，帮助孩子发展自律能力。帮助孩子发展自律能力，能够更好地帮助孩子实现自主学习。其实，孩子早早建立了规则意识，不是一种束缚，反而因为安全感而获得更多自由。

第三，帮助孩子建立一个共同体。每个孩子都希望在共同体中互相玩耍，互相学习，并且能够获得肯定。

第四，尽量让孩子接触大自然。在自然的徜徉中，孩子不仅培养了观察能力，认识了各种各样的植物图谱，而且在自然中领悟到许多人生的哲理。

第五，一定要让孩子读所有能买到的绘本。绘本包含了所有的人生经典和心灵启迪，孩子读绘本越多，孩子的心灵世界就越丰富，孩子的人生体验就越多样。

第六，让孩子挑选自己的玩具和游戏。玩具是孩子的天使，游戏则是规则意识的启蒙，还有角色的定位，这些对孩子性格的最初形成都有重要意义。

第七，努力给孩子讲故事，并倾听孩子讲故事。没有故事，就没有孩子的心灵成长，故事的重要性不言而喻。孩子慢慢会在故事中寻找到自我镜像，然后，伴随着自我镜像或者打碎自我镜像成长。

第八，给孩子无限大的成长空间。这个空间首先是家庭的和谐。在家庭里，父母怀有正向的价值观，具有良好的学习习惯，保持高品质的生活品质，营造一个和谐恩爱的家庭氛围，比任何的家教方法都有用一万倍。其次，是给孩子一个自由的空间。家长给孩子的，不是"教他做"，更不是"替他做"。恰恰相反，应该是给他空间、给他自由，"让他做"，甚至是"给他错"，让孩子凭借他们的人生经验甚至是人生教训，慢慢长成独一无二的自己。

[5]

要教育孩子看到生活中的美

有时候,当启元也知道社会不公人间丑恶时,我总是教育启元要看到生活中的美。总是被丑的阴影笼罩,为了对抗丑,常常会心态失衡,脾气暴躁,慢慢就失去了从容和善良,久而久之就会被丑同化。

我告诉孩子,这个世界上,本质上只有两种人,一种人是悲观主义者,另一种人是乐观主义者。尽管他们的健康财富以及其他拥有都一模一样,但由于对世界的认识不同,一种人幸福,一种人不幸福。一种人总能看到美好,一种人总能挑剔污浊。

富兰克林在《美腿和丑腿》中,记叙了他有一个好朋友,很快就能鉴定出这两种人。这个人有两条腿,一条是美腿,好看得不得了,另一条是丑腿,因为意外而畸形。陌生人初次和他见面,如果对他的丑腿更为注意,他就有所疑忌。如果只在意丑腿,从不注意美腿,那他就打定主意,决不和此人做进一步的交往。

因为一个只注意丑腿的人,至少是一个悲观主义者,他们只看到生活中的缺陷,看不到生活中蕴藏的美和光亮。本质上也是一个残疾人,而且是心理上的残疾,这样的人,更为可怕。

东坡曾问佛印:"你看我像什么?"佛印说:"像尊佛。"佛印问:"你看我像什么?"东坡说:"像一个屎壳郎。"佛印大笑。东坡窃喜,以为占了便宜,但实质上却输了。境由心生,佛印"心有佛心,所见皆佛",东坡"心有屎壳郎,所见无非是屎壳郎"。"入芝兰之室,久而不闻其香;入鲍鱼之肆,久而不闻其臭。"如此而已。

柏杨说得好,社会是一个大酱缸,我们在酱缸呼吸存活,怎么可能不受到侵袭和沾染?当我们对酱缸文化产生免疫力之际,也就是我们成了酱缸文化一部分之时。

社会如此，教育亦然。

所以，认识即世界，选择即生活。我们一定要引导孩子寻找美腿，发现生活中的光明，让美占据孩子的心灵，让美滋润孩子的灵魂。如果我们不在孩子的心田里种上鲜花，孩子的心灵里就会长满杂草。

浑身黑暗，阴森鬼气的鲁迅先生曾说："我自有我的痛苦和悲哀，但我不愿意把我的痛苦和悲哀，传染给那些正做着好梦的青年。"然而，很多家长没有注意到孩子是未成年人，不宜过早被社会的阴暗所玷污。一些家长喜欢渲染生活中的阴暗和丑陋，以为这会让我们的孩子变得成熟和深刻，会让我们的孩子走入社会时，不至于走一些弯路，不至于碰得头破血流。

家长的愿望是好的，但是，如果我们培养的孩子，一个个洞悉了社会的黑暗，成熟、世故，甚至阴冷，在这样的社会中，八面玲珑、游刃有余、如鱼得水……我不知道，这样的教育，对家长而言，究竟是成功，还是失败。

教育，是要担负培养一代人的重任。我们岂能让孩子还没有出发，就被社会同化，成为污浊社会的一部分？

作为家长，我们应该给孩子方向感，给孩子精神的底色，或者给孩子一种骨骼，一种脊梁，努力为孩子的生命奠基。

小悦悦事件，固然让人愤怒。很多时候，一些人甚至用怕讹诈躲避一个正常人所应该负的责任。但在社会的美腿和丑腿中，我们需要看到更多的美腿，比如潘跃昀，比如木渎白衣女孩。

2011年11月，在上海发生一起车祸，父死亡，女重伤。途经的男子潘跃昀开车20公里将女孩送到医院，还垫付6000元医药费。当被问起是否担心被讹，他说："你无法判断别人是好人还是坏人，但你自己可以做一个好人。"

我们总是喜欢一些黑暗的东西，总是忽略生活中美好的感动，终至于最后连感动都不会了。当世界荒芜了，我们却流不出一滴眼泪。这个时候，更悲伤的，也许不是世界的荒芜，而是人心的堕落。

我们看到了捞尸索钱的天理难容，但也要看到长江学院的大学生，虽然不会水，但却拉起人墙走入湍急河流中，奋不顾身救人的惊天壮举。

伟大需要弘扬，烈士需要讴歌，真情需要传递。别忘了木渎那个给一个乞丐撑起一把伞的女孩，她淋湿的身体，烘干了多少人潮湿的心灵，在那一刹那，所有人的灵魂都被照亮。这个世界上，注定有一种人，如同没有沾染的鸟一样，飞翔在蔚蓝的天空，让我们心生向往。

我们本来是来自伊甸园，因为没有耐心，我们离开，也因为没有耐心，我们回不去。

在克拉玛依大火中，有人说，让领导先走。我们当然记得。不记得耻辱，也是一种犯罪。但我们也不要忘记了，在重庆，几个民工和女人在电梯里被围困，生命垂危之际，几个大男人异口同声地说：让女人先呼吸。

想起了我和儿子一起看的电影——《忠犬八义公》。那条叫小八的狗，每天都到车站接送它的主人。一次，主人突发心脏病去世。小八就在那个车站，涩谷车站，一等就是九年，树叶青了又黄，黄了又青。整整九年啊！多少个日子，狂风暴雨，电闪雷鸣，不离不弃。最后，它在风雪中，在等待中，苍凉地死去。

每当一列车经过，它都要昂起头，充满了希望。然后，就是失望，希望之火，从眼睛里熄灭。最后，就是绝望。这样的场景，每天都要重演好多次。谁也不能揣测这条狗的内心，究竟有多苦，究竟是什么样的毅力支撑着它，一直等待了那么久。

日本，这个"菊"与"刀"双重性格的民族，极善于教育。他们把一条温情脉脉的狗，打造成了一个城市的标志。而在这个过程中，所有人内心的一种美好的情感，都被唤醒、被触动、被软化，然后，这种情感又被发酵……在一个工业化的城市里，这一点弥足珍贵。

美国人也是。他们把一条只有后腿，没有前腿，直立行走的狗，变成了一个民族英雄。这条狗，鼓舞了无数在战场上失意的人，甚至对整个美国，战胜经济危机，走出困境，都产生过重要的影响。这条狗的名字叫作——信念。这条狗，最后登上了《时代周刊》。它是一个时代的英雄，它无愧于人们给它的荣誉。

每个人的内心中，都有猛虎在嗅着蔷薇。人是最善变的动物，需要不断地刺激和唤醒。

我们，其实也不缺乏英雄。在北方，挺身而出，把生命留给孩子的最美老师张丽莉，还在病床上呻吟。这个一个月只拿 1000 多元的人民教师，没有玷污"人民"这两个字的称谓。很多人的高调，都是借助于嘴。张丽莉老师的低调，用的是腿。在南方，书写 76 秒传奇的司机吴斌，忍住钻心的剧痛，把安全留给他人，不惜自己肝肠寸断。这些底层的光芒，昭示着我们良知犹在，华夏未死。

吴斌走的那一天，一座城市送别一个英雄。其实，这座城市也成了这个英雄的一部分，在这座城市的血脉中，从此就流着吴斌的血。生在杭州，但却从没去过西湖的吴斌，我不知道这是怎样的一种嘲讽。但那天，他的灵车绕着西湖一周，数万人自发送别，数百辆出租车组成浩浩荡荡的车队。这些师傅们，什么也不为，就是为了表达一种情绪、一种感情、一种理解、一种惺惺相惜。

有时候，金钱真的不算什么。没有精神地活着，不能高擎着自己的灵魂而活着，真的不如一条狗。

真的想对我的孩子说，无论如何，你还是要看到生活中的美！牢记特蕾莎修女的《不管怎样》：

人们经常是不讲道理的、没有逻辑的和以自我为中心的
不管怎样，你要原谅他们

当你功成名就，你会有一些虚假的朋友
和一些真实的敌人
不管怎样，你还是要取得成功

即使你是诚实的和率直的
人们可能还是会欺骗你
不管怎样，你还是要诚实和率直

你多年来营造的东西
有人在一夜之间把它摧毁
不管怎样,你还是要去营造

如果你找到了平静和幸福
他们可能会嫉妒你
不管怎样,你还是要快乐

你今天做的善事
人们往往明天就会忘记
不管怎样,你还是要做善事

即使把你最好的东西给了这个世界
也许这些东西永远都不够
不管怎样,把你最好的东西给这个世界

你看,说到底,它是你和上帝之间的事
而绝不是你和他人之间的事

[6]

不要让孩子过早变得聪明

如果可能的话,我想孩子单纯一点、懵懂一点,甚至傻一点,这个时间能有多长就多长。家长不要过早让孩子变得清晰,认为童话是假的,月亮上是瓦砾，天上没有银河，世界上没有神仙……这有什么好处呢？孩子的察言观色、左右逢源是父母教育的失败。

这是儿子上小学一堂真实的课。老师正在上《狐狸和乌鸦》的文章，课堂进行得很顺利。狐狸用自己的甜言蜜语骗到了乌鸦，乌鸦一张口，小曲还没有唱起来，嘴里的肉就掉了。狡猾的狐狸衔起大肉，高高兴兴地走了。孩子们说，千万不能做一个爱慕虚荣的人，否则很可能会失去一切。可怜的愚蠢的乌鸦就是例证。

最后一个环节，老师让孩子们设想，假如乌鸦再次见到狐狸。乌鸦依然在树上，乌鸦的嘴里又有了一块肉，故事会怎么发展。

孩子们的设想非常有意思。有一个小姑娘的设想是，乌鸦原谅了狐狸，并且对她说，狐狸姐姐，你一定是饿坏了，才想到那个办法的，对不对？今天，我分一半肉给你，你一定要改掉骗人的小毛病哦，好不好？

很多孩子们都笑了，老师也笑了，可能是笑小姑娘的幼稚。

有一个男孩子虚构的故事，犹如希区柯克的悬疑大片。狐狸马上向着乌鸦忏悔，悔恨自己不该为了区区的一块肉，失去了伟大的友谊。一开始乌鸦不相信，看也不看狐狸，可是，狐狸的忏悔太真切了，眼泪吧嗒吧嗒地往下流，说到辛酸处，狐狸竟然，竟然拿自己的脑袋往地上撞，咣……咣……咣。善良的乌鸦终于忍不住了，"哇"的一声哭了起来，随着嘴巴一张，乌鸦嘴里的肉又掉下去了。狐狸一个箭步上前，把肉踩在脚下，哈哈大笑。

狐狸说，乌鸦啊，怪不得人家说你是乌鸦嘴，你怎么那么好骗哪？怎么连一块肉也衔不住？说完，叼起肉，就准备走了。谁知道乌鸦在树上大笑，笑得眼泪都快下来了。乌鸦说，为了报复，我策划了很久，狐狸，你的死期到了，我在肉上下了毒。狐狸一听，赶紧把肉吐掉了，然后，不断地吐唾沫。乌鸦一个俯冲下来，叼起肉飞回树上。乌鸦说，狡猾的狐狸，谁说你是最聪明的啊，你是大笨瓜啊，如果有毒，我还能把肉衔在嘴里吗？终于，乌鸦通过自己的智慧，报了一箭之仇。

老师对这个孩子的想象力，给予极大的夸赞，其他孩子倾慕的眼光，让这个孩子收获了自信和光荣。儿子也对这个小伙伴大加赞赏。但我却在这个故事里看到了忧虑。我为那个小姑娘的善良和真纯感到欣慰。像草叶上的小露珠，小姑娘纤细的情感，触动了我内心柔软的东西。在我眼里，一个水晶一样童心的价值，要大于所谓的智慧。

不知道从什么时候开始，我们越来越注重培养孩子的警觉度和鉴别度，似乎到处都是大灰狼和狼外婆，却忽略了孩子心灵的纯度和亮度的浇灌。要知道，孩子浸染在一种什么里面，久而久之，孩子就会具备这种特质。蓬生麻中，不扶而直；白沙在涅，与之俱黑。

这就是我们为什么需要童话和寓言，孩子需要，大人也需要，它们犹如佛勒德里克田鼠收集的阳光、颜色和词儿，当我们感觉寒冷、寂寥的时候，童话让我们相信曾经的温暖还会再次来临。

有一天，我和小启元上街，回来的时候，我问小启元："儿子，我们有20元打的费，你如果愿意和我走回去，节省下来的钱就奖励给你。"儿子很开心，说："成交。"

走到半路上的时候，突然，一个中年妇女带着一个小姑娘拦住我们，请求我们给点钱，让小姑娘买包子吃。她喃喃地说："因为钱包被偷了，小姑娘已经一天没吃饭了，饿得嗷嗷叫。"

我看了看，小姑娘没有嗷嗷叫，更重要的是，小姑娘的脸上没有羞赧，只有司空见惯的冷漠。一看就知道是骗子。我不止一次被这样的人欺骗过。我看了看儿子，儿子犹豫片刻，就把20元钱给她们了。

我们继续走，儿子说："爸爸，我脚有点痛。"我问："你后悔吗？"儿子满头大汗："不后悔，就当是我们打的了。现在，又帮助了人，还锻炼了身体。"哈哈，我心里想，这几乎就是阿Q精神的翻版了。

我还想逗逗他。"儿子，有没有想过，她们有可能是骗子？"儿子一本正经地说："爸爸，你有没有想过，她们也有可能不是骗子？"

这正是我心里所想的。我非常高兴，给儿子讲了一个施舍的故事。

阿根廷最著名的高尔夫球手温森赢得了世界冠军之后，获得了10万美金。从颁奖台上下来以后，他拿着写有10万美金的现金支票去停车场开自己那辆漂亮的跑车。但是，就在他将要开动车子的一刹那，一个中年女人突然拦住了他。

他微笑着对女人说：您是要签名吗？他习惯性地拿出了签字笔。但是，那女人却说："不，温森先生，我有一件重要的事情请您帮助。我的孩子患了白血病，必须有10万美金才能挽救他的生命，我没有其他的办法，请您救救我的孩子。"

一向以善良著称的温森毫不犹豫地拿出支票交给了那个他连名字也不知道的女人，他说："这是10万美金，快去救你的孩子吧！"女人远去了，温森像完成了一次重要的比赛一样轻松地开动了车子去参加晚宴。

就在他与朋友们一起享受着快乐夜晚的时候，两位警察走到他的面前说："温森先生，告诉你一个最坏的消息，下午是否有一个女人向你索要了10万美金？她是个骗子，她经常编造说有一个患白血病的孩子急需治疗骗取名人的金钱。请你去起诉她！"

"什么？骗人？也就是说并没有一个患了白血病的孩子了？"温森问。

"是的，温森先生。"警察对他说。

温森快慰地对警察说："谢谢你们告诉我这个消息，这是我今天听到的最好的消息了！"

我和儿子说，你今天的所作所为，不比温森先生逊色，你还是一个孩子，你的20元钱比金子还珍贵。为了奖励孩子的善良，我掏出20元钱还给孩子，说："儿子，钱不是最重要的，有心最重要。"

没想到儿子却拒绝了我，说了一句话很有意思的话："我做了一回好人，很快乐，不要钱。"

我的心里一震，为什么我也做了一回好人，却没有获得任何快乐呢？

作为一名教育工作者，我只是不能当着一个孩子的面，伤害一个母亲的心，哪怕这个母亲是一个十足的骗子。作为父母，应该让孩子傻一点，再傻一点，老实人吃点亏没什么，吃亏是福。不能让孩子养成精于算计、斤斤计较的坏毛病，这对孩子德行的养成没什么好处。

父母的教育，应该唤醒孩子内心善和美的种子，让它们像清泉流过，像微风吹拂，云淡风轻，爽心悦目。

为什么要把成人世界的规则强加于孩子身上？为什么不能用孩子纯净的眼光处理这样的事情？有些东西是不能代替的，比如成长的过程。缩短了这个成长的过程，无异于谋杀了孩子的童年生命。

是让可爱的孩子蒙受道德愧疚，还是让天真的孩子因爱心而自豪？家长们常常会因人性美、人情美的缺失而做错选择。

[7]

让孩子在遭遇中学会成长

任何一件事情发生了，就都是过去式了。但事情过去了，对事情的反思和价值探讨才刚刚开始。家长所要做的是，努力跟踪事态，从孩子的遭遇中发掘出亮点，争取让孩子在遭遇中成长。

曾经读过怀沙的《坎特公爵的秘密教材》，那个伟大的父亲给我很多启发。

那一年坎特8岁，因为贪玩，他点燃了兹丹叔叔家的麦垛。当大火熊熊烧起来时，坎特从麦垛底部飞快地抱走了一捆麦子，然后飞奔回家。

当天下午，坎特被爷爷和3个叔叔暴打了一顿，救出的麦子落在地上，他的嘴角流出了鲜血，但是坎特没有哭。

坎特知道，两垛麦子是兹丹叔叔一家一冬的粮食，今年冬天只剩下一垛了。入夜后，坎特偷偷走到农场，借着月光，将白天落在地上的一捆自己家的麦子抬起来，悄悄地走到兹丹叔叔家，将这微不足道的一点，压在了剩下的那个麦垛上。

在坎特做完这一切，走进自己家院子的时候，一个黑影站在了门口，是父亲。"坎特。"他冷冷地叫道。坎特吓得停住了脚步，嘴唇颤抖着。父亲用不可抗拒的口吻说："进屋！"

坎特慢慢地走进了屋子，父亲在他身后关上了门。

屋里，炉火燃得正旺。妈妈瞪了坎特一眼，继续烤着手里的面包。父亲捏住坎特的肩膀，一把将他推进书房。

父亲关上了房门，从书架最高的地方取出了一个盒子，从里面拿出一枚青铜勋章，放在了坎特的手里。坎特惶恐地看了看勋章，又抬头看看父亲。父亲神情严肃地说："孩子，我看见了你刚才的行为，我为你骄傲。这是给你的勋章，你是我见过的最棒的孩子。"

接着，父亲又拿出一个破旧的本子，纸面已经有些发黄。他把坎特拉到身边，这是坎特第一次离平时威严的父亲这么近，他似乎能感觉到父亲身上的热气。父亲翻开这个神秘的本子，用抑扬顿挫的声音，为坎特朗读其中的内容……

父母一定要善于在孩子所犯的错误中，寻觅孩子的优点，坦诚地告诉他，你为他骄傲，尽管他犯错了。

小学的时候，学校组织给汶川地震的小朋友送包裹，我们给了儿子100元，让他也捐一个包裹。班主任没有让他捐，儿子的100元就省下了。可是他却把钱丢了，后来是二（2）班的小朋友赵怡捡到了，然后交给了薛老师，儿子的钱才失而复得。之后我趁机对他进行了金钱观的教育，告诉他应该拾金不昧。

儿子丢钱事件之后，我们一直觉得这个教育还没有完成，那个可爱的拾金不昧的小朋友，我们一定要去看看她。这么美好的小姑娘，我们应该让她感觉到做好事的快乐。记得高尔基在给儿子的一封信中说："儿子，你离开了卡普里亚岛，但却留下了美好的东西。你种植的那些树，正在茂盛地成长。你要记住，给永远比拿愉快。"更重要的是，这不仅是鼓励她的善良，还是教育儿子要学会感恩。

后来，因为忙，一直就耽搁了。

过了一段时间，薛老师和我们一起吃饭，我又想起来了。孩子的事，真的一点也耽搁不得。

星期四，我去了一趟新华书店，给赵怡买了两本童书，曹文轩的《草房子》和《青铜葵花》。我想对孩子而言，书是最好的礼物。晚上我就在想，书上写些什么好呢？

星期五，妻子在《草房子》扉页上先写：文字载着智慧，思想使人尊贵，愿拥有美好心灵的赵怡小朋友永远拥有熠熠生辉的精神星空。我看了看，感觉她写得不错。我拿起笔，看了看《青铜葵花》。我的脑海里划过青铜和葵花的影子，便写下："愿赵怡小朋友，像青铜一样坚强，如葵花一样美丽。"

中午，在食堂里，我们带着王启元，一个个找过去。结果问了几个三年级的孩子都不认识赵怡，反而是旁边一个五年级的孩子认识她。这个插曲让我有一点感触，那些乖孩子，常常一问三不知，反倒是那些调皮的家伙，交游广泛，社会经验丰富。

赵怡居然忘记这件事了，在我们的循循善诱下，她终于想起来了。多么美好的孩子啊！哲人说："把自己对别人的帮助写在沙子上，一阵风过，就消失得无影无踪；把别人对自己的帮助镌刻在石头上，永远不忘记。"

我们鼓励了小姑娘，把这两本书赠送给她，并且让小姑娘回家去，帮我们感谢她的爸妈，教育出这么有修养的孩子。小姑娘羞红了脸，但是很快乐。

我又叮嘱小学部，好好表扬赵怡小朋友，每一个善良的举动，都应该被肯定、被宣扬，让孩子们感觉到做好事是甜的。

因为做了这件事，整个一天我们一家都非常快乐。

孩子的心灵像水晶一样清澈，像月亮一样明亮，像小溪一样静静地流淌。但渐渐地或许会被磨损，会受到侵蚀，甚至会变得浑浊，难道我们不该承担一些责任？

我们其实没有做什么，我只是想用这样的行为，告诉这个孩子，因为她的美好，教育了我们，让我们看到潜藏在未来的一种可贵。这种可贵比眼睛还要珍贵，千万不能在岁月的流逝中消磨殆尽。

当然，我们也因此教育小启元，换位思考，现在是赵怡给了我们温暖，那么，启元也要想着如何把这一份温暖传递下去。这是他应尽的责任。

[8]

给孩子写的九封家书

有一天我们下班回家,一打开门,看见家里乱七八糟,启元简直把家里翻了个底朝天。我和妻子非常惊诧,不约而同地问:"儿子,你在找什么啊?"

儿子有点尴尬,说:"我在探宝。我在看我们家有没有祖传的宝贝。"

我不由得哈哈大笑:"儿子,我们家三代赤贫,哪有什么传家宝啊。"

儿子马上提要求了。没有传家宝就算了,宝物不过是低层次的物质。那总该有什么家书之类精神的传家宝吧,如《傅雷家书》《曾国藩家书》什么的。

我也觉得很好玩:"儿子,我们家祖上都是文盲,就算有什么好的人生经验,也没办法写成家书啊。"

儿子说:"那不行,我想看我们家的家书。家书抵万金。"

妻子说:"没问题。儿子,我们给你写家书。不过,你得答应,一定要好好学习家书。"

儿子不断点头。

从那以后,我和妻子开始执笔,从品质的角度,写成王氏家书九则。

家书小引

孩子,在衣食住行这些外在生活上,经过数十年的努力,爸爸妈妈基本上满足了一家老小所需,看着你一天一天地由瘦弱矮小而壮实长大,我从俯视你,平视你,到仰视你,远视你……步步是惊喜,天天是希望。

现在有些担忧,满世界数字化物质化的时候,我们的内在生活却在一天一天地走向空虚荒芜。

记得有一次，你曾提到过咱们家有没有什么家训传书，我的记忆中，咱家前几代不是什么显赫的家族，能够闪耀的，是他们的善良勤劳坚韧和谐，每次回去你不是也能看到？只是没落纸成字罢了。对了，最能引起自豪的，是你爸爸出的几本小书，语文教育方面的，怕你说算不上家训，只好试着将我对生活的沉思写下，算是应你之问吧。

真　诚

查找资料时，偶然翻到四年前的一张老照片，笑逐颜开掩不住卑微，似讨好观众……看着看着不禁心酸以往。

刚换环境那段难熬的日子，我才疏学浅，适应能力不够，没抓牢一些数据，被善意流放到异处修炼。

什么让忠于真诚的人弄丢真诚的表情？

自卑，沉重的自卑。既然出身由不得选择，必然会有贫困落后病弱，自卑也随之而来。轻度自卑能让人保持冷静清醒与奋争的气力，不是坏事，若是过火了，则可能会招致抑郁绝望，久而久之，越是想挣扎脱身，越是被它箍紧，乃至丧失真诚，丧失自我。

别怕，坚强的人会发现，知识是电，智慧是光，它们能驱散自卑的阴暗，照亮孤独的心房。转身后才发觉，勇气与实力能撑起一个人的自尊自信，而自尊自信又是真诚之靠山。

不管经历什么，只要愿意关注生活，真诚无处不在。婴儿清澈的眼睛，亲友信任的目光，路人友好的微笑，同行者的直言批评，宠物的依恋，自然四季的万千姿态……

带露的鲜花，赏心悦目；精致的艺术品，焕发着永恒的光芒，因为它们融入了艺术家们真诚的生命；仿真的东西并不讨人厌，因为它尊重了真诚。

在真诚的生命之间，气息是相通的，是相互吸引的，然而，散身于世俗的真诚，又极易被社会风吹散。

虚荣，生于贪欲的虚荣，可能是真诚的一大杀手。

适当的名利是生活的必需，而超负荷的，则会演化为名缰利锁，被虚荣之手紧捏。君不见,强势的国与人,其喷出的吐沫,如黄河之水天上来,淹死过多少路人?也见过一些小领导,恨不得将手指当枪使,见不惯的人就要"噼啪"灭掉他。

孩子,不论将来你做什么,都不要忘记,众生平等,就像你为病死的小白兔哭泣那样,真诚与尊重,一如微笑,是与他人及万事万物,轻松交往的通行证。

撒谎常常破坏真诚。出于保护自我或别人,遮掩什么,撒谎过后要用更多的谎言圆谎,导致离真我越来越远,一旦形成习惯,虚伪成性,想原路返回,就很累很难。所以,如果迫不得已撒了谎,千万趁早认错。

不知是利欲熏心,还是另有隐情,常出现有些人用真诚的形式包装不良的动机,那些假奶、假油、假药、假情假意,弄得轻信的人、不善洞察的人屡屡上当。所以,我们怀疑不真诚的行为,更要警惕那些把真诚当外衣的骗子。

"君子坦荡荡,小人长戚戚",真诚开明大度的君子总是受人欢迎,而自私狭隘小气的小人谁会喜欢?

真诚创造无挂碍的心态,让人畅游于汹涌的生活海洋,游向敞亮的人生,轻松自在。

健 康

健康,是一个人的根本,是一个社会的阳光。健康,是快乐的源泉,生活的质量;健康,是馨香的阳光,生命的力量。

孩子,前两天,你发低烧,昨天退了烧,摸摸你的头,你说没事了,胖子嘛。让你总结教训,你说没想到胖子也会冻得发烧。

你个家伙,一个冬天未穿羽绒服,扛住了,不曾想那天刚起床,春寒料峭,你没穿外衣,做了一会儿作业,结果鼻涕来了,头里面隐隐作痛。提醒你快穿衣服,还是晚了些。当晚体温就升上去了,于是劝你不停地喝水,天在下雨,我的晴天没了。

这次身体亮红灯,在警示我们,体内外寒热一失衡,病菌就抬头了。

和许多美好的事物一样，拥有健康时不太在意，失去时才知道珍惜有些儿迟。

除了马虎侥幸轻视，还有什么容易导致健康的丧失呢？

外在水气噪声的污染；天气突变或个人疏忽导致体内外温度不一致；内心情绪紊乱焦虑烦忧；思想阴暗恶毒；暴饮暴食，憋气憋尿，生活没有规律没有节制，都会伤害健康。

苦难是健康的杀手，我们经常见到媒体报道身残志坚的典型，他们的意志力和家庭的支撑力都是非同寻常的。而生活中有好多人，被外在的苦难和内心的妖魔折磨得变了样。看街上的小偷与乞丐，看暴徒的凶残……

还是回到眼前，金枝玉叶绿光莹莹如翡翠碧玉；水培的紫藤常青藤，不管你将它的枝条放成什么样子，一两天后，它伸展着，向上或朝窗向阳。这时候，一杯水，就是一杯春光。

自然呼吸，朝气蓬勃，是健康的模样。而遇人事拒斥，退缩，逃避，则是病态。

那么，如何维护健康呢？

首先，要有不失激情的淡泊。

"淡泊以明志，宁静以致远"，淡泊才不至于被繁华生活湮没，宁静方能在喧嚣之中定下心来找到自我，找到适合自己的方向。

当然，淡泊不是淡漠冷漠，淡泊不能远离激情，只有激情才能保持行动的活力，才能让工作不是负担，让生活成为享受。当然要想激情持久，需要有爱，对世界与人生不知疲倦的热爱。

其次，规划的生活可以让生活规律化，包括眼前的细节安排和远程的台阶搭建。

理想的人生往往是优秀人物的现在，所以规划时不妨参阅优秀人物的过去。当然你可以大胆创新自我，虽然通向成功之路有一些必备的品质与素养，如勇敢与坚韧，良好的习惯，气度与眼光。

再次，要有反思精神与洞察力。

人是社会的人质。学习，让我们对自己和世界有所了解，了解自我与社会的关系，发现社会的需要，发现自我的局限和潜力，回避自我的不足，挖掘自我的价值。在这一过程中，充满希望，又饱含挫折失败与绝望，所以，难免冲动、懈怠、报怨、不平。此时一定要耐得住寂寞孤独，要用那颗淡泊的心反思，要用宁静的眼去洞察，不断调适自己与生活的关系，最后用最健康的状态来创造健康向阳的人生。

最后，要懂得运动。

人是宇宙的孩子。万物运行的规律告诉我们，自然万物生长是相似的，气脉是相通的。绿色植物少了水分就会枯萎，不通风换气就不结果实，人也一样要多喝水常换气，与自然息息相通，才能跟上自然的节拍，健康成长，游刃有余。

万物生则柔韧，死则枯槁，而运动可以保持身体的柔韧。不要忽视内在的运动，它与外在的同样重要，动手动脚动心动脑，让运动成为需要，让思考成为习惯，内外运动要坚持下来，像呼吸那样，不要断掉。别忘了，学习是心灵的漫步，宽容快乐是心灵的健美操，能让你的心灵灿烂，春意盎然。

健康是人性的田园风光，而人性的田园不仅有庄稼花草，还会有一些诱惑的毒草，如不合情理的功名利禄，妨碍他人或破坏自然的自私贪婪，于是懂得识别选择与果断铲除，就成了不可或缺的另一项运动。

以上几点，即便不能涵盖健康，也差不多接近健康了。

有了淡泊的心境，热爱的激情，内外的和谐运动，健康自由的身心还会远吗？

善 良

善良，是沙漠的泉眼，是夜空的星光，是由内向外散发的清香。

"好雨知时节，当春乃发生。随风潜入夜，润物细无声。"善良如好雨，它悄无声息地润泽万物，让万物在潜移默化中成长，不是揠苗助长的功利，不是恨铁不成钢的责怨，而是自然而然的满足与成全。

"阳春布德泽，万物生光辉"，善良是春阳，辉映万物，让万物春光熠熠，如水，善万物而不争。

健全的善良往往与尊重、理解、宽容、同情、欣赏、博爱同行。

弘一法师圆寂前，叮嘱弟子用碗装水的方式，以防蚂蚁虫子爬上遗体一同被火化。对天地万物的尊重敬畏是善良。

对被扔掉的一束枯花的愧疚，求情不要蒸熟螃蟹，祈祷螃蟹下辈子做人，对丧失尊严的乞丐强讨行为的理解与宽容，对犯罪分子家人的同情，对与同行的游泳高手的欣赏，对遭人漠视的鸳鸯茉莉的爱怜，对病死小白兔的伏窗哭泣，孩子，这些都是你的善良，令人感动落泪的善良。

如果人性都能这样该有多美好，只可惜，功利自私随时都在吞噬推己及人的同情同理心，吞没善良，而让贪婪邪恶凶残君临人性之城，群魔乱舞，天昏地暗，甚至血肉模糊，触目惊心。

不能健身却能夺命的地沟油、毒牛奶之类的食品或药品，看似推进文明却足以摧毁万物的各类污染、各种武器，一切妨碍万物自由生长的进步都是自欺欺人的犯罪，其制造者都是自然万物的千古罪人。而让这些罪人下地狱的是法制吗？不靠谱。最根本的，是要他们敬畏众生的善良，及时觉醒。

这可能是遥不可及的梦想吧，但我们自己呢？

"世界以痛吻我，我回报以歌"的大热爱、大气度，是善良的底蕴。如果冲动报怨仇恨的魔鬼控制了你，你就去静观生活中种种愤怒复仇的熊样，那种大惊大乍暴力血腥实在有辱人样，摧残善良；如果用正义的力量捍卫善良，那么在消灭邪恶时，千万不要耗损善良。

"掬水月在手，抚花香满袖"的物我相依又彼此独立，是善良的姿态。自然万物气息相通血脉相连，善良是他们的气血，一旦拧干善良，世界就会扭曲变样。

"人之有德于我也，不可不忘；吾之有德于人也，不可不忘也"的洒脱飘逸，是善良的选择。注意行善时，要尊重对方的需要，不要让善意触犯对方的尊严，不要让善良成为负担，更不能将善行当作炫耀的资本，要润物细无声，事了拂衣去。

积善多了，品德高了，神明来了，你与万物会声相应，气相求，如云在天，鱼在水，花在露。

然后，拈花一笑，恬然逍遥。

教　养

孩子，感谢天晴，我终于钻出白卷红字，冒出头顺畅地呼吸一会儿了。

这些日子，我一直在思考"教养"这个词，感觉它于人不可或缺，如同人的另一条生命。

教养，它是拥有者的敏感气场，它决定着一个人的吸引力。高贵的教养，似水柔情，清新流转，带给人美妙的享受，欲罢不能。低俗的（或称为无）教养，聒噪刺耳，浊气熏天，叫人避之唯恐不及，下辈子也不要再见。

教养，内在为气质与修养，与生俱来一部分，生活历练一部分，与血统、家境、际遇相关，使命感、自豪感、自尊心与耻辱感熔铸成的尊严，是它的核；外在为礼貌与风度，流露于待人接物的举手投足间，爱、感受、理解、宽容与克制是它的质。

人走到哪里都丢不了的，不一定是良心，因为良心常有被残酷的现实吞噬的危险，而是他的智慧与思想，还有教养。前者决定人的谋生能力，后者成就人的生活高度。

教养是好感，不是负担。

教养，从容而不轻飘。笃定专注地做事，不因功利而急躁，不因自恋而轻飘，不因一时的得意而忘乎所以。

教养，淡定而不虚浮。镇定自若地处世，山崩于前而不变色，海啸于后而不动声。得失两忘，波澜不惊，真实勇敢地应对承受，不是逃避现实的虚浮，不是自以为是的虚浮，更不是巧取或不劳而获的虚浮。

教养，冷峻而不冷漠。为人有原则，有弹性的距离，尊重对方自立，理解对方暂时的欠缺，在必要时也能慷慨施以援手。

教养，执着而不执拗。执着追求自由快乐，一时走不通时，不是撞倒南墙不回头，而是会适时虚心询问，及时转弯扭头。即使遭遇猝不及防的苦难，也能将其化为生命的养料，艺术的光芒，"话到沧桑句便工"，泽被后人。

教养，功高德厚而不居。是"人之有德于我，不可忘；我之有德于人，不可不忘"的低调，是"事了拂衣去，深藏身与名"的洒脱。

教养更多地表现在待人接物上的温文尔雅。"五色使人目盲，五音使人耳聋，游猎使人心狂"，孩子，世上有些东西让我们眼花缭乱、目眩神迷，我们常常心知其危害，感官却难自持，这时候，教养带来的定力就可以派上用场了。

所以，孩子，在追求自己的快乐自由时，千万注意在现色、发音、玩乐上别给他人造成不必要的麻烦，即使无意也要尽量避免，这是一种教养。我们不喜欢看大惊大乍、疯疯癫癫的人，我们不欢迎目中无人、指手画脚、飞扬跋扈的人，我们讨厌唾沫星子伤人者，我们痛恨口是心非的狡诈者，愤怒他们在我们吃的、喝的、用的、玩的上面唯利是图地造假投毒，我们千方百计预防、制止、惩罚犯罪分子的一切恶行，而这一切非礼与恶行的形成均源于教养的缺失导致的良心的死去！

教养先天不足的我们，为了不成为负担，为了减轻负担，为了创造点轻松、快乐、温暖的美感，努力吧！

修 养

阅读时，有人进出掩门如风，悄无声息。有人进来"嘭"带上门，高跟鞋的尖底"铿铿"擦心而过，叫人心跳加速，有无修养带给人的感受大不相同。

流感时，有人大咳不止，用了药没主动隔离，少了点修养。有人追究查寻到第一批咳嗽的人并加以强调，实为委婉的抱怨，似乎也少了点修养。因为谁都可能成为第一个感冒者，责怨别人在某种程度上就是责怨自己。

为了高分，有领导恐吓教师，下一次考不好，瞧我怎么骂你们。弄得人心惶惶，害怕考试如同末日。世界上有很多罪名，独独没有精神虐杀罪，弄得自我膨胀的专制者不可一世，修养尽失。

骄横挑剔有失修养，易躁易怒有失修养，自私势利有失修养，撒谎冷漠有失修养，炫耀嫉妒有失修养……

修养易失不易得。

孩子，你的粗心和惰性，导致物理水平大不如前，让分数的绳索勒得我喘不过气来。其实粗心意味着不够专注细致，说明你对自己所做的事不够虔诚热衷，缺乏起码的重视。究粗心的原因，应该是惰性，而惰性的原因，应该是我的宽松。我没成为虎妈狼爸是相信你能凭自己力量改变自己。而我以为暴力教育除了效果较快外，还有一个暗伤就是会拧干部分乃至全部情感的水分。

与生俱来的惰性是最容易产生也最难克服的人性弱点，不战胜它，你就可能成为它的俘虏，你的激情与勇敢正义、真诚、坚强、善良等品性将被它活活吞噬，你的行动将由敏捷走向懒散，你的心智由活跃变成呆滞，你的思想由激进转为退缩，你将终日显得茫然不知所措，混乱不知所为，暮气沉沉，最后沦为庸庸碌碌没有生活能力的寄生虫，遭人唾弃。

为免于成为厌恶的对象，为免于坠入灭亡的深渊，孩子，学会抵制惰性，治理自己，做有修养的人吧。那么怎样才能成为有修养的人呢？

首先要充分地认识自己，包括弱点和优点。克服弱点或者用优点来控制弱点。比如说用你清醒的大脑和顽强的意志力去节制贪玩的念头，用你阅读时的专注来对抗解题时的粗心，用你善于总结和提炼及沉思冥想的方式走向更大范围的自制，用你超越前人的远大理想之力量成全你的自律，用你对谈吐风趣幽默的追求提升你的情调……

不要轻视自己的错误，只有将错误当成大事来抓，错误才是进步的垫脚石，如果同一个错误一犯再犯，错误将成为你的习惯，更可怕的是，当漠视错误成为习惯时，你便很难进步，还谈什么超越前人的理想？

所以，及时纠正自己的错误，和节制自己的惰性一样，是你获得良好修养的必经之路。孩子，做个懂节制有修养的人吧，那样，你的人生之路才会越走越宽，越走越亮。

快　乐

快乐，是来自感官的满足，是心灵的音乐，余韵深远，回味悠长。

吃饱穿暖是一种快乐，吃香穿美是一种快乐，"饭疏食，饮水，曲肱而枕之"亦是一种快乐。

损人利己，幸灾乐祸，落井下石，敲骨吸髓，那是阎王魔鬼的快乐；男耕女织，衣食无忧，贫而不愁，富而不骄，那是平民百姓的快乐；落花无言，宠辱不惊，去留无意，人淡如菊，那是超脱凡尘的快乐。

吃香的喝辣的，吐故纳新，是吸收的快乐；送玫瑰手留香，是给予的快乐；清心寡欲，细水长流，是节制的快乐；干净整洁，内外和谐有序，是清新通畅的快乐；心远地自偏，无私天地宽，是悠闲的快乐；沉思冥想能带来独处思维的快乐；专注投入不光可提高效率，还可以带来忘我的快乐。

江湖不与海洋交流，会变成不起波澜的死水；生灵不与自然万物交流，也将气绝身亡。所以说天朗气清，畅叙幽情，交流生出活力的快乐。

病后才知健康的可贵，失去后才知道拥有的可贵，那是发现的快乐；设计一台机器，节省人力物力，那是发明的快乐；著书立说，醒世警人，十月怀胎，一朝分娩，那是创造的快乐。

快乐源于丰富热忱的内心精神，是一种无拘无束的心态，是一种轻松自在的姿态，一种和畅融通的境界。

有许多顽症，医生治不了，它能医得好。孩子，我们亲眼看到我们的至亲，得癌症后由绝望走向达观和希望，那是彻悟带来的快乐，那是快乐带来的光明。

有许多烦恼焦虑，怎么也赶不跑，快乐一来便烟消云散。因为快乐，是一种积极向上的情绪，能冲破一切阻碍，让生命之流通畅自如灿烂明朗。

有许多生活，科技改不了，快乐能变得好。富足的生活，高尖的科技，可能刺激感官的快乐，却无法取代深长久远的情感思想快乐。

切记，快乐是自由的，更应是高尚的，莫让别人把快乐寄托在自己的痛苦之上，也警惕自己将快乐建立在别人的痛苦之上，试着快乐着别人的快乐，也让别人快乐着你的快乐。

丰富的心灵是快乐的底气，热忱不倦的爱是快乐的源泉，甜美的微笑是快乐的表情，幽默高雅是快乐的表达。所以，无论快乐之风飘到哪里，哪里就会有希望的朝曦，就会有勇气和活力，就会有健康温暖的春天。

孤 独

"我不想睡觉了，一睡觉就做梦，一做梦，见到的全是些过世的人，厮打着你，无休无止。"一个清醒的百岁老人最后半年说。

"我不要红包，我要里面的。"一个清醒的百岁老人最后一个月说。

"不要了，我什么都有了。"一个清醒的百岁老人最后一天说。

孤独是临终的超脱，超脱是现时的孤独。

孤独是一座神秘的庄园，孩子不敢靠近，是因为依恋身后温暖的家园，或者是因为，孤独叫人痛苦，叫人恐惧，叫人堕落，当然，有勇气有个性的则例外。

孤独是模糊的残碎的失落的记忆，随风，随时光而逝。

孤独是痛，彻入骨髓，而后融入血肉与灵魂，成为生命的序曲，步入下一个旅途。

孤独是毒蜜，为了活着，扔掉自我，投向温柔乡；为了虚荣，抛弃自尊，滚入富贵场。

蔚蓝的天空，洁白的云朵，盛不下失意的悲伤，是孤独；烂漫的春花，空明的秋月，载不动人与人的隔膜，是孤独。

信仰的晴空，一个个晶亮的星座，聚散自如，燃烧着五光十色的梦，美丽而迷人，让长夜柔情浪漫，让想象张开翅膀，飞向深邃浩瀚。

当这一切烟花般盛开，又云雾般消散，落幕时，遍地是冰冷的石头。

牵手，握手，松手，放手。

声如画，字带血。

轻轻地，你来了，轻轻地，你又去了。

我的世界季节轮回，风云变幻。

嚼碎痛苦吞下恐惧，你就拥有了战胜一切的力量，于是，孤独成了最忠诚的伙伴，最贴心的朋友。如同黑夜，给人一宿清静安宁，你给孤独一个空旷的家，孤独会还你一颗淡泊的心。

顺着时光的河流淌，春夏秋冬依然相随，孤独是天使的眼睛。

小我之自大

"人最大的智慧就是知道自己一无所知"，苏格拉底说。

自大者的可悲就是认为什么都不在话下，什么都在自己的掌控之中。

自大源于无知，表现为虚夸卖弄狂妄粗野，轻则远离进步，破坏美好的关系，重则可能发展为骄横残暴，直至毁掉世界或是灭了自我。

有些自大是为了掩饰自卑恐惧，壮胆壮行壮威，是一种自我保护，无可厚非。

井蛙不可语海，夏虫不可语冰。多数自大表现为无知之浮夸，说他有见识，他就以为自己是博通古今的大师；说她形象好，她就以为"天下美为尽在己"，走路都飘若浮云；说他聪明，他就以为自己是神了。

自大的人会"转"，会"夸"，会"化"。

会"转"，就是会由自己的弱项转向强，由小转向大。譬如说一群人在研究一个专业问题，其间那个一知半解或一窍不通的自大者，会将问题巧妙地引向他所熟悉的名车名表名包上去，然后乐此不疲，唾沫飞溅，大味十足。

会"夸"，就是会虚浮夸张。与"大跃进"浮夸风时代说粮食亩产3万斤甚至13万斤相类。同样是手破了块皮，人家止了血上了创可贴就没事了，他可要虚到天上，说痛啊痛啊骨头都快出来了。做了点好事，则好大喜功，恨不得卫星直播好让地球人全知道。

会"化"，同样的脏活，他做就是伟大，别人做就是修炼提升，还劝慰说结果你特享受吧；他多干活就叫加班，人家多加班就叫奉献，人家做了好事叫应该。一句话就是化别人的"大"为"小"，化自己的"小"为"大"。

从学的人容易以自己的资质为大，没有什么资质的还自大就更糟糕了，马上便会跌跤。资质好的稍稍发力就能事半功倍，或不断有人夸时他往往也会产生自大心理，那叫捧杀。这时从教的就不能推波助澜纵容了，而应用一记闷棍或一盆冷水点醒，当然遇上根深蒂固的自大狂，你该知趣，因为自己不是万能的神。

从业的人若自大，刚开始人们还可能另眼相待，久而久之，人们会像对待翻飞的鲜艳肥皂泡，避之唯恐不及，因为那东西是耀眼，但不管多大多高都很快就破裂，溅人一身脏水，于人无益。

倘若两位自大者相遇，可能要听听自然规律"物竞天择，适者生存"

了，也可能会受社会规则"高者多能，能者自大"的判决了。

还有一种自大更令人不齿，借他人之势自大，有点狗仗人势的味道，李刚的下一代就是个鲜明的例子。

不管怎样，自大的心理或多或少存在于人心，它的狂妄粗野随时可杀伤尊严与品质。我们能做的是别丢了清醒。

希特勒自我膨胀到极点时居然吼出："我一下子能变出几个师的兵力！"

没有自我的世界是空的，只有自我的世界是死的。只装着自己的人注定会失去整个世界，甚至于失去下一代！

小我之懒惰

"傲慢、妒忌、暴怒、懒惰、贪婪、贪食及色欲"，《圣经》称之为七宗罪，察人省己，挖出一些细碎的杀伤力很大的小我来。

第一大小：懒惰。它几乎无时无地不在，它可衍生出好逸恶劳，不劳而获，也可表现出不守规则，自私傲慢，冷漠无情。

一个从小看大的孩子，其父不思养家糊口，不想着怎样教育孩子，怎样正面引导孩子，一心遁入股市，"误入尘网中，一去三十年"，大房子换成小房子，他的小妻子变成老婆子，还得早出晚归打工撑起一个家。

我一向不同意绝对的判断"有其父必有其子"，这次我却信了。这个孩子，上课都懒得说话，睡觉都懒得脱衣服，脖子上的肉一圈圈的，回头都困难。没考上大学，打工，还是偷懒，瞌睡连天，估计睡着了做梦也是在睡觉。

这可伤了苦命的娘，不得已，只得辞去做得顺手的高薪工作（这里不愿收留她的孩子），换了个偏远的愿接受她孩子的工作，"买一赠一"似的。结果孩子依然不争气，母亲欲哭无泪。

懒惰就想不劳而获，就容易嗜赌，而赌久了，人性则被扭曲，正常的情感遭到腐蚀，逐渐会丧失殆尽。

懒惰产生依赖，拖延，会推卸会不负责任，会失去羞耻感，想得到或改变又不愿付出努力，自然会拈轻怕重，投机取巧，丧失正义感。

惰性可能部分源于遗传，更多的在于家庭环境，其次才是学校和社会环境。

世事纷纭，人情复杂。

有时候懒惰又表现为清高淡泊，懒得去解释自己的失误或别人对自己的误会，懒得去计较名利得失荣辱成败。

有时候懒惰又内敛成雪藏蕴藉。李安在家里沉潜六年，终于炼铁成钢，修鱼成龙，一洗不负责任之懒惰的骂名。

有时候懒惰则是一种自我保护，是一种奢侈享受，是必要的蓄势待发。忙了一季的农人，躺在床上，鼾声如雷；久别重逢的知音畅叙幽情，一醉不醒；准备承担高空作业的飞行员较长一段时间的养尊处优等等。

勤能补拙，天道酬勤。生活中除了思维迟钝不思进取之人懒惰外，更常见的则是那些小聪明的人偷懒，能做到事半功倍就结余了懒惰之资本，很多时候则是聪明反被聪明误。

卡夫卡说，人类因浮躁被逐出了天堂，又因懒惰再也回不去了。看来，你驱逐了多少懒惰，你就可能拥有了多大的天堂。

附录：

世界十大顶尖家族家训

一、政治世家：肯尼迪家族教育子女的十训

1. 亲手制作孩子的育儿日记与读书记录，然后对此进行彻底检查；
2. 帮助孩子培养遵守时间的好习惯；
3. 父母要经常向孩子讲述他在事业上所发生的故事；
4. 吃饭时要形成一种自然和谐的讨论氛围；
5. 教授孩子"取得第一名成绩的人不会被人无视"的世界法则；
6. 当孩子遇到困难时，家长要站在孩子的角度上帮助他们解决问题；
7. 让孩子进入名牌大学进行学习，使之获得最好的人脉关系；

8. 让孩子明白，起初的笨拙与不适应，将会通过反复努力而变得熟能生巧的道理；

9. 告诉孩子要树立远大的目标，但切勿急躁，必须循序渐进才能取得成功的道理；

10. 父母与兄弟姐妹之间，要形成一种和睦相处、互相帮助的良好家庭氛围。

二、瑞典首富：瓦伦堡家族教育子女的十训

1. 在海军服兵役，培养坚忍不拔的精神；

2. 通过在世界知名大学学习与在跨国企业里就职开阔眼界；

3. 构筑国际性人脉关系；

4. 遵守并重视世代相传的原则；

5. 取之于社会，用之于社会；

6. 每周日早晨与孩子们一起散步；

7. 弟弟接着穿哥哥穿过的衣服，从而养成俭朴的生活作风；

8. 做事不能鲁莽，避免锋芒毕露的行为；

9. 爷爷作为孙子的人生导师，传授智慧和经验（隔代教育）；

10. 如果想要成为继承人，必须首先具备一颗爱国心。

三、西雅图的银行名门世家：盖茨家族教育子女的十训

1. 留给孩子巨额资产，势必阻碍他成为创意性人才；

2. 父母帮助孩子开创人脉网络；

3. 保留缺点，结交志同道合的朋友；

4. 年少时多读科幻小说（电影）；

5. 母亲的礼物可能会转换孩子的命运；

6. 通过阅读报纸拓宽视野；

7. 富家子弟也不可娇生惯养；

8. 机会来临时毫不犹豫地迎接挑战；

9. 经年累积的经验将成为日后创业的基础；

10. 孩子们以言传身教的父母为学习榜样。

四、犹太人的至尊家族：罗斯柴尔德家族教育子女的十训

1. 重视兄弟间和睦与家族间团结的传统；
2. 不追求金钱，追求良好的人际关系；
3. 教育子女拥有正确的金钱观；
4. 信息就等于金钱，从小开始重视信息的重要性；
5. 世代相传收集情报信息的传统；
6. 警惕过于追求物质利益的思想倾向；
7. 坚持"不是儿子就不参与经营"的原则；
8. 不忘促使五兄弟和解的"五支弓箭"的教训；
9. 世代保持捐赠的慈善传统；
10. 犹太人之间互帮互助，共同发展事业。

五、天下第一世家：孔子世家教育子女的十训

1. 虽然生活贫困，但决不抱怨自己所生存的环境；
2. 即使生活在困境中，母亲依然倾注所有的热情教育子女；
3. 越是伟人，越要自我学习与自我感悟；
4. 失败也绝不气馁，用顽强的挑战精神武装自己；
5. 通过长途旅行考验和锻炼自己；
6. 凡是精明的人都可以成为自己的老师；
7. 结交与自己志同道合的人；
8. 不亲自教授子女，只监督和考察其学习情况；
9. 人性的弱点有时反而会成就一代伟人；
10. 培养勤学好问的学习习惯。

六、诺贝尔名门世家：居里世家教育子女的十训

1. 即使不在学校里学习，也可能成为优秀的人才；
2. 实践夫妻平等的原则也是优秀的子女教育；

3. 在大自然中培育子女探求真理的心；

4. 父亲既是家庭教师，又是领导人；

5. 通过爷爷教育孙女，实现"隔代教育"；

6. 即使夫妻二人都是上班族，也应该重视与孩子建立互相依赖的关系；

7. 母亲的"启蒙教育"至关重要；

8. 绝不为继承和发扬家族的荣誉而强迫子女成为科学家；

9. 让子女自觉培养自立意识；

10. 在探求学问中寻找互相有默契的配偶。

七、科学名门世家：达尔文世家教育子女的十训

1. 父母作为子女的人生导师，一定要起到领导作用；

2. 时刻营造充满音乐的欢快的家庭气氛；

3. 通过旅行制造人生的转折点；

4. 无论是哪一方面，如果与子女的性格不适合，则不要强求；

5. 一旦发现子女具有学者的潜质，就要全力支持；

6. 如果反对的人占多数，就采用长期说服的方法；

7. 举行聚会，建立珍贵的人际关系；

8. 创建可以世代相传的家业或家学；

9. 制订每天的计划表，并努力完成；

10. 结交可以为子女开创崭新人生的良师益友。

八、印度教育世家：泰戈尔世家教育子女的十训

1. 营造书香气息浓厚的家庭氛围；

2. 通过阅读，弥补在学校无法学到的知识；

3. 当孩子无法适应学校生活时，寻找积极的对策；

4. 通过聘请家庭教师培养孩子的多种才能；

5. 将钱包交给孩子，对他进行经济教育；

6. 消除对其他宗教的偏见；

7. 成为富翁后积极支持文化艺术；

8. 通过与子女一同漫游大自然，从而培养子女的想象力；
9. 制订周密的计划，使子女从旅行中学到更多的道理；
10. 引导子女从小接触音乐与美术。

九、俄罗斯延续了六百年的名门世家：托尔斯泰家族教育子女的十训

1. 让孩子每天通过写日记反省一天的行为；
2. 拟定彻底的计划表，并且付诸行动；
3. 使整个家族的成员都养成写日记的好习惯；
4. 从小开始大声地朗读课文；
5. 有意识地开发子女在音乐与美术方面的才能；
6. 发现孩子的才能后聘请家庭教师为其辅导；
7. 向当地的家庭教师学习外语；
8. 经常陪伴在年幼的孩子身边，并为他讲述童话故事；
9. 讲述家族的发展历史，让孩子对家族产生自豪感；
10. 努力帮助贫困的邻居。

十、英国延续了六百年的名门世家：拉塞尔家族教育子女的十训

1. 过分严格和禁欲主义教育不可取；
2. 有效管理时间；
3. 不强求特种教育；
4. 世代相传自由进步主义精神；
5. 享受自由的同时，履行应尽的义务和责任；
6. 为吸引自己的目标倾注所有精力并不断进取；
7. 认为是真理，那么就不要计较得失；
8. 不可孤立自己，要在人群中寻找幸福；
9. 尽可能地养成写信的习惯；
10. 一流父母培育出一流子女。

第五辑　家庭教育中的八项注意

[1]
不要代替孩子做决定

很多家长很喜欢代替孩子做决定，理由很简单：孩子们还小，他们不会做决定；孩子们幼稚，不能做决定；孩子们做决定多此一举，因为孩子没有决定权；代替孩子做决定，是为了不浪费孩子的时间。最经典的话是，谁让我生了他（她）啊，我当然要为他（她）负责任。

其实，这样做，恰恰是不负责任。

常州市北郊中学高一一个孩子，成绩极为优秀，年级能进入前10名。他的家长都是知识分子，对孩子的关爱无微不至，早早为孩子规划好了一切。但，最终孩子却毫无征兆地跳楼自杀了。

跳楼的时候，孩子留下了一份遗书，这一封血泪之信，让我们感受到了父母爱的沉重。

我想死是有一段历史的了，只不过之前受到诸多事的牵制一直未实施

临死前是什么感觉呢？

终于要解脱了！我会这么说

人怕死是与生俱来的，但我觉得活到现在只感觉眼前一片黑

以前一直为老师、家长、虚荣等等而活

本以为到北郊中学能有另一片世界

不过好像我还是过于幼稚

不说这个了

我的梦想嘛，是开个不为赚钱的咖啡店啊啥的

不出风头，生活俭朴

但是许多声音说：不！你要好好读书！读大学！读研！读博！最后出国！

这样念下去完全没有意义
离我的梦越来越远

可能这样死了很不负责任
死前的话不仅有逻辑的错误也很幼稚
我也想让你们看看你们倾注的心血造就了怎样的一个人

明天的化学考试不想考了
作业也许会做但也不想做了
累了

唯一的羁绊就是爷爷和奶奶
我先走一步了

生命是我的
没有人能为我决定

  这个惨痛的教训在于几点，第一，父母和孩子缺少必要的沟通，对孩子的心理毫不了解。第二，父母不能把自己的愿望强加给孩子，充其量只能是引导孩子，增加孩子的选择权，让孩子感觉到自己很重要。第三，任何时候，兴趣是最好的老师，梦想是奋斗的天使。一旦孩子感到自己越奋斗离梦想反而越远，就会失去奋斗的动力，感觉到生命没有意义。
  作为家长一定要给孩子选择权。
  美国有一种价值澄清理论。个人的价值或价值观是经验的产物，不同的经验就会产生不同的价值，价值的形成与发展完全是个人选择的结果。有效的价值形成过程可分为三阶段——选择、珍视、行动。必须是他独立选择的东西，他才会珍视，才会自觉行动和维护，才会负责任。

我们常常感到很奇怪，为什么我们中国人很少能够承担责任，为什么我们这个民族缺少责任意识？但我们却很少追问，责任意识究竟是从哪里来的？

一个没有个人意识的人，一个非独立的人，一个依附性人格的人，是不会产生责任意识的。

整体主义文化的国家，国家和集体是目的，个人是工具。个人也只把自己看成是工具和螺丝钉，集体要把螺丝钉拧到哪去就拧在哪里，而螺丝钉的视野是很难为整个机器负责的。

而个人主义的文化中，每个人都是独立、自由和平等的个体。个体独立对事情进行价值澄清，然后，独立判断，独立选择，独立承担。他们没有任何推辞、任何借口来逃避责任，只能把自己的所作所为扛起来，百分之百承担责任。

个人的责任感来自个人的独立、自由和平等。失去了独立的个人主义，也就失去了独立、自由和平等的原动力，人就不会产生责任感，也不会对自己的所作所为负责。所谓的集体负责，就是集体不负责。

我们现在的教育，依然是依附性人格的教育，我们灌输，我们强制，我们统一要求，孩子根本就没有独立的选择权，但我们却教育他们要有责任心和责任感。孩子们连自我都没有，连自我都掌控不了，受制于人，何来源自自我的责任心和责任感呢？这不是滑天下之大稽吗？

举例来说，一个孩子在外面犯了大错，孩子是没有责任的；一个奴隶犯了大错，奴隶也是没有责任的。人们追究的是大人和主子。因为孩子和奴隶没有独立的人格，他们都有各自的监护人。我们只追究监护人的责任。就如同在应试考试制度下，学校也只是追究老师的责任，很少去拷问学生的责任。因为学生没有自主学习的权力，也失去了自主学习的能力，老师成了学生学习的监护人，不追究老师的责任追究谁？

我们在启元的教育中，总是最大限度地让他选择，大到要不要去旅游，小到中午吃什么菜，每次都是家庭商量和讨论，每个人都有自己的一张选票。让孩子觉得自己很重要，让孩子能够独立选择，他就有责任感，并且能够为自己的行为埋单。

[2]

不可忽视孩子的安全教育

孔子曰"杀身成仁",孟子曰"舍生取义",这当然是对的,但发展到"狠斗私念一刹那"就过了。在公开的桌面上,"小我"逐渐被我们遗弃。受到这种民族心理的影响,我们历来都注重他救教育,注重见义勇为、舍己为人,却忽视了最为根本的安全教育和自救教育。作为家长,我们既要大胆鼓励孩子有冒险精神,又要对孩子进行必要的安全教育。

启元上小学的时候,我开始对他进行安全教育。安全教育从《司马光砸缸》的故事开始。孩子对这故事很熟悉。

"王启元,你觉得司马光是一个什么样的孩子?"

"他很勇敢。"

"嗯,仅仅靠勇敢能够救出小朋友吗?要知道勇敢有时候还会使得人冒险呢,比如司马光直接去拉小朋友,弄不好自己也掉进缸里去?"

"嗯,除了勇敢,他还很聪明、机智。"

"他的聪明和机智表现在什么地方?"

"他砸缸。"

"砸缸为什么就能表现聪明呢?"

"砸缸让缸里的水流出来,小朋友就不会淹死了。"

"哈哈,王启元,你也很聪明。让落入水缸的孩子安全有两种办法:第一是让小孩子出水,把他拉上来;第二是让缸里的水面下降,把缸砸破。司马光没有选择去拉小朋友,因为力量不够,很可能自己也不安全,这就是他的聪明;他选择砸破缸,让水流走,小朋友随即安全了,这就是他的机智。司马光这种救人方法确实很高明。除了聪明和机智,司马光还有什么特点?"

"他勇于救人，是一个小英雄。"

"嗯，不错。司马光是一个救人者。最可贵的是，司马光不仅有救人的想法，还有救人的本领，不然也是白搭，肯定也成不了小英雄。"

"有救人的想法，就算没有救人的本领，也比不救人的人要强。"儿子开始反驳我。

我说："是的，我赞成你的观点。但是，救人的本领很重要，人首先能够自救，然后才能救人。"

儿子有点迷茫，似懂非懂。

我再深入一步："司马光勇敢聪明、机智沉着，确实值得敬佩。但是，毕竟司马光只有一个，假如那个掉入缸里的孩子的小伙伴中没有司马光会怎么样？或者更进一步，假如司马光本人掉入缸中，旁边又没有另一个孩子知道砸缸，司马光不再是一个救人者而是一个求救者，司马光的命运又将如何呢？"

儿子说："我明白了。救人当然重要，但自己不要老想着救人，每个人都要学会自我保护，自己救自己。每个人都成为司马光才最好。"

我说："对啊，人首先要学会自救。第一，没有自我，哪里有他人呢？'他人'与'自我'是相对而言的。第二，人人都能够开展自救，需要他人救助的不就少了？第三，一个不具备自救能力的人，能用什么办法救助他人？这不是胡说八道吗？"

儿子这次听明白了，说："我不但能够自救，也要有办法能够救人。"

我非常开心，说："儿子，你爸爸如果不是很冷静，能够自救的话，我早就不在了，当然也就没有你了。"于是，我给儿子讲了我人生中最危险的一幕。

"那一年，我只有13岁。暑假的时候，突然间到处买不到盐，社会上哄传一些谣言，说国家食盐储备出了问题，马上要淡死人的。再后来听说你姨奶奶家那地方有盐卖，而当时正值农忙，爷爷奶奶根本抽不出时间去买盐。于是，我自告奋勇跳出来承担起买盐的重任。那时爸爸刚学会骑自行车，对出远门有浓厚的兴趣。记得当时我穿的是一条白色的牛仔裤，感觉自己英俊极了，在林荫大道上骑车，简直就是一种享受。

"盐终于买到了，姨奶奶还给了一点零花钱，这也算是意外的奖赏。回家那天，我特意起了个大早，因为这里离家有近20公里，还要翻越一座大山。好在那时候山上已经修好了弯弯曲曲的盘山公路。

"骑到半路上的时候，太阳高照，没有一丝风，简直要晒死人。路上很静，一个人都没有。可是，世事就那么奇怪，远远的路上竟躺着一顶草帽，崭新、漂亮，就像上帝赠给我的一件礼物。

"我看了看四周，一个人也没有，草帽可能是谁放在车上掉下去的，也可能真的就是天外来物。我突然想起了老人说过的话：'如果路上看到草帽，你一定不要捡。'我是一个听话的孩子，可我又不太相信老人的话，这似乎是一个反论。最终的结果，就是我接受了上帝的礼物，并且高高兴兴地把草帽戴在头上。草帽上有一条白色的绳子，我把它系紧。太阳的毒晒没有了，耳畔只有自行车快速前行带起的山风。

"山很高很高，翻越这座山，至少需要两个小时。好在我有自行车，只要到了山顶，我就可以'飞流直下'。登山，就像人们向往的一种生活，先苦后甜。

"终于到了山顶，山顶上的风很大，把我的衣服卷了起来。我休息了片刻，还一口气吃了好几个梨子。你姨奶奶家有很大的一片果园，里面的水果品种应有尽有。吃完了梨子，我重新整理好帽子，深吸一口气，看着弯弯曲曲的盘山路，路上一辆车也没有。那个时候，已经中午11点钟了。我紧紧捏住闸，让自行车缓缓地下坡，但没想到势能越来越大，自行车的速度越来越快……到最后，我捏得满手都是汗水，车子还是像疯了一样飞跑。我的心怦怦乱跳，我的手又酸又疼，耳边只有猛烈的风，眼前只有晃动的岩石和模糊的树……

"就在最危险的时候，因为一阵风，草帽突然遮住了我的眼睛，我的眼前顿时一片漆黑……下面就是万丈深渊……生死存亡，千钧一发！空气都凝固了！

"我知道，我的手绝对不能动，已经捏闸刹车刹到了极点，但车轮似乎脱离了地面，不再是转动，而是飞行……

"每一秒钟都像一个世纪，那一刻，我想到了死，想到了苍白的布，想到了亲人，想到了老师和同学，似乎隐约还听到父母嘶哑的哭喊声……

"不，我不能死，坚决不能死！我要自救！在一瞬间，我清醒地知道，能救我的只有我自己。我的右手边是高高的山峰，左手边是悬崖。我突然把车头向右偏转，向山上撞去……

"不知道过了多久，我醒来了，身下是滚烫的砂石，全身火烧火燎，牛仔裤也破了几个大洞，血液和裤子黏在一起……

"我在地上坐了很久，爬起来把草帽狠狠扔向山崖。草帽飘啊飘，终于坠入山谷。

"后来，我咬着牙、忍住痛修理好车子，一直到天黑的时候，才赶回家。父亲看我弄坏了裤子，本来准备狠狠揍我一顿，后来看到我屁股上的伤痕，才动了恻隐之心，扔了棍子……

"儿子，今天你爸爸突然想起这段往事，不是庆幸我的命大，而是想给你一点教育。孩子，任何时候，对危险都要有预见性，才能避免危险的发生。其次，当危险真的到来的时候，一定要冷静，沉着应对，才能赢得生机。最后，只有在能够自救的前提下，才想着如何去救人。"

美国著名杂志《大西洋》今年4月号的封面文章是《过度保护的孩子》。该刊记者汉娜·饶辛在这篇长文中说，童年应当充满对好奇的探索和对惊奇的发现，而如今童年的乐趣正在因家长的过分保护而逐渐消失——独立、冒险、探索活动，往往以"不安全"的名义被禁止。儿童安全问题专家乔·弗罗斯特说："合理的冒险和探索对孩子的健康发展十分有益。"但家长们看到的却是无处不在的危险，以及对孩子及其周围环境的极度不信任。

在这种过度保护的背后，主要是家长认为孩子是非常脆弱的，并且他们的智能不足以应对种种危险。但事实上，孩子并不完全是如此——他们有一定的身心伤害修复力。而在这种过度保护中，孩子们失去了什么？研究者指出，过度保护容易扼杀孩子的主动性、独立性、应变力、创造力，也不利于坚韧品格的培养。这已经成为许多孩子成长过程中面临的主要问题之一。但我们思考孩子安全教育的基点应该是：经历合理的危险对孩子的健康成长是不可或缺的。

[3]

不能用分数代替对孩子的评价

对于家长来说,什么是大事。世界末日不是大事,孩子考砸了才是大事。

事实上,孩子考得好固然是好事,考得不好也不能完全说是坏事。能够清醒地看到自己的不足,正是学习的意义所在。拒绝错误就是毁灭进步。

启元考得不好的时候,我常常安慰他。我说,假如一份考卷100分,你考了80分,你的同桌考了100分。只要你细心查缺补漏、认真听讲、破解疑惑,那么在老师试卷讲评之后,你就有了20分的进步,但你的同桌没有任何进步。找到问题,解决问题,就是最大的进步,最真实的成功。

北京大学孙宇晨是惠州一中的差生,通过高三一年努力,逆转考取北京大学,并以北大历史系第一名的成绩毕业。

大一时,他在《萌芽》杂志写下《一道论证题》,试图向人们证明"高中可以用一年的时间弥补任何的遗憾,只要你下定了决心"。他在文末留下自己的通信地址,邀请中学生和他一道证明这道题目。文章发表后两年多里,他收到了接近1万封信件。

他后来如此解释这种"完完全全的飞跃":每个人的潜能其实往往是被过低的自我预期所压抑,而过低的自我预期则源于外在制度压迫。他觉得,应试教育的深层次问题在于分数崇拜,强调全面发展,结果导致平庸。"在应试教育话语体系中,所谓好学生皆是成绩好的,坏学生皆是成绩坏的,分数评价变成了道德价值判断,人格被分数体系不断否定,破罐子破摔也不足为奇了。"

转变的重大契机是新概念作文大赛,尽管新概念作文花费了孙宇晨不少时间,但一等奖的肯定,使得他彻底摆脱了多年来的压抑,对自己有了重新认识,进而爆发出惊人的潜能。

这中间涉及家长和老师如何评价学生的分数问题。后来在北大相对更加宽松自由的学习环境中，孙宇晨如鱼得水。他先习中文，后学历史，成绩稳居历史系第一。他担任北大西学社社长，代表北大赴荷兰海牙参加世界模拟联合国大会，还曾获北京大学演讲十佳称号。

在那篇引来近万封回信的《一道论证题》的结尾，他如此写道："我相信自己的才华从来没有被应试教育的河水冲刷殆尽，而是我真正成功地挑战了应试教育。最后，我仅仅有两点希望：一是希望有理想的人不要向现实低头；二是希望大家一起帮我做这道题目，我希望它在你们每个人身上都成立。"

从这个故事中可以知道，家长关注孩子的成绩，应该建立这样几个意识。

首先，应该区别孩子是尽力而为，还是全力以赴。

一位猎人带着猎狗去打猎。猎人一枪击中兔子的后腿，受伤的兔子开始拼命地奔跑。猎狗在猎人的指示下也是飞奔去追赶兔子。可是追着追着，兔子跑不见了，猎狗只好悻悻地回到猎人身边，猎人开始骂猎狗了："你真没用，连一只受伤的兔子都追不到！"猎狗听了很不服气地回道："我尽力而为了呀！"

再说兔子带伤跑回洞里，它的兄弟们都围过来惊讶地问它："那只猎狗很凶呀！你又带了伤，怎么跑得过它的？""它是尽力而为，我是全力以赴呀！它没追上我，最多挨一顿骂，而我若不全力地跑，我就没命了呀！"

人本来是有很多潜能的，但是我们往往会对自己或对别人找借口："管它呢，我们已尽力而为了。"事实上尽力而为是远远不够的，尤其是现在这个竞争激烈的年代。

家长需要评估孩子是尽力而为的猎狗，还是全力以赴的兔子。只要全力以赴就值得赞扬。这种评估不能过高，也不可过低，过高和过低都会导致家庭施教的不准确。错误和不准确的估计会影响孩子的学习成绩和学习情绪。有的家长在没有全面摸清孩子智力水平的情况下，单凭某一学科的学习成绩就盲目断定孩子"不行"，还有的家长过高估计自己孩子的智力水平，没有看到"人外有人，天外有天"，"庄稼看人家的好，孩子看自己的好"，在自己的孩子很小的时候，家长怎么看都觉得孩子很聪慧的，但到上学后，一比较就看到了差距，再到中学阶段就心灰意冷。父母要引导孩子准确定位，只要孩子全力以赴，不论结果如何都应该给孩子最大的肯定。

其次，多给孩子信心，好孩子是夸出来的。

多听听孩子的心声，不要一味地去斥责孩子，帮助他们分析存在的问题，寻找对策，那样孩子才不至于产生逆反心理，才愿意和你交流交心。

面对行为习惯差的孩子，家长也不应该一味责备，更不应该撒手不管。反而更要多鼓励，努力发现孩子身上的闪光点，帮他们恢复自信，然后，耐心地引导孩子正确地看待自己的不足，共同制订计划帮助他们。

美国最著名的教师雷夫在考试前，这样给学生信心。"我问学生，如果你们考试考得不好会怎么样？我告诉我的学生们，如果你们考得不好的话，我再教你们、再告诉你们、再学一遍；我告诉学生，如果你们考得不好，不会下地狱的；我告诉他们，即使考得不好，你们的父母仍然会爱着你们；我告诉他们，我仍然爱他们。当然，我也告诉学生们，考试很重要，你们要争取考好；我也告诉他们，许多重要的东西考试是考不出来的，你不能测验诚实，通过考试不能看出学生善良的心。"

唯有你们不斤斤计较孩子一城一池的得失，孩子才能放下包袱，信心百倍地面对未来的学习。

当然，最重要的还是，您的孩子学习成绩暂时落后，并不意味着思想差、能力低。不能认为分数就是一切，考试分数高，要引导孩子不要自满，山外有山，人外有人；考试分数不理想，应该心平气和地与老师、孩子一起研究存在的问题。既要与同学比，更要与自己比，比较前后几次考试，看是否退步，原因是什么。比较各科之间的成绩，看哪科是弱项，多花些时间补上，成绩只是发现自己的问题所在的检测，永远不是衡量孩子的工具。

一旦只用成绩来衡量你的孩子，你的孩子将来除了成绩很可能一无所有，而且一旦专注于成绩，动机过于强烈，很可能还搞不好成绩。

[4]

要给孩子留一点薄面

不少人认为小孩子是小人,可以逗他玩,反正他小,不懂事,自然也不会有什么面子。其实,小孩子的心灵就像草叶上的露珠,一不小心摔下来,就是粉身碎骨。

很多家长很爱孩子,对孩子无微不至,但却未必知道尊重孩子,懂得呵护孩子的心灵,给孩子面子。小孩子的心灵是脆弱的,很多大人眼里的小事,对孩子来说,可以就是天大的事。玩具坏了,就是天塌下来了。小兔兔死了,就是世界末日来了。

上海滩一代大亨杜月笙曾经有一句名言:"做人有三碗面最难吃:人面、场面、情面。"面子大如天,树要皮,人要脸。面子渗透到了中国人的灵魂和骨子里,最后进入中国人的基因,小孩子也爱面子,也不例外。

和小启元交往,一般来说,他有他生活的边界,我决不踏雷池半步,那是他的私人领域,我绝对尊重他。在做家庭决定时,我都征求他的意见,他尽管小,也是我们家庭重要的一分子。

我之所以这样做,得益于我小时候,心灵遭受的一次摧残。

小时候,有一天,我姨父给我们家带来一罐子腐乳,是红颜色的,当时很稀奇。那个罐子是小木桶,一罐子红腐乳估计有100块之多。因为那时候农村只有白色的腐乳。我们后来称红色的腐乳为香腐乳,白色的为臭腐乳。姨父在外面搞大船,经常跑一些码头,常带回稀奇古怪的东西。但他也没有明确把这些腐乳全给我们家,让我父亲帮他卖一半,剩下的一半就给我们。母亲不高兴,嫌他们给东西拖泥带水,父亲喜欢小便宜,却答应了,并且自告奋勇要去卖。

那个时候,我还在上村小,不知道几年级了,大概也就是二三年级的样子吧。一天,我们正在上体育课,突然,村子上的一个小伙伴上气不接下气跑过来告诉我，你"大大"到学校卖豆腐乳来了！我吓得魂飞魄散，脑袋一片空白。父亲真的来了，我没敢看，偏偏看到了，他斜着膀子，挑着担子，大嗓门地在招徕顾客，卖豆腐乳啊，卖豆腐乳啊……

那声音，像小锤子一样，砸着我的心，我委屈极了，眼泪不知从哪里来的，疯狂地流，擦也擦不掉，我一溜烟从校园的后门，跑出去，疯狂地跑……两旁的风呼呼地响……

从那之后，一些坏学生常常模拟我爸爸挑着担子的样子，斜着膀子，扯着嗓子喊："卖豆腐乳喽——"

童年的那个腐乳成了我的噩梦，为了表达我的伤心、委屈、愤慨，真的，我堵住了巨大的诱惑，没有一个人劝得了我，我没有吃那个红红的东西，尽管我那么想尝一尝。我用我可怜的倔强，表达对父亲的不满。

父亲现在已经不在了，虽然我常常忘记这个事实，以为一回家就能听见父亲的大嗓门。这样一段生与死的距离，我无法超越。父亲去的时候，我摸过他的骨头，那么的寒冷，像一块石头，童年时对他的怨恨早已经消失了。但父亲如果没有这些粗心，那么，可能我也能有一个美好的童年。

尼采说，不曾哭过长夜的人，不足以谈人生。那么，我是一个不止一次在长夜里痛哭流涕的人，我用那么多的眼泪和痛苦，才得出这么一点点的教训，每写出一个字都要心疼。

孩子的心灵，是小溪的流水，悠悠的、平和的、无力的，但他们又是那么敏感、脆弱，真的要好好呵护，不可粗心大意。

那么，怎么才能把握孩子小小的脑袋瓜在想什么呢？怎么保护孩子的尊严呢？

道理很简单，孩子没有经历过我们，但我们都是从孩子长大的，我们完全可以把自己还原成孩子，设身处地地领悟孩子。除此之外，您还要细心观察您的孩子，当孩子神色异常的时候，您一定要马上停下来，和孩子说，对不起。当然，如果您平时让您的孩子养成实话实说，孩子能够直接说出不满，那就更好了。家庭之间能够直接说"不"，乃是最好的一种氛围。

[5]

帮孩子建立正确的金钱观

"它可以使黑的变成白的,丑的变成美的,卑贱变成尊贵,老人变成少年,懦夫变成勇士。"莎士比亚这段金钱论广为流传,其实,莎翁还对合理支配金钱有过一段更加精辟的论断。"不轻易向别人借钱,也不轻易借钱给别人。因为借钱给他人,常常会失去了金钱同时也失去了朋友,而向他人借钱之行则会成为挥霍浪费的罪魁祸首。"

启元很小的时候,就认识到了金钱的魔力。他一定很奇怪,那么一小片纸,就能换好多好吃的。那个时候,校园里的小店,一家挨着一家。

我就耐心地跟他解释。"原本是没有钱的。人想吃东西了,就拿其他的好东西来交换。比如拿一盒蜡笔交换一个糖果。"

这个没问题,儿子很快就理解了物物交换。

"但是,假如那个卖糖果的人不喜欢蜡笔呢?问题就来了。"我问儿子:"这个时候,应该怎么办呢?"

儿子很聪明:"找那个人喜欢的东西来换。"

我说:"对了。每个人都喜欢的东西是什么呢?比如,大家都需要吃饭。那么,每个人都需要米。于是,要想每次都能换来东西,最后是准备好米来交换。所以,好多人啊,都用自己的东西,交换了很多很多的米储存起来,作为交换的工具。"

我又问儿子:"那么,每次交换都拿着一个米袋子,烦不烦啊?"

儿子笑了,说:"烦。"

我做出一个背着米袋子的样子,解释说:"拿着米袋子,在交换的过程中,不但不方便,还容易损耗;时间长了,米还容易坏。"

儿子说:"那用东西来代替米。"

我说:"儿子真聪明,我们就用一张纸来代替,这张纸就叫作钱。"

儿子有点糊涂："一张纸为什么能代替米呢？"

我有点狼狈，就含混地说："用米来交换，是因为大家都需要米，对不对？也就是说，米是大家都同意拿来交换的东西，但因为不方便，所以大家都同意用一个东西来代替米。有可能一开始是一头猪，或者是一根棍子，后来，都觉得不好，都不如一张纸方便，于是，就选择了纸。"

儿子似懂非懂，但有一点，他是弄明白了。用来交换的米，不是用来自己吃的，米是大家都认可的用来交换的东西。

这是我们第一次交流金钱。但儿子关于金钱的故事才刚刚开始。

有一天中午，我们在午睡。小家伙突然蹩到我们房间里，看看我们有没有睡着。我们就好奇地问他："王启元，你在做什么？"

他嗫嚅着说："我怕打搅你们睡觉，想帮你们把门关好。"然后，他轻轻地把我们的门关好，神色极不自然。

我对爱人说，这家伙今天不对啊，肯定有事。于是，我们蹑手蹑脚地打开门一看，不由得乐了。小家伙，搬来一个小板凳，站在上面，踮着脚，在拿鞋柜上的余钱呢！那些余钱都是他妈妈买菜剩下来的硬币。

等他从小板凳上下来，我们才问他："王启元，你在干吗呢？"他红着脸，无言以对。我说："你想要钱，你可以和我们说啊。为什么要自作主张地拿？"印象中，我们还用小树枝打了他的手心。我要通过惩罚，让他知道偷窃是可耻的，是要责罚的，是要疼痛的。他竟然没有哭。

这好像是我们第一次教训他，儿子以后整个长大的过程中，从来不在家里拿钱，肯定跟这第一次有关。

小学的时候，学校组织给汶川地震的小朋友送包裹，我们给了儿子100元，让他也捐一个包裹。

谁知道班主任没有让他捐，儿子的100元就省下了。晚上我们问他100元哪去了。儿子显得很突然，掏了掏口袋，什么也没找到。妻子说："可能是玩丢了，下次要注意啊。"儿子马上就释然了，继续吃饭。我心里有气，开始怀疑他捐款的诚意不够，要不，老师怎么没有让他捐？同时怀疑儿子有截留100元的企图，因为他的历史不大"清白"。

我们都不大爱财，但儿子似乎对钱有着浓厚的兴趣。很小的时候，有一个阿姨开启元玩笑，问他："将来你娶老婆，一个漂亮，一个有钱，你选择哪一个啊？"儿子毫不犹豫地说："当然选有钱人了！"这让我们夫妻俩大跌眼镜，也显得很尴尬。

我把这个回答看成儿子的污点，笑话了他一段时间。其实，在这个阶段，小孩子当然不知道爱的美好，他们只看到钱带来的快乐。又或许是这个家伙，跟着我们，穷怕了也未可知。

儿子每年的压岁钱，总有好几千元。他收钱的样子非常笨拙，欲拒还收，还常常做可怜状，用眼睛暗示我们。只要我们一开口，他马上就一一笑纳，然后，把那些钱整理得有条不紊。儿子六七岁的时候，有一次，他还跟阿公说："阿公，我挣钱也不容易啊，一年只有过年这么一次。"惹得他们大笑不止，阿婆更是逢人就说。

从去年开始，儿子开始理财，我们选择了中兴银行。这家银行常常给孩子们搞活动，儿子很喜欢它的风格。不过，儿子把钱存了死期。回来的路上，儿子就后悔了，担心以后没有钱花。不过，办法总是会有的，口袋里空空如也，这家伙就装可怜，讨我的欢心，然后把我的零钱统统收归囊中。我问他："儿子，你为什么那么看重钱哪？"儿子谄笑着道："有钱，我心里就踏实。"我大笑，正应了乡里的一句土话——腰里无铜，走路瘟怂啊。

正是诸如此类的细节，让我对儿子的金钱观大失所望，也就自然而然地对儿子产生了怀疑。再加上儿子晚上在食堂吃饭，看到好菜就买。有的菜，一点不吃就浪费掉，也让我心里不痛快。

晚上把他叫过来，狠狠批评了他。儿子非常可怜，说："肯定是丢了，玩的时候丢了。"我将信将疑……突然间接到了小学部一位老师的电话，原来是二（2）班的小朋友赵怡捡到了，然后交给了那位薛老师。薛老师让儿子赶快去取，她在那等着呢。

儿子的钱失而复得，特别是自己的不白之冤得到伸张，心情有一点小愉快。走在回家的路上，我问他："王启元，我们谈一件正经事。如果你在操场上捡到了100元，你会像赵怡小朋友一样交给班主任吗？"

这个问题儿子显然没有准备，他反问我："我没有捡到钱啊，你这个问题，我不能回答。"

我说："我说的是假如，而且这个问题你还必须回答。因为赵怡这个小朋友已经回答了，你还是这个回答的受益人。"

儿子认真地想了想说："那要看情况了。比如一些小钱，我可能就不还了。如果是 100 元钱，我还是要归还的。"

我问："小钱和 100 元在本质上没有区别啊，都是别人的钱嘛。"

儿子说："那不一样，人家丢了小钱，并不难过。我捡到了，却很快活。干脆我就要了。人家丢了 100 元钱，肯定很难受，我当然就不能要了。"

儿子居然用"同理心"来解释这个问题。我觉得我们俩对话的质量很高。

儿子突然又问我："爸爸，如果你捡到一大笔钱，你怎么办？"我吓了一跳，"对啊，我捡到一大笔钱，我该怎么办呢？"我们常常用道德规则要求别人，振振有词，可却很少把自己置于这种情境之下，或者像老美一样，总喜欢双重标准。

儿子步步紧逼："我记得你们俩捡过钱的，很早的时候。"儿子循循善诱地提醒我。

我想起来了，我怎么会忘记呢？在家里，我们曾经不止一次回忆那次捡到钱的快乐。那个时候，我和妻子还在读大学，我们刚刚恋爱，有一次去巢湖她阿姨家，回来的路上，我们买好车票，两个人弹尽粮绝，买瓶水的钱都没有。我们很疲倦，精神很差，都快撑不住了。等车还要一段时间，我们就在街上瞎逛，几乎在同一时间，我们看到了地上的一卷钱，像是上帝送给我们的礼物。

现在记不起来是谁捡起来的了，但却真切地记得当初的那份快乐。一张 50 元，一张 20 元，一张 10 元，总共 80 元。那时候，80 元很大了！就这件事，我们夫妻俩回忆了无数次，一说起来，就高兴得不行。常常在困难的时候，我们就回想到这件事，我们把这看成是我们的机遇，是天无绝人之路，是上帝对我们的垂青。我们全然没有想起我们的快乐是建立在别人的痛苦之上。

而且，我们说起这件事时，从来都忽视了孩子，尽管他小，但却把这件事牢牢地记在脑海中了。我们无形中对孩子进行了反道德教育。由此，我又想起了很多。

比如我们非常讨厌孩子说假话，但孩子说假话难道不是我们自己培养出来的吗？有时候，孩子说假话并不都被我们否定，反而得到我们很高的"奖赏"，甚至我们都在鼓励孩子说谎。孩子摔倒了，疼，说不疼，就被我们夸奖为"勇敢"；打针时，疼，说不疼，同样被我们夸奖为"勇敢"。孩子的谎言就这样被我们造就了。要知道孩子也有表达疼痛的权利。

当一个两岁的孩子把头蒙在被子里，高嚷着"我没有了"，他已经在和大人的嬉戏中运用这种智慧的说谎。而当母亲佯装找不到他，自言自语地东搜西寻时，小孩子最终一掀被子得意地喊道："我在这里！"这时，母亲的惊叹就给了儿童一个"智慧谎言奖"。

直到有一天，等我们的孩子长大成人了，我们突然换了一种话语体系，重新认定孩子真实的谎言，告诉他们在大人的世界里，一定要诚实，否则就像说"狼来了"的孩子一样遭受惩罚。但孩子的认知结构已经形成，于是，代沟形成了，我们为此承受了极大的痛苦。

于是，我郑重地向儿子道歉，并互相承诺，以后捡到钱，我们都绝不据为己有。因为在我们的内心里，那个二年级的小姑娘赵怡，就是我们最好的老师。

还是在那天晚上，妻子告诉我。几天前，儿子在生态园玩，捡到过5块钱，当时非常得意，就放在自己口袋里了。我于是乘胜追击："儿子，上次你捡到钱好像没有上交啊？"儿子说："那几天，我手头有点紧。以后不会了，我保证。"这种江湖习气的话，让我们大笑不止。

从儿子的金钱观入手，我们给孩子确立了一些规则：

1. 粗野、粗俗的行为不能有，比如走路摇摇晃晃，吹口哨。

2. 自己的东西自己有支配权，别人的东西没经过别人的同意，不要动。

3. 从哪里拿的东西一定还要放回哪里，便于下次寻找；借人家的东西第一时间记得要归还。

4. 公用的东西，谁先拿到谁先使用，后来者必须等待。

5. 永远不可以打扰别人，无论是什么正当的理由，必须学会换位思考。

6. 做错事第一时间要道歉，否则就是两次犯错。别人犯错了，也有权利要求他人道歉。

7. 凡衣服覆盖的地方，不要去触摸别人，也不允许别人触摸自己。

8. 不轻易许诺，一旦许诺，就一定要勇于守信。

[6]

要注意孩子青春期爱的教育

孩子青春期到来，如何与孩子交流，引导孩子走出青春期的迷雾，这是一个大难题。而且，我觉得很可能要因人而异。

比如有的人倾向于给孩子直观的青春期生理卫生教育，告诉孩子什么是性器官，什么是性生活，怎么怀孕，怎么生孩子。

这样做的好处是，所有的难题一清二楚；坏处就是很少有人能够做得到。

小时候，我们全家一起看电视，一看到亲热的镜头，孩子就会闭上眼睛，这个习惯一直保存了好多年。记得五年级的时候，有一次看《佳片有约》，快要到了亲吻镜头，儿子又自然地闭上眼睛。我说，儿子，你长大了，能够看了，你睁开眼睛吧。到了一定的时候，我们还是要直接面对。

我觉得最好的办法是现身说法，用文字的方式，把自己青春期所走过的道路和盘托出，争取给孩子一些借鉴，毕竟我们的经验比孩子多那么一点。

我推荐儿子阅读我的一篇文章《回乡偶书》。文章中有这样一些片段。

还记得哥哥情窦初开的时候，思念隔壁村的一个女孩，常常问我那个姑娘好不好看，单相思的苦恼折磨着他。可惜，那个时候我没有开化，对这样的问题实在没有兴趣，常常敷衍了事。很多年之后，当我青春勃发的时候，我特别喜欢回忆当年哥哥所说的一切，在某种意义上，是哥哥开启了我的青春期，并帮助我走过了那段难熬的青葱岁月。

犹记得一个夏夜，很多人在我们家门前纳凉。我家是村庄的第一家，门前就是开阔的田野，一望无际，晚上，风从田野里野野地吹过来，昆虫的叫声此起彼伏，还有一片蛙声。老槐树开满了花，花蕊落了一地，香味就从地上浮起来，汩汩而起。有一天晚上，我问一个结过婚的男人，孩子究竟是怎么来的。那家伙哈哈大笑，说，你以为孩子是从肛门里生出来的，那还不臭死了。电光石火，我从此明白过来。

还有一段时间，我对女人的身体充满了好奇，这种好奇折磨着我，有一天好像是看露天电影回来，一路上我都不忘记电影中女主角的美丽。哥哥突然告诉我，女人和男人并没有什么两样，至多也就一两块骨头不同而已。这句话让我猛然醒悟，从此把这段痴迷放下，开始好好读书，刻苦做人。

可是现在，哥哥老了。他有两个孩子，一儿一女。我还记得晨晨出世的时候，哥哥正在外面放牛。母亲让我去找，那时正下过一场雨，地上的青草绿得逼人的眼睛，稻田里的水到处流淌，哗哗地响。我老远看见哥哥，就大声喊，哥哥，你快回来。哥哥一向不喜欢我的大惊大乍，竟然不肯理我。我实在急了，就喊，哥哥，你生孩子啦，还不快回来。哥哥一惊，仿佛被雷电击中，他想让牛走得快一点，牛居然不肯走。哥于是丢了牛，就往家跑。

我没有和儿子正面进行过性教育，但从那以后，孩子顺利地度过了青春期，尽管也有偷着洗短裤、偷看情色电影的经历，但也无可厚非。

爱情教育，是在初二开始的。

儿子对我的一篇文章很感兴趣。他不知道那其中的人物，是不是他的妈妈。

那篇文章叫《红嫁衣》。

那件红嫁衣就那样静静地躺在我的对面，软软地夺目，似乎还牵连着女人的清香。我知道那一定是某个女孩落下的，因为茶楼里的人已经走得差不多了，于是，我就把衣服收拾过来，静静地品着茶，等待。

衣服是真丝制品，质地很好，做工也很考究；衣服的标识还在，应该是一件新衣。由此可见，失主一定是一个粗心的女孩，要不然怎么会丢呢？因为女人爱衣服就像男人抽烟，有瘾。

这件莫名其妙的红嫁衣，引起了我很多遐想，也许小说、电影里的爱情故事，也会在接下来发生。都说女人的深情和男人的期待都是一种美，我感觉自己就像童话里的王子，在淡雅朦胧的茶香里，守候着一份不确定。

一个女孩急匆匆地走了进来，马尾巴一甩一甩，"毛主席万岁！"我差一点喊了起来，那是怎样的一种美呀！女孩黑玛瑙般的大眼睛上，长睫毛不停地颤动，像飞蛾的翅膀；嘴角的一抹浅笑，就像我眼前的那杯茶，幽香清澈，又意味深远。

女孩一步步走了过来，我只觉得不能呼吸，一种强大的电流穿过了我的心！我拿起衣服，站了起来……然而，然而丁香一样的女孩却从我的身边轻轻地、轻轻地飘了过去……

给你一万年，你能想象这种巨大的失落吗？一秒钟我就经历了沧海和桑田的转化。我的脑子很乱，拿着那件衣服，就像个小丑。当时茶楼里正弥漫着一首歌："你知不知道思念一个人的滋味，就像喝了一杯冰冷的水，然后一点一点地把它流成热泪……"

"叔叔，我来讨衣服！"一个男孩站在我面前。

我从迷梦中惊醒过来，我问："是这件红衣服吗？"

"对，是我姑姑的衣服。"男孩好像用眼光在搜寻他的姑姑。

"你……你姑姑为什么没有来？"

"来了，她没敢找你要，是她叫我来的。"男孩似乎有点不高兴。

"为什么你姑姑不敢来要呢？"我不想就这么让小家伙把衣服拿走。

"姑姑说，你是她学校的老师，她认识你……"

原来如此……

我拉住那个可爱的男孩，在他两个口袋里都塞满了糖，然后，把那件红嫁衣叠得整整齐齐，说："快去找你姑姑吧，小家伙！"

一年之后，我收到一封信，一个大学女生给我的信。后来，我们鸿雁传书，再后来，她成了我的妻子。新婚后，我常常要问她那件红嫁衣的秘密，可由于她的搪塞，最终我都无法得知。她只和我说："一个满含期待的男子，我放不了；一个把衣服叠得整整齐齐的男子，我也忘不了，就这么简单。我不能负你，我又怎么能负你呢？"

这篇文章是我很多学生所喜欢的，儿子也不例外。也许他也代表着其他的孩子来追问我。

我给他讲述了我和他妈妈的爱情故事。

你妈妈比天使还要美丽，还要善良，我们白手起家，结婚只买了一瓶摩丝，我帮她梳的头，打的回家，就是结婚了。所有的嫁妆都是娘家带过来的，包括妻子的首饰。

我们很贫穷，真的很贫穷，有一次，一个星期我们没有一分钱，但咬咬牙，还是挺过来了。我们精神上还是富有的。有一次你妈妈生日快要到了，我们逛芜湖新百大厦，你妈妈看中了一件衣服，可是那衣服太贵了，我们只好灰溜溜地回家了。

但我真想买下来,作为你妈妈的生日礼物。后来鬼使神差地,我在《芜湖晚报》上看到一则启事,新百大厦搞了一项活动"我与衣服的故事",题材不限,获得第一名的参与者,可以在新百任意挑选一件衣服。

得到这个信息,我欣喜若狂,下定决心,一定要获得一等奖第一名,给你妈妈把那件衣服赢回来。但是越着急,就越写不出来,我急得满头大汗。直到倒数第二天,我才获得灵感,一挥而就。可是截止时间快要到了,于是,我决定第二天直接坐车送过去,这样就能保证赶得上比赛。

没想到那天晚上,下了一场雪,漫山遍野都是厚厚的积雪,第二天还在疯狂地下,纷纷扬扬,不可遏制。我根本去不了芜湖,汽车根本不可能开,邮件当天也无法到达。我这篇信心满满的文章,终于没能给你妈妈赢回那件漂亮的衣服。但这又有什么关系呢?你妈妈那天晚上,幸福地对我说,这篇文章是她生日最好的礼物。孩子,我告诉你,这就是爱情,爱情中有节制,更有情感。

那以后,我介绍儿子看了不少爱情方面的作品,提高了启元对爱的认识。

在一个人的教育中,情感起着重要的作用。道德告诉人们应该怎样做,情感则告诉人们愿意怎样做。而主导这所有一切的不是别人,正是一个伟大的母亲。那么父亲呢?父亲,是孩子通往外部世界的引路人。在教育孩子的过程中,无论是性格培养,还是情感教育,无论是知识训练,还是道德品质的培养,父亲都产生巨大的影响。父亲和母亲组合在一起,在充满爱的温馨的家庭中,教育与快乐是联系在一起的,父母在教育子女的过程中,不仅尝到了甘苦,而且与孩子一起得到成长。父母的爱,加上孩子的成长,全家人的彼此搀扶,使得这种爱更加深化。

[7]
孩子有选择不优秀的权利

很偶然看到一个故事。

一个欧洲商人在太平洋的一座小岛上发现一个老者手编的草帽很漂亮，每只售价20比索。商人想要倒一些到欧洲去卖，便问老者："如果一次买一万顶，每顶可以减价多少？"

老者的回答，石破天惊，他说："如果是那样，每顶还要多加10比索。因为编一万顶相同的帽子会让人乏味而死！"

我爱死了这个老人，这种浪漫的追求，让我如饮甘醇。

社会上有这样一些人，他们做事并不以追求物质利益为最终目的，而只为了追求美好的内心感受。由此，我想到我们的教育，很多时候，那种竞争性、淘汰性、功利性的教育让一些孩子生不如死，我们从来没有给过孩子一种浪漫完整的教育。其实，每个孩子都有选择的权利，包括他选择不优秀的权利。

然而，我们的孩子却从来没有选择的机会。父母和老师越俎代庖，用社会的价值准则，代替了孩子的本真追求。当孩子感觉到不是在为自己而活，不是在为自己的理想而奋斗，而是他人的傀儡和附庸，是代替他人而活的工具，甚至自己越奋斗，离自己的人生理想反而越来越远，这种人生还有什么滋味？

作为寓言的故事，是大人说教的好帮手。比如《坐井观天》的寓言，明显是要小青蛙变得更加优秀，不要眼界狭隘，所见有限。但我们想想看，如果说那口井不是最适合青蛙的，但我同样敢断言，大海同样也是不适合青蛙的。大海里有淡水吗？大海里的暴风恶浪，小青蛙能够承受得了吗？还有大海里的弱肉强食，青蛙准备好了吗？很多时候，一些宏大叙事不一定属于真正的生活。

最好的教育，根本没有固定的标准。"教育要顺应儿童的天性"，适合儿童的，才是最好的。如果为了迎合某种目的，强迫学生接受他人规定好的所谓的优秀教育，那么，教育就成了一种外在于人的控制力量。一旦教育不能顺应孩子的个性和兴趣，孩子的本性和身心就会受到抑制，那么，不管这种教育如何规范有效，本质上都是失败的教育。

其实，优秀一词，本来就是相对的。更何况优秀总是和不优秀，甚至平庸相比较的，那么，为了少部分人的优秀，逼迫很多孩子陪同他们悲壮地送行，是不是会导致很多孩子的水土不服？

我常常和学生说，教育最大的残忍在于，一旦我们失败了，我们就是用人生最美好的青春年华和最缺乏的金钱，在证明给世人看，我很笨，我不够优秀，我平庸，他们都比我行。这是不是一种残忍？

但假如我们每个人不再只是被动地等待别人告诉你应该做什么，而是自己主动地选择，主动了解自己需要什么，并且规划它们，然后全力以赴地去完成。这样的人生才是属于自己的，也是有意义自主的人生。

一直以来，我心中理想的教育是，让孩子们眼界开阔，精神舒展，灵魂自由。帮助孩子，让他们意识到自己需要什么，并让他们独立给自己的人生赋予意义。

是的，生命是孩子的，我们没有谁能为他决定，孩子有选择自己不优秀，甚至有选择自己平凡的权利，没有谁能够干涉，哪怕是他的父母，哪怕以挚爱的名义。当然，这一点的前提是，孩子必须有自己的追求，并为自己的追求付出努力。

优秀不是一种罪，平凡也不是一种错。换一个角度来看，一个平凡的孩子可能更会享受到生活的闲暇和快乐。

在央视的《社会记录》节目中偶然看到"春丽的故事"。

春丽是日本一匹赫赫有名的赛马，但它的成名，不是因为它成绩卓著，而是因为它压根就没有赢过一次。当它迎来第100场连败时，国家电视台NHK做了专题报道，春丽一夜间在日本家喻户晓。越来越多的人专程来看它、呵护它、爱它。它的第106场比赛，在公众的呼吁下，全日本最优秀的骑师选择与它搭档，所有人都希望它能赢得一场比赛，日本首相也为春丽祈祷。然而这场比赛，春丽仍然是倒数第二。但大家非但不厌弃它，反而更加喜爱它。人们继续为它摇旗呐喊，为它高唱《春丽之歌》。

那么，问题来了，日本这个社会何以喜欢一匹屡战屡败的马？何以崇拜一个标准的失败者呢？

道理也许并不复杂，日本公众并不同情赛场上的弱者，他们看重的是春丽不懈的努力。一匹从来没有赢过的马，每次出场都能精神抖擞，尽全力奔跑，从不灰心懈怠。仅此一点，它就应该获得尊重。

其实不是马，更多人在春丽的身上看到了自己。优秀者毕竟是少数，冠军桂冠也只有一个。绝大多数的人，只能像春丽一样，即便奋力奔跑，终其一生也只能在失败中度过。但日本人的可贵之处在于，能从失败者身上找到力量，以此激发自己，砥砺自己，改变自己的精神面貌，整个民族都因此而昂扬向上。

留学日本的鲁迅曾经写过：我每看运动会时，常常这样想，优胜者固然可敬，但那虽然落后而仍非跑至终点不止的竞技者，和见了这样的竞技者肃然不笑的看客，乃正是中国将来的脊梁。

孩子能否优胜并不重要，能否获得冠军更加不是目的，重要的是，你的孩子能否如春丽一样奔跑。

[8]

不要揪孩子的小辫子

是孩子就会犯错误。孩子犯错误，连上帝都会原谅。但有些家长就是喜欢死缠烂打，揪住孩子小辫子不放，不断拿来说事，总想毕其功于一役。很多孩子说，爸妈平常显得很民主，最喜欢对我说：做错了事没关系，只要你承认错误，努力改正，我们就不会惩罚你。看着爸妈真诚的脸，我就实话实说了。爸爸和妈妈当时很守信用，并没有责备我。但是等到下次，我犯了另外一个什么错的时候，我爸妈一定会说：上次你犯什么事，我们都忍气吞声，并没有惩罚你，你屡教不改，脑子里到底在想什么啊？在总结了数次经验后，我终于得知，只要自己做过的错事，永远不会一笔勾销。爸妈只是当时忍着没有发作。只要哪天又出了点儿什么差错，他们就会把过去的陈芝麻、烂谷子都重新抖搂出来，重新算总账，包括你说实话已经被"原谅"了的错误。

那么，家长为什么这么不守承诺呢？

没有哪个家长不希望自己的孩子是完美的，真诚、善良、聪明、勤奋、热情、开朗、勇敢……家长希望这世界上所有最美好的品质都能呈现在孩子的身上。可是，为什么家长要给孩子充当反面教材，对孩子进行反教育，出尔反尔，翻脸不认人？

我们常常走入这样一个怪圈，家长不信任孩子，所以对孩子失信；而孩子因为家长不守信用，不相信家长的承诺，进而不再信守对家长的承诺。然后家长就对孩子更没信心了……这是典型的恶性循环。其结果就是家长和孩子彼此失望，隔膜和冲突不断发生，家长失去威信，对孩子越来越失望。而孩子看到家长翻脸比翻书还快，自然对他们失去最后的信心，为了掩盖自己的问题，他们学会了说谎、不守信用。但孩子把所有的事情都藏在心里，自然会和家长产生严重隔阂，等到青春期到来，两者就会严重对立起来，所谓孩子的逆反心理，常常是因为大人对孩子揪小辫子，不信守承诺而引起的。

有一个故事很有意思。

在一辆破旧的绿皮火车上，一个美女急匆匆地想上厕所，没想到厕所的门竟然是坏的。美女非常着急，看到旁边还有一个短发的男人，实在忍不住了，红着脸，对男人说："先生，能不能帮我看看门，我上一下洗手间？"男人答应了，一种神圣的责任感涌上男人的心头，他认真帮助女孩子守卫着大门。

女孩子出来了，再次向男人表示感谢，还忽闪着含情的大眼睛。男人心动神摇，在下一个站点，男人下车到公安局自首去了。

原来，男人是一个逃犯。在那一刻，男人感受到了一种女性的美，一种被信任、被尊重的感觉，实在太好了。如果，自己不是一个逃犯，也许美好的爱情，就会在火车上邂逅和产生。于是，他勇敢地自首了，争取早点出来，做一个有尊严的、被人信任的人。

我在这个故事中，读出了两个层次。第一是信任。因为女人的信任，一个逃犯被照亮了，进而投案自首，这是一种什么样的力量？如果我们家长能够无条件地信任孩子，相信孩子会向善，相信孩子能够自我规划，自我成长，不管经历多少挫折和反复，孩子不会因为诚实地承认过错得到惩罚，家长也不会秋后算账，那么，孩子还有必要说谎吗？孩子有什么事还会瞒着家长吗？第二，我想的是，假如那个女孩知道这个男人是逃犯，还会不会信任他？答案肯定是否定的。

因此，信任固然重要，但有时候对别人的过错一无所知也很重要。我们最好闭上一只眼，不要太在意孩子犯的无伤大雅的小过错，就算知道，也当作蛛丝一样轻轻抹去，过去就过去了，引导孩子永远往前看，我只看到孩子现在的样子，未来的样子。至于孩子过去犯的过错，包括过去取得的辉煌，因为都是过去时了，就显得无关紧要。

启元常常犯错，我们总是原谅，因为我们都知道他是一个内心善良的好孩子，他有点拖拉，有点粗心，有点自大，这些只是他的个性，他也在努力改，我们只需要看到他的进步，及时表扬就好了。

那么，作为家长，如何真正做到对孩子信守承诺呢？

1. 把握底线。孩子无关品质的过错，家长都要原谅。但应该让孩子清楚底线，让他们懂得，家长的原谅不是必然的，只是源于对他的信任，而他也应该值得家长信任。

2. 不要轻诺。家长随意地承诺，又轻率地失信，会严重损伤家长在孩子心目中的威信。家长在承诺之前，一定要确信自己能做到，绝不能敷衍了事。如果没法答应，也要认真地和孩子商量，争取获得孩子的理解。

3. 不提附加要求。很多家长承诺孩子的时候，总喜欢附加一些要求，这样做很不划算。孩子会认为这是一种交易。孩子不会在交易中获得品行的发展。另外,当附加条件很难实现的时候,承诺就成了一纸空文,没有任何意义。孩子会觉得被愚弄,产生挫败感。在孩子的眼中,实现不了的承诺和不守承诺,两者没有任何差别。

4. 学会道歉。因为不可预见的原因,导致家长失信于孩子,这是一个重大事件,家长应该郑重其事地向孩子道歉,解释原因,并和孩子协商,给孩子适当的补偿。这样孩子就会理解,家长是重视承诺的,家长是有信用的。而作为对等的另一方,在未来,孩子也会信守他们的承诺,并会为他们的承诺负责任。

梁丰生态园留影:我是你肩上的明珠,你是我心灵的烛光。

第六辑　让孩子会读书、爱写作

[1]

让孩子成为一个小书虫

犹太人为了让孩子喜欢阅读,在书上涂上蜜,让小孩子从小就知道书是甜的,从骨子里开始喜欢书,喜欢阅读。

这样的书,目前我们还买不到。不过,没关系,我们完全可以创造条件,让孩子感觉到书是甜的。

我带启元走上阅读之路,就很有可借鉴之处。

启元很小的时候,我就给他买了很多卡片,花花绿绿的图片。启元拿在手里玩,有时候还用嘴咬,弄得到处都是口水。没事,就是给他玩的。

后来,孩子开始看《动物世界》,一下子对动物产生了浓厚的兴趣。我就开始买动物方面的书,疯狂地买,有多少买多少。在我看来,只要孩子喜欢上阅读,教育就算成功了一半。

孩子对动物的喜爱一直延续了好多年,但那又有什么关系呢?喜欢动物,也是亲近自然的一种方式。

后来,小启元开始喜欢奥特曼,我又买了很多奥特曼的书,孩子看完了电视,没有看了,就用书来追根刨底。书是拼音版的,既是学习,也是阅读。

再后来,儿子又开始喜欢悬疑侦探小说,我给他买了《福尔摩斯探案全集》《阿加莎·克里斯蒂作品集》《名侦探柯南全集》,孩子埋在书的天地里,沉醉不知归路。

这个时候买书,我全是根据启元的兴趣。也就是说,孩子的阅读首先是兴趣阅读,作为家长首先一定要保护好孩子阅读的兴趣,并把这种兴趣慢慢培养成习惯。没有阅读习惯,阅读就是空话。

我的导师孙文光先生的做法很特别,他总是买很多书,在家里到处扔,这里几本,那里几本,满地都是书。他们的愿望是,孩子在家里爬过来爬过去,也许某一天,在某一个角落里,孩子因为百无聊赖,随手拿起一本书翻看起来,从此就对阅读产生了浓厚的兴趣。老师的几个孩子都是吃文化饭的。大儿子孙科是安徽一家报纸的主编,女儿王焰是华东师范大学出版社的社长,小儿子孙川30岁不到,就在美国获得了双博士学位。

孙老师的阅读培养方式,看似无心自然,实为巧夺天工。

首先是要孩子对阅读产生兴趣,兴趣是最好的老师,也是促使孩子阅读的最大保证。但兴趣阅读常常是随意的、片面的、情绪化的,一些真正有意义、有价值的经典作品,孩子却不一定有兴趣。由此看来,阅读仅仅靠兴趣来支撑,长此以往,很难取得良好成效。

因此,家长的阅读指导,不能完全迁就孩子的兴趣,而应该在激发兴趣的同时,在孩子逐渐培养起了阅读习惯之后,注重阅读意志的培养和磨炼,促使孩子从兴趣阅读向意志阅读攀升。

启元三年级了,有一天又要买猎奇的书,我知道时候到了,儿子应该从兴趣阅读转向意志阅读了。所以,坚决不让步,而是给他买了曹文轩的《草房子》,儿子气呼呼的,一路上都不理我。

回去的时候,我告诉他:"儿子,书已经买了,你读到20页,如果还是不喜欢,你爸爸马上就把这本书从楼上扔下去。"儿子没办法,硬着头皮,趴在沙发上心不在焉地往下读。

我赶紧离开了,把大大的阅读空间交给孩子。其间,我偷偷地看了看儿子,已经调整好了姿势,读得津津有味。我觉得很不够,又等了一会儿,故意把脚步声弄得很大,出门和儿子说:"20页到了吧,让我把书扔掉吧!"儿子死死把书压在下面,书,我怎么也抢不下来了。

过年的时候,儿子主动和我说:"爸爸,今年过年,我不要压岁钱了,你送我一套曹文轩的书吧。"我欣喜若狂,马上上街,把曹文轩的8本书都买来了。有一天,儿子在看《青铜葵花》时,大颗大颗的泪珠滚滚而下。他还背着我们偷偷揩眼泪,不好意思。

我非常感动,对儿子说:"儿子,就因为你今天的眼泪,我就特别喜欢你。你是一个多么美好多么善良的孩子,如果今年期末考试考得不好,爸爸保证不怪你。"一个善良的孩子,和一个智力超群冷漠的孩子,我肯定要选前者。

后来，有一次，我要去连云港听曹文轩报告，儿子再三叮嘱我，一定要弄到曹文轩的签名，还要两个，他要赠送给朋友一个。我和曹文轩说了这个故事，曹老师很高兴，大笔一挥，我心里的石头落地了，我终于完成了儿子交给我的光荣任务。人生还有比完成儿子嘱托更愉快的事吗？

从兴趣阅读转向意志阅读之后，我又巧妙地把儿子的意志阅读又转化为兴趣阅读。下一步，我有意识地开始引导孩子进行经典阅读。而且所有的经典阅读，我们都是全家一起上，我们把亲子阅读和经典阅读结合在一起了。

为什么要阅读经典作品呢？

朱永新先生说："一个人精神的发展史，就是他的阅读史。"通常一个人只有几十年的阅历，很狭小的生活空间，很难支撑人精神世界的大厦，因此，必须借助阅读来丰富心灵，提升精神品格。阅读什么？当然是阅读经典。

由于人类的文明和文化，除了少部分以物化的方式延续下来，更多的是蕴藏在经典作品中。一代一代的人把那个时代的精神，把那个时代的高峰用文字记录下来，所以经典作品能经受时间的考验而历久弥新，并最终成为我们精神的源泉和维生素。

而且经典作品，还以经典的方式触及、思考和表达了人类生存的基本问题，其深度和广度为后世所难以超越，并能给人永恒持久的魅力。经典作品还能给人关于全部人类文明社会几千年的历史和文化，给人丰富深厚的人生体验。另外经典作品中包含着对生命价值、生活意义，以及得失荣辱、贫富贵贱、安危穷达、爱恨善恶的深刻思考，积淀着人类几千年关于人生的思索和生活的智慧，能很好地抚慰和赞助人类单薄的生命。因此在《巴黎圣母院》中我们看到了什么是美，什么是丑；在《安徒生童话》里面，我们读到了什么是同情，什么是爱心；在《老人与海》中，我们认识了什么是坚强，什么是坚韧，"人生，不是用来打败的！"更是掷地有声……

经典阅读给人的阅读体验，就像林语堂所言，"是灵魂的壮游"。接受经典，珍惜经典，是文明的标志，也是创新的开始。因此，阅读经典无疑成了我们涵养人文的最佳途径。

在读完曹文轩的全部作品之后,儿子问我,还有哪些作家和曹文轩一样出名。这个时候,我介绍房龙的《宽容》,法布尔的《昆虫记》。慢慢地引向《鲁滨孙漂流记》《双城记》,到初中的时候,孩子已经开始阅读《约翰·克利斯朵夫》《静静的顿河》《基督山伯爵》《安娜·卡列尼娜》《复活》等经典大部头著作,到了初三,孩子把译林出版社所列出的经典作品,看了三分之二还要多……

一切美好得不可思议,孩子就这样成为一个读书人。从兴趣阅读转向意志阅读,从功利阅读转向经典阅读,从家庭共读转向一个人探究……

我常常想,这样的阅读经历,对孩子的灵魂产生了多么高贵的影响!孩子明亮的笑声中,包含了巨大的憧憬,对生命的信心、感激和热爱,不管未来的路如何坎坷、崎岖、不平……谁也不会怀疑,启元会变得勇敢、善良、诚实,他会从经典作品中获得营养,他要对得起它,不辜负它!他绝不会堕落,绝不会庸俗,也绝不会随波逐流……

[2]

让孩子的阅读课程化

启元喜欢阅读之后,我千方百计地引导他朗读。

有一本书叫《朗读手册》,这本书改变了美国 20 世纪的基础教育,这本书的作者吉姆·崔利斯说:"让儿童爱上阅读,唯一而且最重要的方法是为孩子朗读起来。"

最好的朗读文字应该是诗歌,让孩子在童年爱上诗歌是无上之德。

儿子五岁的时候,我给他写了一首歌——《背着书包玩耍》:

背着书包玩耍

在上学的路上

数着糖纸和贴画

总也弄不明白

孙悟空和奥特曼

哪个更伟大

背着书包玩耍

在热闹的操场上

快乐地玩沙

天真从指尖慢慢流过

心情就像野草小花

背着书包玩耍

在放学的路上

思想变成了野马

书包还是不敢放下

害怕老师要打

妈妈要骂

背着书包玩耍

像蜗牛一样上学

像小兔一样回家

也有很多疑问存在小小的脑袋瓜

白天的星星去了哪里

太阳是不是月亮的爸

背着书包玩耍

在人生的旅途上
青丝能否变成白发
有谁能告诉我哦
为什么我们永远长不大

孩子很快就对诗歌产生了浓厚的兴趣，后来，我还编写了《摇曳在诗歌里的人生》诗歌课程，让孩子从诗歌里看到人是怎么长大的。生命如此美好，如此脆弱，如此忧伤。

儿童时期

小老鼠，上灯台

小老鼠，
上灯台，
偷油吃，
下不来。
喵喵喵，
猫来啦，
叽里咕噜滚下来。

说明：适用于学龄前儿童。选择这首童谣的原因：一是没有作者，民间口口相传。二是朗朗上口，有故事，满足孩子的好奇心。三是有拟声词、动态词，适合于绘声绘色的表演。

同 情

[印度] 泰戈尔

如果我只是一只小狗，而不是你的小孩，亲爱的妈妈，当我想吃你的盘里的东西时，你要向我说"不"么？

你要赶开我，对我说道"滚开，你这淘气的小狗"么？

那末，走罢，妈妈，走罢！当你叫唤我的时候，我就永不到你那里去,也永不要你再喂我吃东西了。

如果我只是一只绿色的小鹦鹉,而不是你的小孩,亲爱的妈妈,你要把我紧紧地锁住,怕我飞走么?

你要对我摇你的手,说道"怎样的一个不知感恩的贱鸟呀!整夜地尽在咬它的链子"么?

那末,走罢,妈妈,走罢!我要跑到树林里去;我就永不再让你抱我在你的臂里了。

说明:适用于低年级。孩子最珍爱生命,物我同一的整体观和伦理观孩子最容易接受。这首诗歌能够让孩子产生很大共鸣,孩子会用同理心看待很多东西,这是同情心的源头。

毛虫和蛾子
顾城

毛虫对蛾子说:
你的翅膀真漂亮。
蛾子微笑了,
是吗?
我的祖母是凤凰。

蛾子对毛虫说:
你的头发闪金光。
毛虫挺自然,
可能,
我的兄弟是太阳。

说明:适用于低年级。欣赏这首诗背后的"大",凤凰以及太阳的意象,使这首稚嫩的诗歌有着非同寻常的背景,这类诗歌有助于培养孩子的"世界想象",能够使孩子自信、互相欣赏。

我是一只小蝴蝶
周梦蝶

我是一只小蝴蝶
我不威武,甚至也不绚丽
但是,我有翅膀,有胆量
我敢于向天下所有的
以平等对待我的眼睛说:
我是一只小蝴蝶!

我是一只小蝴蝶
世界老时
我最后老
世界小时
我最后小

而当世界沉默的时候
世界睡觉的时候
我不睡觉
为了明天
明天的感动和美
我不睡觉

说明:适合中年级。这个阶段,孩子的自我意识逐渐觉醒,这首诗表达了孩子与世界的关系:自信、平等,还有永恒的想象以及执着。

孩子给老师的请求书
[法]雅克·萨洛美

请教我们热情
请教我们发现惊奇

请不要只给我们答案
请启发我们去发现问题
请接受我们的疑问
请教我们尊重生命
请让我们学会交流
分享和对话
请教我们所有的
交流的可能

请不要只给予你们的知识
请让我们去发现真正的渴望
请接受我们的叛逆
和我们的探索

请教我们在生活中长大
请教我们找到最好的自己
请教我们去观察
去探究和触摸那些难以名状的东西

请不要只教我们知道如何去做
请让我们去体会
参与和责任
请接受我们的创造力
为未来设立航标

请让我们与世界认识
请让我们的理解
远远超越表象
请不要仅仅给我们

一些逻辑和一点真理
请启发我们去探寻意义
请让我们去漂泊和探索
教我们投入一次更热烈的生命

请认真对待我们的梦想
请整理好你们的批评和结论
请不要反对任何障碍
而应帮助我们克服
最重要的是
使你们有可能这样与我们一致

说明：适用于小学高年级。这时候孩子已经开始独立思考，而独立思考的标志就是"我不服从"。孩子的成长往往源于对大人崇拜的打碎，所谓不破不立。如果大人拒绝被打碎，甚至变本加厉控制孩子，其结果就是巧娘必有拙女。

少年时期

没有一艘船能像一本书
[美] 狄金森

没有一艘船能像一本书
也没有一匹骏马能像
一页跳跃着的诗行那样——
把人带往远方。

这渠道最穷的人也能走
不必为通行税伤神
这是何等节俭的车——
承载着人的灵魂。

说明：儿童时期的阅读，尽量呈现自然阅读状态，让孩子为兴趣阅读。少年时期，则应该引导孩子走上真正的阅读之旅，这种阅读意味着主体意识的自觉参与。借助书的翅膀，让孩子飞向明确的远方。

星星和蒲公英

[日] 金子美铃

在蓝天深处
就像在海底的小石子
日间的星星，沉落着等待夜晚的来临
在我们眼里是看不见的

虽然我们看不见，但它们存在着
有些事物看不见，但存在着

枯萎散落的蒲公英
静静地藏在屋瓦的缝隙里
它坚强的牙根，等待着春天的到来
在我们眼里是看不见的

虽然我们看不见，但它们存在着
有些事物看不见，但存在着

说明：少年时期，应该逐步让孩子意识到这个世界的神秘。这种认识，不同于小学生那种朦胧的浪漫的认识，而带有更多思考的性质。明白了"看不见"东西的存在，是真正意义上世界图景形成的开端。

我辞别了我出生的屋子
［俄］叶赛宁

我辞别了我出生的屋子，
离开了天蓝的俄罗斯。
白桦林像三颗星临照水池
温暖着老母亲的愁思。

月亮像一只金色的蛙
扁扁地趴在安静的水面。
恰似那流云般的苹果花——
老父的胡须已花白一片。

我的归来呀，遥遥无期．
风雪将久久地歌唱不止，
唯有老枫树单脚独立，
守护着天蓝色的俄罗斯。

凡是爱吻落叶之雨的人，
见到那棵树肯定喜欢，
就因为那棵老枫树啊——
它的容颜像我的容颜。

说明：少年时期，我们开始离家，要辞别我们出生的屋子。人唯有离家之后才能真正长大，但离家的我们何曾真正离开过家？除了全身心都有家的烙印，甚至我们自身就是自己的家。

热爱生命
汪国真

我不去想是否能够成功
既然选择了远方

便只顾风雨兼程

我不去想能否赢得爱情
既然钟情于玫瑰
就勇敢地吐露真诚

我不去想身后会不会袭来寒风冷雨
既然目标是地平线
留给世界的只能是背影

我不去想未来是平坦还是泥泞
只要热爱生命
一切，都在意料之中

说明：少年时期，一定会背负太多的期望和烦恼。少年立志当拿云，我们为理想奔跑，不管不顾，只把背影留给世界。成功不会欣喜若狂，失败不会心灰意冷。因为热爱生命，一切，都在意料之中。

谁终将声震人间

［德］尼采

谁终将声震人间，
必长久深自缄默。
谁终将点燃闪电，
必长久如云漂泊。

说明：少年时期，最渴望的是声震人间，是点燃闪电，但往往忘记了要做到这两条的必要条件，恰恰是长久缄默和如云漂泊。这是我最钟爱的诗，伴随着我走过青春期无数幽暗的岁月。

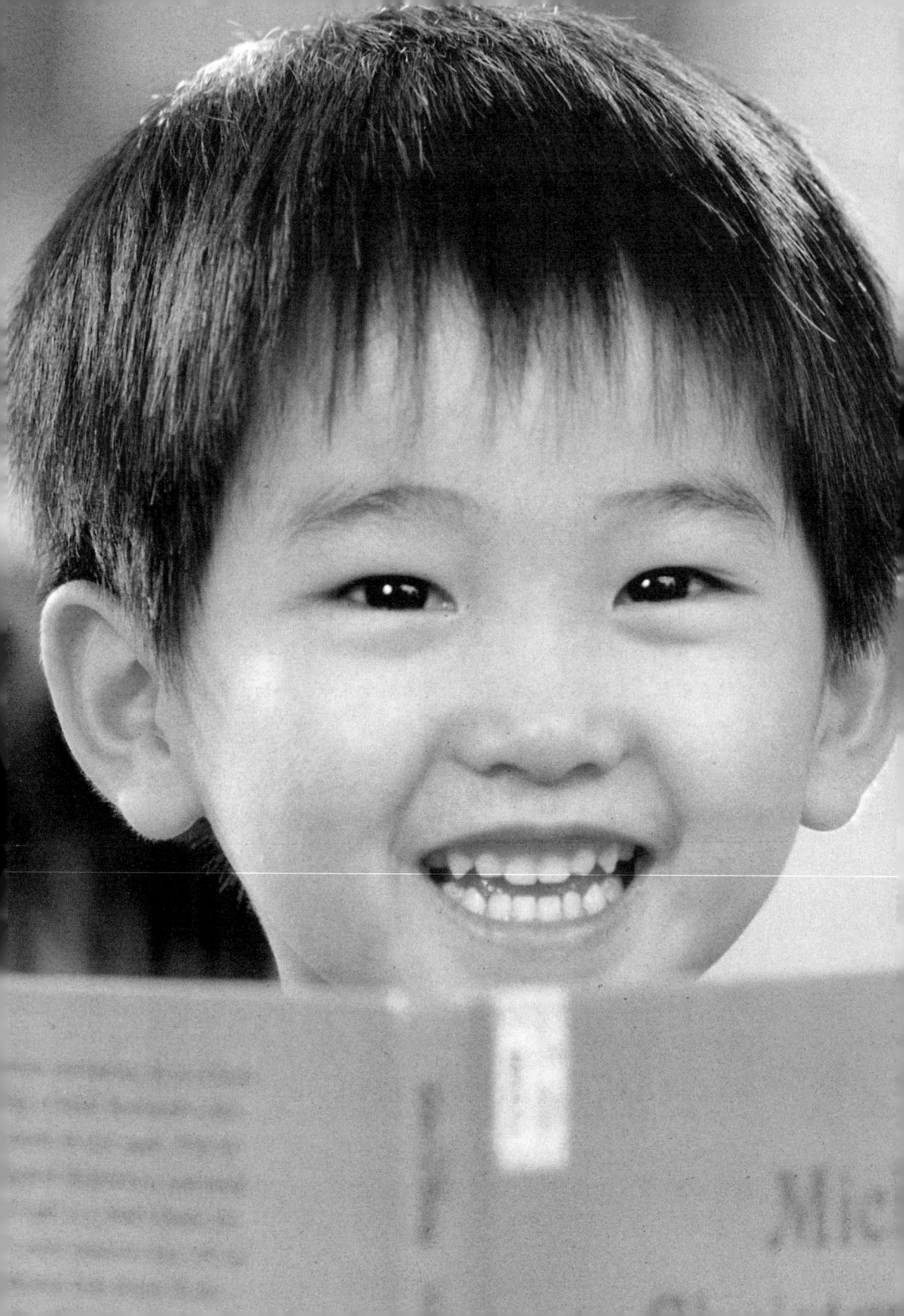

倘若才华得不到承认

汪国真

倘若才华得不到承认
与其诅咒　不如坚忍
在坚忍中积蓄力量
默默耕耘

诅咒　无济于事
只能让原来的光芒黯淡
在变得黯淡的光芒中
沦丧的更有　大树的精神

飘来的是云
飘去的也是云
既然今天
没人识得星星一颗
那么明日
何妨做　皓月一轮

说明：少年时期，如何正确看待挫折以及成人的漠视，耐得住寂寞，是成长的必修课。这时候，不要急着向世界证明什么，努力做自己，然后开出花来，圆满得像天空中静静的满月。

赠　品

[印度]泰戈尔

我要送些东西给你　我的孩子　因为我们同是漂泊在世界的溪流中的。

我们的生命将被分开　我们的爱也将被忘记。

但我却没有那样傻　希望能用我的赠品来买你的心。

你的生命正是青春　你的道路也长着呢　你一口气饮尽了我们

带给你的爱　便回身离开我们跑了。

　　你有你的游戏　有你的游伴。如果你没有时间同我们在一起　如果你想不到我们　那有什么害处呢？

　　我们呢　自然的　在老年时　会有许多闲暇的时间　去计算那过去的日子　把我们手里永久失了的东西　在心里爱抚着。

　　河流唱着歌很快地流去　冲破所有的堤防。但是山峰却留在那里　忆念着　满怀依依之情。

　　说明： 少年时期，当独立意识觉醒，孩子便逐渐要离开母亲的怀抱，但那有什么害处呢？正像诗里所说的："河流唱着歌很快地流去，冲破所有的堤防。但是山峰却留在那里，忆念着，满怀依依之情。"孩子始终要长大，那就平静地接受孩子的长大。海子说，儿子静静地长大，母亲静静地注视。

青年时期

为什么

席慕蓉

我可以锁住笔　为什么
却锁不住爱和忧伤

在长长的一生里　为什么
欢乐总是乍现就凋落
走得最急的都是最美的时光

　　说明： 青年时期，以朦胧的爱情开启，爱即忧伤。爱的开端，我们爱的，其实只是爱本身，是一个幻影，但这是人生成长浪漫期的必然积累。没有这个时期的浪漫，就没有以后人生的精确，浪漫是精确生命最好的滋养。

一棵开花的树
席慕蓉

如何让你遇见我
在我最美丽的时刻

为这
我已在佛前求了五百年
求佛让我们结一段尘缘
佛于是把我化做一棵树
长在你必经的路旁

阳光下
慎重地开满了花
朵朵都是我前世的盼望

当你走近
请你细听
那颤抖的叶
是我等待的热情

而当你终于无视地走过
在你身后落了一地的
朋友啊
那不是花瓣
那是我凋零的心

说明：这首诗写的是一种单相思。所有真正的爱，都由单相思开启。默默地爱一个人，远比被爱更为幸福。单相思，是青年之初的流行病，也是人生成长的必修课。

露伊莎

[英] 华兹华斯

（1805 年，写于陪伴她到山间远足之后）

在阴凉的树荫下，
我遇见可爱的露伊莎；
那少女像山林水泽中的女神，
为什么？我见了她不敢说话。
她敏捷而有力地跳过岩石，
就像五月间的小溪飞出山崖！

她爱她的炉火、茅舍的家，
也爱来回奔跑在沼泽山洼：
不管是冒着萧瑟悲凉的天气，
还是在狂风暴雨中挣扎。
看那闪耀在她面颊上的雨珠，
啊，我要是能把它亲吻一下！

当她沿着小溪迂回而行，
去寻觅那瀑布流霞；
我想，如果能在古老的山洞里，
或者在长满绿苔的角落坐下，
我愿意抛弃世上的一切，
只求片刻，依偎着她！

说明：还是单相思，爱情最初的萌生，如同露珠般清澈。与单相思结伴而行的，就是胡思乱想。每个爱着的人都是诗人，因为敏感，脆弱，热情，还有爱你如同爱生命。

公园里

[法]普列维尔　高行健 译

一千年一万年

也难以

诉说尽

这瞬间的永恒

你吻了我

我吻了你

在冬日朦胧的清晨

清晨在蒙苏利公园

公园在巴黎

巴黎是地上一座城

地球是天上一颗星

说明：这是写相恋的人一次接吻，朦胧的吻发生在朦胧的公园，公园在巴黎，巴黎是地球上一座城，地球是天上一颗星。就是说，这一对恋人的接吻是宇宙间惊天动地的一件大事。很欣赏这中间的宇宙意义，不妨比较童年时代的世界意识。

星星们动也不动

[德]海涅

星星们动也不动，

高高地悬在天空，

千万年彼此相望，

怀着爱情的苦痛。

它们说着一种语言，

这样丰富，这样美丽；

却没有一个语言学者

能了解这种言语。

但是我学会了它，

我永久不会遗忘；
供我使用的语法
是我爱人的面庞。

说明：这是一首非常深沉的恋歌。凭什么说星星怀着爱情的苦痛？那是因为我有着同样的苦痛。凭什么我能学会星星的语言？因为在无数个星空，我的相思中都有爱人的脸庞。更重要的是，她也像星星一样动也不动。

偶　然
徐志摩

我是天空里的一片云，
偶尔投影在你的波心——
你不必讶异，
更无须欢喜——
在转瞬间消灭了踪影。

你我相逢在黑夜的海上，
你有你的，我有我的，方向；
你记得也好，
最好你忘掉
在这交会时互放的光亮！

说明：青年的爱，往往不很成熟，可能深沉热烈，也可能转瞬便消灭了踪影。这里的"爱"可能是指爱情，也可能指理想和志愿。重要的是，所有的追求和失去，都是甜蜜的回忆，征程即真经。

我爱这土地
艾青

假如我是一只鸟，
我也应该用嘶哑的喉咙歌唱：

这被暴风雨所打击的土地，
这永远汹涌着我们的悲愤的河流，
这无止息地吹刮着的激怒的风，
和那来自林间的无比温柔的黎明……
——然后我死了，
连羽毛也腐烂在土地里面。

为什么我的眼里常含泪水？
因为我对这土地爱得深沉……

说明：青年的爱不仅仅是给爱人的，那样的爱未免太纤弱。爱祖国乃至于爱人类，是一种更为博大深厚的爱，有这样的爱做背景，才不至于自恋或者蝇营狗苟。

等着我吧……
——献给Ｂ．Ｃ．
［苏联］西蒙诺夫

等着我吧——我会回来的。
只是要你苦苦地等待，
等到那愁煞人的阴雨
勾起你的忧伤满怀，
等到那大雪纷飞，
等到那酷暑难挨
等到别人不再把亲人盼望，
往昔的一切，一股脑儿抛开。
等到那遥远的他乡
不再有家书传来，
等到一起等待的人
心灰意懒——都已倦怠。
等着我吧——我会回来的，

不要祝福那些人平安:
他们口口声声地说——
算了吧，等下去也是枉然!
纵然爱子和慈母认为——
我已不在人间
纵然朋友们等得厌倦，
在炉火旁围坐，
啜饮苦酒，把亡魂追荐……
你可要等下去啊!千万
不要同他们一起，
忙着举起酒盏。

等着我吧——我会回来的:
死神一次次被我挫败!
就让那不曾等待我的人
说我侥幸——感到意外!
那没有等下去的人不会理解——
亏了你的苦苦等待，
在炮火连天的战场上，
从死神手中，是你把我拯救出来。
我是怎样在死里逃生的，
只有你和我两个人明白——
只因为你同别人不一样，
你善于苦苦地等待。

1941 年

说明:西蒙诺夫的这首名诗，是献给苏联著名艳星谢罗娃的。在苏联卫国战争期间广为流传，当时几乎每个红军战士的口袋里都抄有这首诗歌，其影响力甚至超过了《喀秋莎》。诗人把伟大的爱情与伟大的爱国之情融在一起。不断呼唤爱人等待自己，其实是不断说服自己，要有活下去的理由和信心，悲壮但不悲伤。

预 感

［奥地利］里尔克

我像一面旗被包围在辽阔的空间。
我觉得风从四方吹来,我必须忍耐,
下面一切还没有动静:
门依然轻轻关闭,烟囱里还没有声音;
窗子都还没颤动,尘土还很重。

我认出了风暴而激动如大海。
我舒展开又跌回我自己,
又把自己抛出去,并且独个儿
置身在伟大的风暴里。

说明:青年时期,必须有一种深刻的激情,一种投身于理想之中的壮阔,"认出风暴而激动如大海",然后,等自己来了,再原谅自己一生不羁放纵爱自由。

中年时期

如果我能使一颗心免于哀伤

［美］狄金森

如果我能使一颗心免于哀伤
我就不虚此生
如果我能解除一个生命的痛苦
平息一种酸辛

帮助一只昏厥的知更鸟
重新回到巢中
我就不虚此生。

说明：激情总是伴随着宏大叙事，但迟早有一天，我们会明白人生的意义在细节之中，而生命的意义，也不在别处，"帮助一只昏厥的知更鸟"，就是拯救世界。

答　复
海子

麦地
别人看见你
觉得你温暖，美丽
我则站在你痛苦质问的中心
被你灼伤
我站在太阳　痛苦的芒上

麦地
神秘的质问者啊

当我痛苦地站在你的面前
你不能说我一无所有
你不能说我两手空空

说明：没有经历痛苦的人生，绝非真正深刻的人生。痛苦，让我们对人生有真正深刻的质询，并在这种痛苦的质询中确认自我，找到归宿。

秋　日
[奥地利] 里尔克　北岛 译

主呵，是时候了。夏天盛极一时。
把你的阴影置于日晷上，
让风吹过牧场。
让枝头最后的果实饱满；

再给两天南方的好天气,
催它们成熟,把
最后的甘甜压进浓酒。
谁此时没有房子,就不必建造,
谁此时孤独,就永远孤独,
就醒来,读书,写长长的信,
在林荫路上不停地
徘徊,落叶纷飞。

说明:风吹过牧场,枝头的果实饱满,秋日的收获到来,人生也不例外。就算两手空空,我们还有大自然的馈赠,精神的丰饶,是我们意料之外的收获。

老年时期

当你老了

[爱尔兰]叶芝 袁可嘉 译

当你老了,头白了,睡意昏沉,
炉火旁打盹,请取下这部诗歌,
慢慢读,回想你过去眼神的柔和,
回想它们昔日浓重的阴影;

多少人爱你青春欢畅的时辰,
爱慕你的美丽,假意或真心,
只有一个人爱你那朝圣者的灵魂,
爱你衰老了的脸上痛苦的皱纹;

垂下头来,在红光闪耀的炉子旁,
凄然地轻轻诉说那爱情的消逝,
在头顶的山上它缓缓踱着步子,

在一群星星中间隐藏着脸庞。

说明：这其实是青年人的诗歌，但谁不希望这样老去呢？但是假若没有诗歌的滋润，便不可能真正拥有"朝圣者的灵魂"。

一粒沙子

[英]威廉姆·布莱克

一粒沙里看到一个世界，
一朵野花一座天堂。

把无限放在你的手掌上，
永恒在一刹那里收藏。

说明：沙子，世界。野花，天堂。在经历了纷杂的世事以后，世界就是如此简单，岂有他哉？

沉重的时刻

[奥地利]里尔克

沉重的时刻
此刻有谁在世上的某处哭，
无缘无故地在世上哭，
哭我。

此刻有谁在夜里的某处笑，
无缘无故地在夜里笑，
笑我。

此刻有谁在世上的某处走，
无缘无故地在世上走，
走向我。

此刻有谁在世上的某处死
无缘无故地在世上死，
望着我。

说明：我们无法说清楚人与人之间的神秘联系。想想那首《同情》，那是儿童的直觉，但此刻，一切豁然开朗。所有的故事都曾经发生过，所有的故事都是同一个故事，所有的故事都是我的故事。人与人的联系，任何时候都让我们敬畏并且战栗。

晚　钟
洛兵

晚钟敲响从城市的那边
飞来宁静的翅膀
有家的人请回你们的家
没家的人请走进那夕阳

晚钟敲响从夕阳的眼中
流出宁静的凄凉
爱我的人请过来一起歌唱
恨我的人请躲开那月光

晚钟敲响从新月的梦里
落下宁静的忧伤
生者依旧习惯地擦去泪水
逝者已矣请返回你们的天堂

晚钟敲响从天堂上面
传来星空的回荡
醒来的人，请守好你们的梦想
沉睡的人，请把一切遗忘

说明：这是一首妙处难与人说的诗。生命的悲凉与旷达，人生的忧伤和释然，融汇其中。在一个物欲横流的世俗社会里，一种哲学和宗教的情怀显得弥足珍贵。

吉檀迦利
［印度］泰戈尔

在我向你合十膜拜之中，我的上帝，让我一切的感知都舒展在你的脚下，接触这个世界。

像七月的湿云，带着未落的雨点沉沉下垂，在我向你合十膜拜之中，让我的全副心灵在你的门前俯伏。

让我所有的诗歌，聚集起不同的调子，在我向你合十膜拜之中，成为一股洪流，倾注入静寂的大海。

像一群思乡的鹤鸟，日夜飞向它们的山巢，在我向你合十膜拜之中，让我全部的生命，启程回到它永久的家乡。

说明：即便没有宗教传统，我们也未必不会拥有宗教感。死亡无需恐惧，"生者为过客，死者为归人。天地一逆旅，同悲万古尘"，让自己的生命在宁静中沉入梦乡，沉入永恒的记忆之中。想想看，没有诗歌，死亡怎么会如此安详？

[3]

和孩子谈谈童话

童话是启元小时候读过最多的作品，到了初中之后，有一天儿子突然告诉我，童话很多都是重复的。这句话狠狠地把我击倒了，为什么童话要重复？因为童话的规则很清楚，就是教育孩子要杜绝一些恶习，进而从善，最后过上幸福的生活。于是，我想起来，要和启元好好说说童话。

听过光良《童话》的人，自然都记得其中的一句歌词："你哭着对我说，童话里都是骗人的，我不可能是你的王子……"其实，"童话里都是骗人的"，只是一种修辞，它真正想要表达的应该是童话里不是骗人的。记得著名数学家华罗庚曾经对武侠小说有过一个经典的论断——武侠是成人的童话。那么，我也可以试着对童话做一个论断——童话是成人的寓言。为什么这么说呢？

这里的寓言可以看成是预演，你有什么样的童年，你就有什么样的将来。三岁看老，孩子最初的走向，就是他人生的走向。于是，在童话的阅读中，成人找到了自己，唤醒了自己，找回了懵懂的记忆，找到了丢失的玩具，也找回了丢失的童年时光。

童话故事的发展史，就是孩子的成长史。等到有一天，我们读不懂童话了，我们就真的老了。就像有人说，真正的死亡，不是心脏停止跳动，也不是脑死亡，而是我们不会用脚打拍子了。

经典的童话，不断被叠加，不断被书写，那背后一定藏有惊人的奥秘，以至成为我们人类的集体意识和集体无意识，成为我们共同的城堡和精神家园。比如小红帽的故事，全世界一共有1700多个版本，再比如灰姑娘的故事，版本更是数不胜数。人们不断地重述这个故事，就是想在这个故事中找到存在的自己，找到自己心灵的密电码。

每一个经典的童话都是在讲述一个母题，一个有关我们人类恶习的情结。通过童话故事让儿童明白这些恶习的罪，并通过故事让儿童认识这个缺陷，战胜这些缺陷，最终解决实际的冲突，走向孩子应该走向的地方。比如《白雪公主》探讨的话题就是虚荣，《灰姑娘》探讨的则是嫉妒，灰姑娘对于人生的抗争，前者帮助我们理解儿童，后者则为儿童指引人生方向。还有遗弃、还有贪吃等等主题。

以《白雪公主》为例子，我带着孩子探讨童话的结构。

首先是童话中的妈妈为什么一定得死。母亲的死亡在童话故事中极为常见。《白雪公主》《驴皮》和《绿野仙踪》的开头都是母亲死去。这究竟是为了什么？也许母亲并没有死去，说母亲死去只是一个比喻。紧接着继母出现了，而继母也是一个比喻，她们都是主人公的母亲，是母亲在孩子成长中性格的两面。

当孩子还特别小的时候，母亲对孩子百依百顺，这个时候，在孩子的眼里，母亲无疑就是天使。但是，孩子需要长大，需要规范，需要懂得规则和训导来应对这个世界。这个时候的母亲，往往改变了心肠，开始对孩子严厉。由于年龄小，孩子无法解释母亲的剧变，一下子产生了被遗弃的感觉，于是，母亲变成了继母，变成了恶人。

在我们生命成长的过程中，我们是不是曾经一度怀疑过自己是领养的？困惑母亲为什么对我们的爱发生了变化？

无论如何，在孩子内心中，天使母亲的失去和缺席，使得儿童对世界的信任感和安全感受到破坏。由于母亲的失去，孩子不得不独自面对外部世界，发掘自身的力量。这种心理结构的被打碎，正好有利于孩子的成长。

而伟大的继母，之所以百般刁难，万般陷害，无非是要推动孩子快速成长。尤其是对孩子的遗弃，的确显得残忍，但只是对母亲自己的残忍，对孩子只有更深层的爱。每个孩子长大，都要遭遇遗弃，没有遗弃，就很难获得独立的发展。这和学习上的自主、探究学习异曲同工。

朋友啊，当你潇洒地长大，别忘了，那飘落一地的，是母亲一颗凋零的心。

童话中的第二大问题，就是巫婆为什么一定得死。

构成童话故事的典型情节可视为分成四部分的旅程，每一段旅途都是发现自我的一站。旅途的第一段是"跨越"，男主角或女主角在此进入有奇幻事件或怪异生物的地方。接着是"遭遇"邪恶的对手——狠毒的继母，吃人的魔鬼，诡计多端的巫师，或其他类似女巫的角色。旅途的第三个阶段是"征服"，主角在此与女巫展开生死搏斗，最后女巫无可避免地死亡。旅途的终点站是"欢庆"，诸如战胜女巫后的盛大婚礼或家庭团聚，然后每个人从此过着幸福快乐的生活。

"从此过着幸福快乐的生活"，这是孩子小小的心灵里，最愉快的事。

孩子不允许他们喜欢的主人公，最终的遭遇会不幸。"从此过着幸福快乐的生活"，既是孩子的最高追求，也是最低的底线。

要弄明白巫婆为什么一定得死，首先要搞清楚巫婆是什么？

童话中的巫婆，就是孩子身上的恶，比如虚荣、嫉妒、贪吃、欺骗，等等。巫婆总具有一些此类特征，成为孩子生命中恶的象征。最后，孩子在外力的帮助下，征服了巫婆，实际上就是战胜了自己的缺陷，修补了自己的恶习，获得了巨大的人生成长。所谓的巫婆一定得死，实际上就是孩子一定会成长。这是一种真诚的预期，也是一种美妙的预期。

这样一来，母亲和巫婆，就构成了孩子成长中的两级，母亲是以爱的代价，扶助孩子成长。巫婆是以恶的手段，逼迫孩子成长。但无论是哪一种，孩子都因此成长了，感谢母亲，感谢巫婆。

童话代表了儿童成长的一些规律和过程，和儿子说说童话，有助于启元清晰地认识到自己所走过的路，这种认识或许会坚定孩子的决心，更加专注和坚定，一步一个脚印，战胜生命中的恶心，最终过上幸福美好的生活。

[4]

带着孩子看电影

用电影进行亲子共读，好处多多，因为所有的孩子都喜欢看电影。那么，用孩子最喜欢的一种方式，来承载我们的教育目标，不是很好的事吗？

从启元五年级开始，我们就一直带着孩子看电影，用电影解读文本，用电影教孩子写作，用电影来帮助孩子认识生命中的母题，用电影塑造孩子的核心品质……可以说，我们家庭电影课，无所不包，无所不能。

首先是电影课的亲子共看。伴随着孩子的长大，这些年里，我们一家三口拥被而坐，观看精心挑选的电影。《小鞋子》中看到了承担，《肖申克的救赎》中学到了坚持，《放牛班的春天》中看到了绽放，《山楂树之恋》中感受到了爱……随着光影的斑驳，三个人的面孔忽明忽暗，但心情是愉悦的、明亮的。

每当电影过后，就是我们一家人的讨论时间，比如，为了拯救大兵瑞恩，牺牲那么多的战士，到底值不值得？苏菲最终放弃了作家，选择了那个化学的疯子，以至于殉情而死，她为什么要做这样的选择？这种选择的逻辑是什么？如果不这样选择，道理又在哪里？

有时候，我和妻子甚至还会争论，而这一切都是为了吸引启元真正地参与到讨论之中。在讨论中，问题清晰了，偏见消除了，理解深入了，一家人其乐融融，其乐也熙熙。

其次是电影丰富了我们的人生。米兰·昆德拉在《小说的艺术》中这样说："小说考察的不是现实，而是存在；存在不是既成的东西，它是人类可能性的领域，是人可能成为的一切，是人可能做的一切。"

小说家通过对现实的不断颠覆和背叛来追求无限的可能性。背叛的反义词就是合群。一旦合群就是媚俗；一旦媚俗，就会庸常；一旦庸常，就会司空见惯；一旦司空见惯，就会成为现实的常态。而昆德拉是要破解现实的常态，探寻事实的另一种方式，人生的另一种可能。然后，在两级的对照中，让我们感觉到迷惑和震撼。电影也是如此。

人的一生是短暂的，短暂的人生无法重来，不可复制。每个人的一生，就是自己所写的一本书，无论精彩，还是暗淡，都是自己一笔一画书写出来的传奇。生命枯萎了，人生的大书也就合上了。只是这样的人生华章，无法删改，不可以虚构。这是多么真实多么无奈的事实。

光影世界就是对我们现实人生的一种背叛，它给我们提供了另一种人生，我们在看电影，也是在看自己人生的另一种走向。电影从来不是在演别人，而是演我们自己，电影就是我们的镜像，我和孩子一起在电影中流着自己的眼泪。

很多时候，看完电影之后，我们默默无言，内心中受到了无与伦比的震撼，收拾好东西，各自去睡觉。但好多天我们沉浸在故事里，于是，又在某个时刻，我们开始了电影的讨论。有时候，我们需要安静，安静也是一种学习。

再次是文本解读的一种方式。

别的文本都是干枯的，死的文本，电影文本则不然，它是丰富的、鲜艳的，油油的在水底招摇的文本，混合着我们的情感和体验，能够把我们真切带入别一种情境之中。

我带着孩子解读着这一个文本，同时也在经历着这一种人生。在看电影的过程中，不断猜读，不断被否定，再猜读，再否定……然后，与自己的猜读进行比较，认识丰厚起来，心灵润泽起来，情感细腻起来。每一部电影，都是一个丰富的文本。阅读电影，就是解读文本，积淀人生。

当然，每一部电影还是一部伟大的写作。大导演花了那么多的钱，有的甚至为了一部电影呕心沥血，倾家荡产。在这样伟大的电影营造中，导演一定会把自己的哲学、情感和生命理解寄托其间，每一个主题的挖掘都深邃而骇人。

任何一部电影，都包含了文本写作的全部手法，每一部电影都是文章写作的一个全息系统。可以说，没多少孩子喜欢写作，但却很少有孩子不喜欢看电影。通过电影课，我很好地衔接文本解读和写作，孩子喜欢电影，热议电影，自然在电影的评析中，学会了文章的解读和作文写法。生命就这样丰富起来，进而光彩照人，明艳不可方物。文章就这样丰盈起来，进而倚马可待，下笔千言。

最后，电影中还包含了所有的生命母题。比如故乡，比如战争，再比如爱情、选择等等。

在《战马》的赏析中，我带着孩子深入战争的母题。"无所谓正义与否，无所谓爱国与否，也无所谓种族，只要是战争，就充满着罪恶。战争带给人类的只有家破人亡。

"但仅仅是为了一匹马，英国兵和德国兵就可以冒着生命危险走到一起，这不是太荒谬了吗？这个世界上没有什么解决不了的问题。一切打着幌子的战争，背后都是欲望。

"在斯皮尔伯格的电影中看，有时候人类被谴责，有时候人类被威胁，有时候人类被安慰，但电影总是不忘探究一种存在主义的神秘命题：我们是谁？我们往哪里去？斯皮尔伯格的答案一如既往的光明。我们是人，人性总有缺陷，但不至于丧失希望。经历了无数磨难挫折，哪怕是战争，我们总能收获救赎的力量。"

没有电影的人生，是残缺的人生；没有电影的人生，不值得一过。

每一个有志于孩子教育的家长，都可以在电影教育中一试身手。

附录：

儿童阶梯观影目录

小学阶段

1.《小鞋子》
2.《放牛班的春天》
3.《美丽人生》
4.《当幸福来敲门》
5.《我要 100 分》
6.《三傻大闹宝莱坞》
7.《国王的演讲》
8.《燕尾蝶》
9.《两小无猜》
10.《天堂电影院》
11.《爸不得爱你》
12.《死亡诗社》
13.《穿条纹睡衣的男孩》
14.《叫我第一名》
15.《当幸福来敲门》
16.《美丽人生》
17.《恰同学少年》
18.《心灵捕手》
19.《雨人》
20.《风雨哈佛路》
21.《千与千寻》
22.《功夫熊猫》
23.《阿波罗 13 号》
24.《侏罗纪公园》
25.《机器人总动员》

初中阶段

1.《少年派的奇幻漂流》

2.《山楂树之恋》
3.《情书》
4.《罗马假日》
5.《诺丁山》
6.《勇敢的心》
7.《美丽心灵》
8.《黑暗中的舞者》
9.《西西里的美丽传说》
10.《纯真年代》
11.《西雅图未眠夜》
12.《阿甘正传》
13.《初恋50次》
14.《如果·爱》
15.《幸福终点站》
16.《闻香识女人》
17.《剪刀手爱德华》
18.《人鬼情未了》
19.《浪潮》
20.《钢琴课》
21.《亮剑》
22.《暗算》
23.《决战中的较量》
24.《唐山大地震》
25.《暮光之城》

高中阶段

1.《拯救大兵瑞恩》

2.《辛德勒的名单》
3.《爱在战火蔓延时》
4.《魂断蓝桥》
5.《钢琴家》
6.《后天》
7.《情人》
8.《卡萨布兰卡》
9.《屋顶上的轻骑兵》
10.《大鼻子情圣》
11.《战火情天》
12.《霸王别姬》
13.《飞越疯人院》
14.《卢旺达饭店》
15.《沉默的羔羊》
16.《罗生门》
17.《圣殇》
18.《杀死一只知更鸟》
19.《独立日》
20.《纽约大地震》
21.《百万美元宝贝》
22.《战马》
23.《苏菲的抉择》
24.《肖申克的救赎》
25.《周渔的火车》
26.《棕榈树》
27.《死亡实验》
28.《九死》
29.《返老还童》
30.《这个杀手不太冷》

[5]

何妨让孩子养养小动物

很多家长在孩子要养小动物的时候,都旗帜鲜明地反对,理由不可谓不充分:浪费时间,小动物脏,不容易饲养……其实,孩子在养小动物的过程中,所学习的东西很多。甚至可以说,一个小动物的饲养,就是一段完整的教育。

小启元养小白兔,简直就是一段惊心动魄的故事。每一个爱里面都有着伤痕,小白兔的故事里,伤痕很深很深。但没有这样的伤痕,孩子也就很难长大。

有一次,儿子和我们提出来,他希望养一双小白兔。我们和孩子约法三章,养小白兔不是一件容易的事,需要他付出时间和精力,还要参加劳动,清理小白兔的粪便,儿子都答应了。我们还拉钩了。

后来,我太太就去花鸟市场,和儿子一道搬回来两只小白兔。它们白得像雪,惹人怜爱。儿子高兴得手足无措,他很疼它们,给它们取名小白、小聪。

那段时间,儿子回家,对我们超大屏幕的液晶电视失去了兴趣,他的眼里只有那两个小东西。两只小白球,在地上跑来跑去。每天回家,儿子做完作业,就会帮助两个小家伙清理地上的秽物。好在小兔子的秽物很干燥,清理起来并不难。但是,我们家很宽大,仅下层就将近150平方米,而为了小兔子的自由,儿子是坚决不同意把兔子关押起来的。所以,要清理秽物,对儿子而言,实在是一项巨大的工程。好在儿子任劳任怨,在小白和小聪身上,儿子用尽了所有的力气。

过了一段时间,两个小东西的身上有点脏了,儿子就帮它们洗澡,把它们洗得干干净净,然后,用电吹风把它们的毛吹干。

有一天早上,小白兔身上特别脏,儿子慌忙又帮它们洗。我们有早读,在我们的催促下,儿子没有把小兔身上吹干,结果酿成了大错。下午回来的时候，两只小兔躺在冰冷的大理石上，已经僵硬了。儿子不断地用手抚摸着它们，大颗大颗的热泪吧嗒吧嗒地往下滴。

晚上我们过去看了他好几次，儿子的大大的眼泪，就沾在睫毛上。第二天一大早，我们看到，儿子哭湿了大半条枕头。儿子躲在房间里，就是不出来。我去看他，他在房间里，盯着阳台上的小白小聪的房间，眼睛里蓄满了泪水。小白和小聪，在我们家只生活了两个星期！

我们说马上给他买，但倔强的儿子坚决不同意，他怕又把小白兔养死了。儿子多么善良，尽管他那么喜欢小兔兔，但却坚决拒绝了我们。

于是，某一天，我们突然给儿子买回了两只稍大一点的小白兔，儿子仍然惊喜。这次，我们不仅询问了小白兔所有的习性，还特意挑选了一个很大的笼子，两层的。有了秽物，下层抽出来就可以洗，儿子自告奋勇地给兔兔洗。洗好了之后，就晾晒在那里，晚上再换那一块。儿子这次给它们取名白白、软软。

现在，我们改变了小兔的饮食结构。不仅让它们吃胡萝卜，还让它们吃干菜。它们害怕水分，我们上次给它们洗澡，是最大的失误。

小白兔，一天天长大了。茸毛在阳光下，温暖而闪烁，有时候，它们偷偷到我们的房子里来，啃我的鞋。夏天快来了，我教育局的一个朋友，送了我们一箱子拖鞋，都是竹制的，或者是席草制作的，散发着泥土的清香，小兔子很喜欢咬，有时候追着我，抱着我的脚不放，惹得儿子哈哈大笑。小兔特别喜欢跳到玻璃茶几的底层玻璃上，用前脚摇吸在玻璃茶几下方的玻璃风玲，"叮叮当当叮叮当当"，如风拂过林间，如鸟啼叫耳畔。

有一天，估计是儿子多喂了小兔子食物，晚上回家，我就感觉不对，因为小兔子拉肚子了。我们找来找去，终于找到了，白白已经僵直了。儿子失声痛哭，在家里到处跑，终于找到了软软，好在软软还好。儿子把软软小心地捧在怀里，轻轻地吹着它。我们一家人都沉浸在悲痛中，我们下决心，一定要好好地、细致地对待软软。

可是，后来，软软又死了。那段时间，学校里感冒很严重，儿子也感染了。晚上，我在上课，太太带着儿子去人民医院输液。等我回家的时候，我很累，躺在沙发上，看《贞观长歌》，我忘记了软软。其实，就算我想起了它，也是晚了。因为我打开门的时候，根本就没有看见它。

等到儿子回来了，就找不到软软了。儿子哭喊着到处找，跑遍了所有的地方，突然，儿子蒙住自己的脸，浑身抽搐。我们把软软弄出来，它的身体，已经软了，站不起来。但，还是活的。

我们慌忙拿东西来喂它，但是，它已经不能吃东西了。我们又怀疑它是病了，喂了它一点药，感觉没有效果。最后我们还是推断它是饿的，于是，又给它喂了一点糖水。儿子担心它是冷的，不断给它吹热风，但是，它的力气越来越微弱，终于，苍凉地闭上了眼睛。

儿子本来感冒已经好了，但是，第二天又坏了，因为伤心过度。我们就做他的思想工作："启元，你看，小白兔不在了，阳台上你种植的种子，已经在快活地生长，它们也是和小白兔一样的生命。"儿子百无聊赖地过去，然后，蹲下来，侍弄它们，一样的专心和细致。

儿子下决心再也不养小兔兔了，但我知道，儿子一定还是忘记不了这些可爱的小兔，它们闪亮在儿子的生命里，那么纯洁、那么温暖、那么活力四射！儿子在它们身上寄托了爱和希望，同时，也面对了死亡和眼泪。

在小白兔的饲养中，儿子学到了很多。

首先是培养了责任心。每天喂食小白兔，尤其是清理小白兔的秽物，是很大的工作量，但小家伙言出必行，有时候简直废寝忘食。在这个过程中，我有时候也教育儿子，儿子，你看看，一只小白兔养起来也好费力气，你妈妈当初养你也很辛苦。

其次是训练了观察能力。儿子在饲养小白兔的过程中，我有意识地让他观察小白兔，胖了还是瘦了，饱了还是饿了。对于小白兔的习性，儿子常常有发现，我又让他在网上找资料，来确认他的发现。妈妈写儿子成长日记，儿子写小白兔的生长日记，这是一种很好的教育。

再次是让孩子学会了尊重生命。小男孩原本都很粗糙，喜欢捉弄小动物，也不知道自己的粗枝大叶对弱小的生命意味着什么。养了小白兔之后，孩子怎么喜欢也不够，处处呵护，认识到了每一个生命的纤细和独特。这个时候，儿子就特别明白了诗歌《我是一只小蝴蝶》的深层内涵。

我不威武，甚至也不绚丽
但是，我有翅膀，有胆量
我敢于向天下所有的
以平等待我的眼睛说：
我是一只小蝴蝶！

我是一只小蝴蝶
世界老时
我最后老
世界小时
我最后小

最后是让孩子面对了生命和死亡。当小白兔死的时候，我们搂着儿子，我们一起流泪，一起经历了忧伤。等孩子平静之后，我们告诉孩子，生老病死都是正常的现象。正因为每个人都会死，才更要好好地活。然后，我们全家一起把小白兔埋在儿子上学必经的路上。儿子还在上面栽了一棵小树。儿子说他每天都要去看。但我知道终究有一天儿子会忘记。但很多年很多年之后，儿子一定还是会想起，在经历世事沧桑之后，猛然想起，只需一眼，就会拂去久落的风尘。

[6]
指导孩子写出最好的作文

一

有一天晚上,七岁的儿子挤到我的床上,突然问了我一个问题:"爸爸,我的名字是怎么来的?"我说:"是爸爸给你取的啊!"儿子问:"是不是你怎么取的,我就应该怎么叫?"我说:"是啊!"儿子说:"不行,这不公平,我也要给你们取名字。"我说:"好啊,爸爸赞成。"儿子看起来很慎重,想了一会儿,说:"你叫大宝藏。""为什么叫大宝藏呢?"我问。儿子回答说:"因为爸爸头脑里有很多宝藏。""妈妈就叫大宝贵。"儿子忽闪着眼睛,看着天花板。我说:"给爷爷和奶奶也取一个名字吧!"儿子很兴奋,认真思考了好一会儿,说:"爷爷叫老宝贝。"我笑了笑,爷爷一直是儿子最喜欢的人。"奶奶呢?""奶奶叫老贵重。"这个名字差点让我笑起来。

为什么我要发笑呢?儿子每天刷牙,经常马虎,刷不干净。每天我都要检查。儿子常常张开嘴,给我看他的牙齿,刷得干净不干净。我一看,说,王启元,不行,重新刷。你这是大黄牙,太难看了。儿子去刷,我再检查。又说,儿子,还不行啊,你这是大牙黄,还是不干净。儿子再去刷,再给我看。我说,儿子,还不干净,你这是牙黄大。我故意调换词的顺序,让他很沮丧,但最终还是耐心地把牙齿刷得干干净净。他现在也会用换词的把戏了。可见,家长的教育价值有多大。

"那你自己呢?"儿子早就胸有成竹,说:"我叫小宝石。"我终于笑了起来,真的很开心。

儿子取名字,竟然无意识中采取了分类法,把我们一家分成三个层次,取的名字尽管很俗,但是,基本上表达出了儿子对我们的祝福。我告诉儿子,这就是我们写作的一种重要的方法,叫作有层次。爷爷奶奶的"老"是第一个层次，爸爸妈妈的"大"是第二个层次，你自己的"小"是第三个层次。

但写作中要分层次，就连很多高中生也未必掌握，或者知道也不愿意使用。有一天，我和学生讲了我儿子取名字的故事，其目的就是调动学生要学会分层次。学生听得津津有味，很多学生表示，下次会在考试中运用。

那年，期末统考，作文题是"幸福"。我班一个学生获得全市统考作文最高分。她之所以获得高分，一个最主要的原因就是她能够多角度、分层次地解析话题。她选的三个例子是：小时候，妈妈给我买的冰糖葫芦，让我感觉到很幸福；中考失利时，爸爸理解性的包容，让我感觉到幸福；前段时间，我去献血，竟然也感到莫大的幸福。这三个例子，按照时间的角度，从物质上的幸福到精神上的幸福，从获得感受到幸福到奉献体验全新的幸福，眼界扩大，境界升华！所以，无可争议地赢得高分。

可以说，作文要分层次，学生是从我儿子身上得到启发的。我把这篇满分作文读给孩子听，说学生从他那里偷师了分层次，小家伙居然也听懂了。现在，启元无论哪一次的作文，一定是多层次、多角度、多元理解，环环相扣，扣人心弦。

老实说，那次的作文训练，所有的学生力争不在一个层面上发表议论，尽管分层的标准尚有欠缺，但是多层次说理的意识算是建立起来了。

二

儿子第二次作文的突飞猛进，是因为他学会了一招叫写出作文的知识含量。

我和儿子说，我们常常听到科技含量，我所说的却是知识含量。

方法很简单，就是作文中你要写出知识含量，你具备什么样的才华，你就写你最熟悉的领域，你扣住要求，把你这个领域的知识含量写出来，你的文章就成功了。

所谓知识含量，就是把自己所熟悉领域的高精度知识展示出来，细节化、真实化、情感化、别样化，给人耳目一新的冲击。

比如有一个孩子，从小学过声乐，小提琴拉得特别棒，在作文的时候，就可以选择这个领域来写。写自己学艺的酸甜苦辣，写美好的小提琴曲给自己带来如醉如痴的震撼。

孩子这样写自己的体验，有一个晚上，月亮是白色的，小河里的水像无声的语言，静静地流淌，泛起银色波浪。四下里有蝈蝈的叫声，高一声，低一声，夏夜就这样安静地伸展开……

就在那个晚上，她听到了一段小夜曲，如此美妙，如微风吹过的清凉，如水银泻地的流淌，如诗如梦，什么也不想说，什么也说不出，那种美，到了极点，让人忧伤，就想一个人安静下来，静静流泪……与音乐结缘，生命从此就不一样了。

还有一个女孩子，是学画画的。我就指导她用自己的绘画来写文章，写出自己的知识含量。

我和启元解释，为什么写出知识含量容易获得高分呢？

我参加过类似的作文阅卷，一般来说，看到了一百篇作文之后，老师对同一题目的审美疲劳就到了极限，这个时候的作文如果没有一丝新意，就只能承受一个保险分了。而一旦学生给老师一个知识含量，效果就大不一样了。

首先老师在疲劳中精神一振，这精神一振，注意力就会集中，就更容易发现你的好，分数很可能就上去了。

其次，一旦你的知识含量，给了老师一些启发，一些收获，结果可想而知。高考中明确规定了观点具有启发性，知识含量让人有所获、有所得，也可以看成启发性的。

再次，知识含量还符合审美的需要。就是俄罗斯文艺理论中的陌生化。那么多的学生都是正常化写作，你的知识含量，使得你与众不同，这种不同就是陌生化带来的效果。

最后，从老师这个角度来看，你的知识含量，如果老师不熟悉，他会惊叹，会赞赏；如果老师熟悉，他又会找到同感，找到知音，他会感到亲切。这个时候，你的作文想不得高分都困难。

三

儿子问,知识含量除了自己擅长才艺之外,还有别的渠道吗?我告诉他,知识含量也许不是每个人都能拥有的,更难说形成知识的含金量。在此基础上,我提出要彻底读透一本书,读透一个作家,把这本书、这个作家作为你的知识含量。

任何东西到了一定的境界,就会相通,而读透一本书,读透一个作家,某种程度上也让你获得关于这本书和这个作家的知识含量,从而获得陌生化带来的效果,你的观点也势必具有启发性。你写起作文来,也就不一样了。我敢说,不论什么样的作文题,一旦你读透了一本书,读透了一个作家,你都能轻而易举地获得素材,写得轻松。因为生命本来就那样,生活本来就那样,我们的生命别人早就活过,我们的生活就是别人的生活。

有人说,我这样指导孩子作文似乎有一点功利性,其实也未必。因为读透一本书,读透一个作家,也是做学问的基础。无所专则无所精,无所精则无所根,无所根则无所依傍,无所依傍,知识就成了一盘散沙。而一旦以一本书、一个作家为依托,建立起一个标的,或比较,或反思,或批判,或补充,很快就会形成框架,转为体系,进而形成强大的结构,这种结构又会不断被强化或被打破,而我们也就在这个过程中不断被塑造,被改良,被提高,被壮大。

比如我,有一段时间,精读孔子。凭借孔子,再一览道家、墨家、法家等诸子百家,很快就有所得。诸子思想归根结底都是在观照人,以及人所组成的社会,只是观照的方式不同,这决定了他们学派的分野。孔、孟、荀、韩主张积极入世,而老庄则主张消极出世;入世者趋向观照人的生命群体,出世者趋向观照人的生命个体;观照群体者以社会获得最佳有序为理想,即如何"平天下",入世者以自我生命获得最佳体验为理想,即怎样"逍遥游"。欲"平天下"人的政治措施又不一样,孔子主张"礼治",要求"克己复礼";孟子主张"仁政",要求"兼爱非攻";韩非主张"法治",要求"严刑峻法"。而欲逍遥者的政治理想却是"无为而治",要求人人"无己""无功""无名",只要人们"弃圣绝智,为而不争",就会天下大治。

诸子百家千头万绪，但只要执其一端，从反方向寻根溯源，就能得其真相，并且在比较中形成牢固的知识结构。

当然，要做到这一点并不容易，泰戈尔说："离你越近的地方，路途越远；最简单的音调，需要最艰苦的练习。"

四

儿子：爸爸，材料作文如何才能写出新意？

我：很简单。农民都知道怎么写出新意。

举例来说：

某人问一老农：局长和乡长同溺水，而你只有一块砖头，砸谁？

老农说：哪有这等好事？

某人说：假如。

老农：他娘的，这还不简单啊，谁救他俩，我就砸谁。

当所有的同学，都在为砸局长还是砸乡长挠破头皮的时候，农民伯伯一下子就把问题解决了，而且观点鲜明，情感炽烈，想人所未想，发人所未发。

儿子：爸爸，什么叫分总式结构？

我：很简单。《周渔的火车》中，陈清问漂亮的周渔："你是爱我的诗，还是爱我的人？"周渔回答："我爱诗人。"这就是分总式结构。

儿子：爸爸，什么叫作悬念？

我：很简单，悬念，就是不断地抖包袱，不断蓄势，不断地挠痒痒，但必须到最后才挠着。比如：他是中国第一廉官；他是副厅级巡视员；他跟国家一把手有亲戚关系；他去西方考察只带3名随从；他从不警车开道，也不公款吃喝，有时他甚至要自己找饭吃。他的随从因太苦常常闹辞职。他在西方考察多年，见过多位外国元首，成绩很大，回国后他也没有要求升官发财。他一生教书育人，死后没有任何家产。他——就是伟大的唐僧。

儿子：爸爸，什么叫文章的内在逻辑？

我：很简单。不妨以节日说明。情人节刚刚过去，就迎来了悲催的妇女节，意思就是情人节把你变成了妇女……妇女节后是愚人节，就是你变成妇女后，你发现自己被骗了……愚人节后是劳动节，就是当你发现被骗的时候已经晚了，只能给他当牛做马了……劳动节后就是儿童节……妈呀！还要给他生孩子！

儿子：爸爸，文章语言怎么样才有味道？

我：很简单。第一要有"味"，第二要有"道"。前者要有色彩和情味，后者要有规则和逻辑。最好庄谐并用，善于自嘲。比如，某女人说，结婚是爱情的坟墓，更可悲的是，小三还要来盗墓。某男人说，今天真倒霉，一颗沙子掉到我老婆的眼里，我花了300块。另一男人说，我今天更悲催，一件大衣掉到我老婆的眼里，我花了3万块。

儿子：爸爸，文章如何简洁？

我：很简单。就是要抓住要害，化繁为简。

儿子：爸爸，文章如何变得深刻？

我：很简单。就是既看到现在也看到未来，既看到正面也看到反面，实事求是，不虚美，不隐恶，真诚面对，文章就能变得深刻。

比如有人说：我们的优势在于可以集中力量办大事。那么，你就可以想，既然可以集中力量办大事，那就有可能会集中力量办错事，或者是集中力量干坏事。而且，因为是集中力量办的错事和坏事，所以，还很难得到纠正。

就是在这样的日常交流中，伴随着儿子的阅读，儿子的写作也是芝麻开花节节高！看看儿子倚马可待的样子，世界上还有比这个更幸福的吗？

[7]

让孩子获得写作的高峰体验

人是需要激励的。

在漫长的黑夜之中，突然出现一缕光亮；在沙漠之中，偶然出现一泓泉水；在屡败屡战之后，忽然赢来一场大胜，那个时候的高峰体验对人的一生都会产生重大影响。

启元写作的高峰体验来自初二。

2012年注定是骚动的一年，江苏省豪气干云地宣布，2020年，全省基本实现现代化；苏州地区马上响应，2015年，苏州率先基本实现现代化；2012年，张家港市马上宣布，确保在全省第一批基本实现现代化……

于是，张家港市掀起了向现代化目标冲刺的热潮，那么，什么才是真正的现代化呢？我心目中的现代化是什么样子呢？

由张家港市委宣传部、市现代化推进办公室、市哲学社会科学界联合会、张家港日报社联合举办了"我心目中的现代化"主题征文活动。市委书记亲自过问这项活动，全市各个区镇、各个部门、各大中专学校，全部行动起来，人人参与，层层选拔。

启元的作文在这次比赛中，获得了学校的第一名，文章报送到市教育局，又在市教育局大获全胜，以第一名顺利出线，代表市教育局参加全市最后的决赛。最后在全市决赛的419篇作品中，王启元同学又一骑绝尘，获得全市一等奖第一名。

这是一次不同寻常的比赛，参加的人中有著名教授、作家、学者，还有各行各业的精英，谁都想在这个全社会关注的比赛中大出风头，但谁也没想到最后崭露头角的竟然是一个12岁的小男孩，让那些一心获得大奖的专业人士极为难堪，也让诸多社会人士大跌眼镜。

启元的获奖具有很大的偶然性，但偶然的事情发生了，就是必然。杜甫说，文章本天成，妙手偶得之。是孩子的妙手成就了这篇文章。

爱人喜欢养花，有一次搬回来一盆鸳鸯茉莉花，后来开满了花，一半是紫色，一半是白色。儿子好奇地问他妈妈，为什么叫作鸳鸯茉莉？爱人就告诉他，是因为它开出了两种不一样的花。

后来，儿子班主任让每个孩子都带一株绿色植物去学校，儿子就让我们把这一大盆花带到班级去了。

每天浇水，欣赏花，嗅着茉莉花的香味……

到了写"我心中的现代化",儿子第一个想到的就是鸳鸯茉莉,于是,继续想,鸳鸯茉莉美在它有紫色花和白色花的两面,一面纯洁到极致,一面艳丽到极致。那么,我心中的现代化呢?照理说,也应该要有两面吧,一面是物质的现代化,一面是精神的思想的现代化。

这样一想,整个文章的思想就出来了。而且小清新、小文艺,但又大视野、大境界,确实很难被击败。

后来我得知,10个评委一致公认启元同学第一名,毫无争议。

文章如下:

鸳鸯茉莉的春天

王启元

我坐在书房电脑前,环视周围一应俱全的电器,舒适的环境,充裕的条件,心中涌起一种骄傲的感觉。

迁居张家港8年了,从一个稚嫩的幼儿到现在渐趋成熟的少年,我目睹了这个城市日新月异的变化:鳞次栉比的高楼,宽阔洁净的马路,变幻莫测的霓虹灯,早已把萋萋荒草幽幽土路永远留给了昨天的记忆。张家港人用自己的勤劳和智慧把这座江边小城建设成了"黄金口岸,人居典范"的现代化城市,成了一颗璀璨的江畔明珠。

我的眼睛不由得停留在窗前那一盆花上,那是妈妈带回家的双色茉莉,也称作鸳鸯茉莉。在一株这样的花上,你能发现许多神奇。当你在为它轻柔的淡紫色花瓣喝彩时,第二天,它就会来个华丽的大翻身,一片片洁白,好像一抹抹飞雪,神圣而无瑕。

淡极始知花更艳。紫和白是鸳鸯茉莉的两种颜色,它构成了花的变幻之美。那么一个人或者一个城市呢?它也应该具有两个方面吧。物质与精神是人类生命的两面,缺少了任何一面,生命都不完整。现代化的城市也应是物质的丰富和精神的富足相结合,才能构成港城美丽的春天。

闭门空想不如出去走走。于是我走出书房,走出家门,走出社区，去发现、去思考我心目中的现代化。

大街上车流如潮，两旁的香樟树亭亭如盖，这是港城的市树，经过冬的洗礼依旧绿得那样精神，那样优雅。落了叶的梧桐，嶙峋的枝丫透着向上的渴望，有一个人工的鸟巢挂在树干边，我不知里面是否住过鸟，但看着这树、这鸟巢，我竟然感到了春天的温暖。凋零与新生，那么和谐地融合在一起。绿绿的草木，清清的河流，蓝蓝的天空，四季更新，生意盎然。我确信这是一个现代化的城市该有的品质。

到前面的健身区走走吧！春日的阳光暖暖的，洒在正在锻炼的那位大爷身上，瞧他拉着吊环引体向上，有不输年轻人的架势；那边的老奶奶正在锻炼脚关节，凌空踏步的姿势好似甩开了大步往前走；最快乐的是坐在秋千架上的两个小姑娘，高高荡起的秋千画出美丽的弧线，咯咯的笑声如阳光洒满一地。全民健身，这是多么和谐的意境呀。

旁边就是生态园了，走进去，满眼的新绿，颇有"乱花渐欲迷人眼，浅草才能没马蹄"的景象。三三两两的情侣肩并肩慢慢地走着；摄影爱好者正调弄着镜头拍下梅花的绚烂；湖边垂柳间几只鸟飞过湖面落在对面的树林里，垂钓者悠闲地坐着，似乎不为鱼而只为这悠闲的时光。从容悠闲，把城市的喧嚣抛开，现代化里应该有"从容"这份内涵。

一个现代化的城市，图书馆是必须要看的，大厅里那一台台供查阅的触屏电脑一下子就吸引了我。手指一点，要阅读的内容就出现了，真方便。一排排摆得整整齐齐的图书，一张张如饥似渴的脸庞，安静的阅览室，宽敞的放映室，先进的电脑室，都让我流连忘返。有人说"图书馆是一个城市的名片"，那港城的图书馆是这个城市最有特色最漂亮的一枚勋章，这里的氛围让我感受到一个现代化城市应有的文化特征。

走在港城的大街小巷，走过港城的田头小陌，我欣赏我思考。我心目中港城的现代化应有怎样的图景？我想：它不仅仅体现在流光溢彩的夜景，琳琅满目的物品，拔地而起的高楼，一应俱全的先进设备；它更体现在人与自然的和谐上，体现在人与人的和谐上，体现在每个人身心的和谐上。和谐，是一种理念，更是一种境界。宽阔胸襟，从容气度，万物达到融通，形成音乐般的和谐旋律，这才是真正的现代化吧。

　　我又回到我舒适的书房，鸳鸯茉莉开得正美。港城留给我的繁华与朴素，喧嚣与宁静，奋进与闲适相融的感觉，正如这双色的花，紫色高贵，白色淡雅，相互补充才拥有鸳鸯茉莉的春天。如果把紫色看作是丰富的物质，那么白色就应该是这个城市的精神——朴素而纯洁。

　　这是鸳鸯茉莉的春天，也是我的春天。

2012年4月12号，张家港市在沙州宾馆举行"我心目中的现代化"研讨会，市委四大班子全部参加，王启元作为特邀代表发表获奖感言。我和他的老师李瑛一道陪他去的。

　　我坐在后面，李瑛坐在前面准备给启元拍照。但是等到启元演讲的时候，李瑛老师紧张极了，不敢看，居然忘记了拍照。但王启元一点也不紧张，他侃侃而谈，再一次赢得现场观众的热烈掌声。因为儿子引用了当年校友江苏省状元顾心怡的话，所以杨芳市长亲切地对他说，下一个高考状元就是你了。

　　永远不要低估一次高峰体验对一个人生命走向的影响，这一次偶然获奖之后，儿子就下定决心，要走一条文学之路。

　　千元的奖金，让儿子花了很久，这是他的劳动成果，应该由他支配。儿子从这次获奖中，又获得了第二个写作经验，那就是象征。从此，象征成为儿子写作的一个标志性的风格。

　　初三的时候，又是一次作文比赛，题目是《听，沉默的声音》，这一篇写的是我们家门口的大树，读得我潸然泪下。

听，那沉默的声音

王启元

有些声音我们听不见，也许，是一个哑巴，是一只鸭，或许，是一棵平凡的树。

奶奶家的小房子边，有一棵沧桑的大树。树下有一块光滑的石头，酷似没有靠背的椅子，我常独自坐在那儿仰望天空。尽管茂密的枝叶挡住了我大部分视线，但还是有许多思绪不翼而来。像"我为什么在这世上啊""为什么考试总会出一些小差错"之类的。这棵树每次都将我的思绪打乱，每次都会有几片落叶映入眼帘，它想告诉我什么道理呢？

夜幕降临，那无边深邃的苍穹犹如一望无底的大海，里面闪现着的颗颗钻石，那是星星，清风拂来，大树浓密的枝叶起伏如同阵阵海波。

隆冬腊月，大雪过后，清瘦的树干苍劲有力地向上伸展，印在银色的天上，一幅自然的空中水墨画。

奶奶说这棵树在她18岁的时候，就有两手粗了，那时候环境可不好，它却能一咬牙坚持60年，直至现在的两手合抱粗。这可真是棵不容易的老树啊。

今年暑假，我再去奶奶家，那棵老树依然在那儿屹立着。枝叶茂密到了底下看不到天的地步了。我坐在大石头上，轻轻抚摸着这棵树。树干粗糙不平，是上了岁数了。

人老了，树旧了。习习夏风，穿过密密的枝叶，穿过奶奶苦难的童年，日本鬼子进村时那些艰难的岁月；穿过爸爸贫困的童年，放牛插秧时那段辛苦的日子；穿过我快乐的童年，爸爸跨越传统奋斗劳累的现在……

光滑的大石头更加让人心疼。爸爸说小时候他一放牛回来，就喜欢坐在大石头上歇凉，炎热的夏天，在大树下放张桌子吃饭，耳畔萦绕着鸣蝉的欢歌，是最让人开心的事了。

唉，静听大树的沉默，我叹了口气。奶奶看我神色凄然，说：

"这树马上就要砍了,根太长,刺会伤着人的。"我惊诧地望着奶奶:"为什么要砍?不砍可以吗?它陪了我们那么长时间。"

"树又不会疼,在这儿碍事。"

原来,这棵大树长枝叶的时候,根部也在不断地生长,日子久了风吹雨打,盘根错节裸出地面,奶奶嫌树根刺人,就想请人砍了。

我帮不了树,默默回了家,不敢再见那一棵树。"它会恨我吗?"外边风雨大作,树叶满地。连那粗壮的枝条,都在风中起伏。"哦,沉默的树,你想说些什么呢?"

这个世界上不乏像这棵树一样的人。这棵树为人创造了多少啊!它为人挡雨遮阳,它的枝可以当作木材,它的阴凉为人提供了聊天的场所,可它什么也没得到,还要面临着被砍的命运。

我们的清洁工人,我们的建设工人,我们的师长,我们身边这些沉默的人儿,不也是这样的吗?他们不也是在为我们,为这个世界呕心沥血吗?如果我们不理解、不尊重、不珍惜,那么,他们只有沉默,沉默在神色的黯然里,沉默在灯下的汗水中。

听,那沉默的声音。

文章以清新流畅又略带忧伤的笔调,叙写了一棵树的沧桑与坚韧,一个普通家庭三代人日渐走出困境的艰难与喜悦。树的历史就是家的历史、国的历史,树的形象就是奉献的形象、沉默的形象,它可以是不被关注、不被理解、不被尊重与珍惜的一切人、事、物,而这一形象自宇宙形成以来就一直存在。作者这种聆听万物的思考方式,融通物我的悲悯情怀,也是一种沉默的声音,独特而有力。

[8]

把家庭变成学习型家庭

男孩子的逻辑思维是强项,但也要有意识地培养。

启元小的时候不知道什么是逻辑,我就给他解释,逻辑就是判断,根据你眼睛所看到的东西,做出眼睛看不到的判断,就是逻辑。比如你有两支铅笔,一支是红色的,一支是黑色的。现在你把它们都放在口袋里,然后,你掏了一支笔给我,你眼睛看到了给我的铅笔是黑色的,那么,你口袋里的铅笔是什么颜色?儿子脱口而出,口袋里的是红色的。我说,儿子,你回答完全正确。请问,你的眼睛看见你口袋里铅笔的颜色了吗?儿子说,当然没有。我说,你眼睛看不到铅笔的颜色,但你却能推断出铅笔的颜色,靠什么啊,靠的就是判断。

考察孩子的思维,我最喜欢用两道经典的题目。

一道是有一个人在环形的跑道上跑步,他前面有5个人,后面也有5个人,请问,跑道上一共有几个人在跑步?

这个题目是考察孩子的严谨和空间想象。

另一道题是,我们两个人的糖果一样多,现在你给了我一块糖果,请问,我比你多几块糖?

这个题目是考察孩子的对象和严密思维。

对于小孩子,我最喜欢用这两道题来考他们,两道题都对的孩子,思维能力超群,假以时日,一定学习轻松,一不小心就能成为学霸。

启元是轻松做出第一题,操场上有6个人在跑步。第二题做错了,还需要讲解。但没关系,生活中多和孩子交流这样的判断,给孩子积累一定的逻辑常识。

生活中这样的例子很多。还有一次,我和启元躺在床上看电视,小家伙突然问我:"爸爸,你猜我是怎样把这本书从地上捡起来的?"

我说:"儿子,这就是一道很好的思维训练题。从阅读理解的角度出发,我首先猜想,答案的几种可能性,把书从地上捡起来,可以用手,可以用脚,也可以用嘴,还可以借助工具,只能有这四种形式。

"结合你的命题意图,我首先排除'用手捡起来',因为这个命题没有任何价值。另外,你的床上没有任何工具,我又排除了借助工具的可能。再结合'语境',我发现那本书很脏,而你一向很干净,所以,也不可能是你'用嘴叼起来'。最后,我得出结论,儿子,你一定是'用脚弄起来的'。"

儿子大声说:"爸爸,你骗人,你一定是看到了。"

我说:"儿子,爸爸的眼睛真的没看到,但爸爸一双逻辑的眼睛却看到了。"我和儿子解释了我的判断,儿子非常佩服,从此,对思维训练非常感兴趣。

我最后总结,儿子,你以后做试卷,首先要看命题者的意图,猜想答案的几种可能,然后,结合语境,认真排除,最终就一定能找到正确的选择!

有次老婆问我:"王开东,你猜,这碗青菜是多少棵菜炒出来的?"这个问题,不好回答。我马上叫来儿子,让他和我一道参与思维训练。

如果从阅读理解的角度出发,我就会这样分析,老婆为什么要问我这个问题,她的命题意图是什么?也就是说,这个问题的价值只能在于两点:一是用很少棵的青菜,炒出很多分量的菜;二是用很多棵青菜,炒出很少量的菜。这一点儿子也能判断出来。

把握住老婆的"命题意图"之后,我重点看"语境",我发现盆里青菜的数量并不多,而且菜叶很少。所以,我断定,是一棵青菜炒出来的。对于菜叶很少这样的生活常识,儿子也没有。所以,最后准确猜出来多少棵菜的是我。但儿子一样很开心。

老婆十分惊诧,竖起一个大拇指。我说:"儿子,你看看,你妈妈竖起了大拇指。大拇指也有两种解释,大拇指有高明的意思,可以理解成你妈妈对我们的夸奖;大拇指还有'一'的意思,所以,也可以理解成是用一棵菜炒的。"

哇噻,儿子兴奋得大声欢呼。

那天晚上,一大盘青菜被我们吃得干干净净,连菜汤都被我们泡饭了。

第七辑　家庭教育的疑难杂症

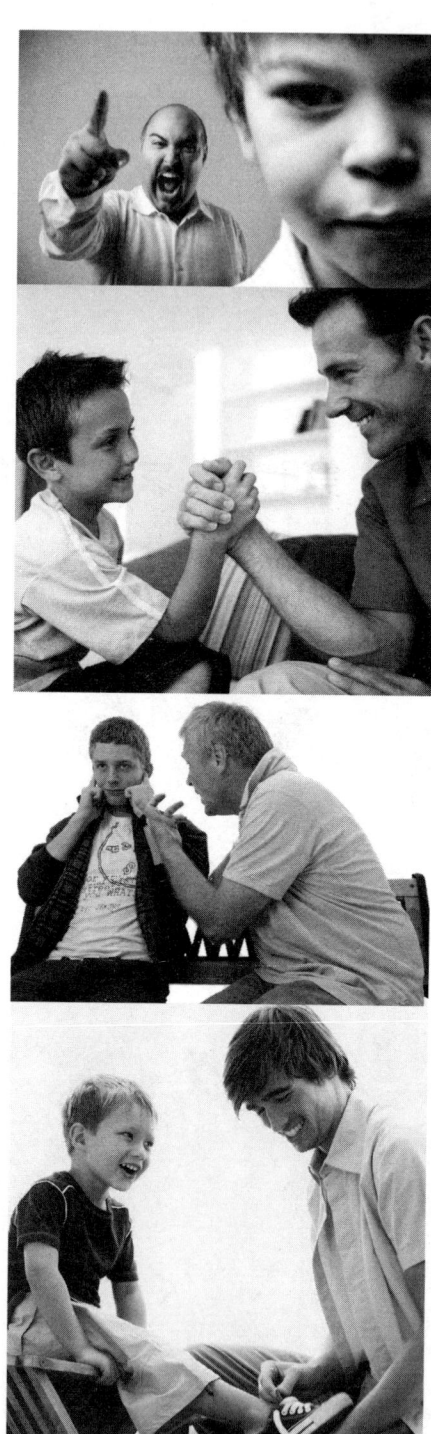

[1]

孩子犯错了能不能打

著名作家毕淑敏,在《儿子,我为什么打你》中,这样写道:

"在所有的苦口婆心都宣告失效,在所有的夸奖、批评、恐吓以及奖赏都无所建树之后,我被迫拿出最后一件武器——殴打。

"我谨慎地使用殴打,犹如一个穷人使用他最后的金钱。每当打你的时候,我都一次次地问自己:是不是到了非打不可的时候?不打还有没有其他的办法?只有当所有的努力都归于失败,孩子,我才会举起我的手……每一次打过你之后,我都要深深地自责。但我知道,责罚不可以替代,也无法转让。

"我几乎毫不犹豫地认为:每打你一次,我感到的痛楚都要比你更为久远而悠长。因为,重要的不是身累,而是心累……孩子,打与不打都是爱,你可懂得?"

每看至此,我都要把毕淑敏引为知己,不愧是搞医学的复合型作家,能够说出人人心中都有,人人笔下都无的教育困境。

在家庭教育中,当我们面临教育困境的时候,当面临非惩罚不可的时候,打与不打,确实是个问题啊!

为什么要打,因为孩子犯错误,或者拒不接受教育,所有这些都来自家长和子女关系的紧张。那么,造成这种紧张关系的原因何在呢?

首先,应试教育是罪魁祸首。

由于应试教育的盲目发展,教育评价随之极端畸形化,虽然屡遭有识之士的抨击,但在事实上已逐渐被社会认同。教育的唯一旨归就是考试,考试成功了,就是教育的成功,考试失败了就是教育的失败。严格地讲,应试教育是"血汗"教育,但这种"血汗"教育已经让人尝到了甜头,现在,要想废除,何其难也?

就算将来考试来个大变脸，专考素质题能力题创新题，也很难撼动应试教育江山一统的地位。要知道，首先不答应的就是千千万万望子成龙、望女成凤的家长。因为中国人口众多，优质教育资源非常稀缺，而社会竞争又不断加剧，如何抢占一个相对有利的形势，使得孩子以后的人生一马平川，以往的经验告诉他们，血拼高考，不失为终南捷径。也就是无论怎么变革，家长所要求的分数，绝不会妥协和动摇，只会把压力转嫁给教师，而学校、老师在此过程中，根本无法自主，只有随波逐流。

笔者的一个朋友，主持一个大市的教研工作，对应试教育深恶痛绝，发表了很多重量级的抨击文章。但自己的孩子到了高三，马上紧张得脸色煞白，文章也没有空写了，遍访名师，给孩子开小灶。终于，孩子考中了上海复旦大学。朋友在论坛上感慨万千："真没有想到，应试的果子，还蛮甜的啊！"有识之士到了自己身上，尚且如此，遑论其他？

应试教育带来最严重的后果，就是孩子道德滑坡，与家长关系恶化。

其次，个性因素。

之前，杨丽娟追星，导致老父蹈海自杀，舆论更多关注这个事件的娱乐性，却没有关注这个事件背后的独生子女问题。杨丽娟追星，追得这么猖狂，这么肆无忌惮，以致倾家荡产，家破人亡。说到底还是父母纵容，推波助澜。如果当初刚有一些苗头，父母马上当头棒喝，严格管教，又何至于最终付出血的代价？

究其原因，中国人舐犊情深，面对独生子女，往往不顾一切地爱护，要穷只能穷自己，再苦不能苦孩子。这种溺爱给独生子女造成了巨大的灾难。具体来说，由于剥夺了孩子的劳动权，导致孩子体质弱化。由于满足孩子一切欲望，导致孩子自我奋斗的愿望萎缩。由于以孩子为中心，导致孩子唯我独尊，社会责任感淡漠。

回到现实中来，单单是家长面对独生子女，已经被弄得焦头烂额。然而现在却是独生子女的家长，面对独生子女的孩子，你"独"我也"独"，双"独"齐下，常常碰撞得火花四射，也就不足为奇了。

最后，就是教育手段的匮乏。

家长教育手段单调，父亲对孩子的教育容易走两个极端，一个是放任，一个是威压。母亲对孩子教育也容易走两个极端，一个是溺爱，一个是哄骗。但现在随着读书多了，父母也变聪明了，都改成赏识教育。然而，赏识不是灵丹妙药，更不可能包治百病。几千年前的孔子早就说过，要因材施教，而我们现在却一股脑的"赏识"，结果造成了赏识综合征。

首先是赏识疲劳。最好的菜吃多了也会腻，更何况这种名不副实的赏识。刚开始的时候，孩子受到赏识了，可能还有点动力，但经常高频率受到赏识，爸爸妈妈爷爷奶奶都来赏识，结果就会导致赏识疲劳，最后，无论怎么赏识，孩子都百赏不侵，"我"自岿然不动了。

其次是听不得批评。赏识教育最大的弊端，是让孩子的耳朵习惯了表扬，尽管赏识疲劳了，但却绝对听不得批评，老虎屁股摸不得。长此以往，孩子必然我行我素，老子天下第一。

最后是把表扬廉价化了。本来表扬作为激励孩子最有效的手段和方式，因为赏识教育的泛滥，使得表扬廉价化了，甚至庸俗化了，这使得家长的有效教育手段不断削弱。

有这样一个笑话很能说明问题。有个小学数学老师，上课时请学生计算一个问题，那个问题的答案是2。第一个学生回答是5，老师表扬说："不错，只要认真做了的都不错。"第二个同学说是3，老师兴奋地说："很不错，已经快要接近正确答案了！"最后一个同学在老师循循善诱的启发下，终于回答出了答案。老师欣喜若狂，大声说："很好，恭喜你，都会抢答啦！"如此赏识，很可能导致教师变成好好先生，更为严重的是，学生一节课下来，不知道孰是孰非，这才是最可怕的。赏识，绝对不能以亵渎真理为代价！

所以，赏识教育，想说爱你也不容易！学生早就知道大人的那点破事了，小小的赏识，还能糊弄谁啊？

我的观点是赏识要适度，夸奖要具体。还记得陈道明在整个中学学习阶段，付出了巨大的汗水，取得了累累硕果，他的指导老师却从来没有表扬他，这让陈道明心里极不平衡。为了让老师满意，为了争一口气，为了得到老师的一声夸赞，陈道明付出了常人难以忍受的艰辛和刻苦，终于成为中国影坛的一哥。在20年后，陈道明终于听到了老师的一声夸赞，不由得热泪盈眶。他曾经说，因为老师一句吝啬的表扬，成了自己不竭的动力。我们当然不能因此就让我们老师吝啬表扬，但是，从另一个角度来看，赏识教育能够做到的，"非赏识"也能做到。关键还是要对症下药，因材施教。

既然赏识不是万能的，看来，该惩罚的还是要惩罚。

关于惩罚，现代学习心理学有两大学说，即联结派的学说和认知派的学说。联结派各家从关心行为结果的角度，认为惩罚本身并不能使受惩罚者形成新行为；认知派各家从关心行为过程的角度，强调只有当学习者将外部影响内化为内部的经验认识时，才能产生强化作用，调控其行为。两派实际上是从不同的角度，得出了惩罚作为教育手段并不适合的结论。

但国外的实证研究却指出，适当的惩罚必不可少。

时代要求我们应该尊重孩子，以孩子为本，但尊重孩子并不等于纵容孩子，放任孩子。家长和老师的指导者角色、社会代言人的角色、集体管理者的角色，若没有惩罚权，就无法得到实现。我们不能借口体罚的存在而否定教师和家长拥有惩罚权，这种做法因噎废食，荒唐透顶。我们必须承认惩罚的合理性，同时以制度的手段对其加以界定和限制，以杜绝教育中惩罚随意实施的现象。

首先，惩罚不等于体罚。惩罚只能谨慎地用，并且不能过多使用。因为惩罚本质上仍然是治标不治本的一种手段，但却是在特殊情况下不得不采用的有效手段。

其次，惩罚必须尊重孩子的人格，毕竟，惩罚的根本目的在于让孩子懂得要为自己的错误负责，并非仅仅为了"教训"和报复，因此，惩罚只能罚过失，而不能罚尊严。

最后，惩罚不应单独使用，必须与激励相结合。

因为惩罚只能传递受罚行为应该停止的信息，却无法提供该如何做的指导。也就是说，一方面，惩罚的标准应该是确定、适度的，要让孩子清楚什么样的行为会导致什么样的惩罚，界限在哪里，并由此学会理性规范自身行为；另一方面，还应该将惩罚与提供适当行为信息的指导结合起来使用。即在制止孩子的错误行为时，给予其新行为的指导。而且，当孩子的新行为一旦出现，应立刻给以关注并停止惩罚。除旧布新要双管齐下。

当惩则惩,赏惩分明,决不姑息,但要惩之有度有建设,有理有节有转机。

[2]

孩子恋爱了怎么办

很多家长信奉一句话,防火防盗防早恋。一旦孩子和异性小朋友交往多了,马上就紧张兮兮,甚至予以限制,争取把早恋的幼苗扼杀在萌芽之中。

在我看来,早恋是一个伪问题。小时候,孩子们过家家游戏是对大人生活的一种模仿。上学了,小伙伴之间来往密切,只是一种交朋友的需要。就算后来有了朦胧好感,那也是成长中的必不可少的一段美好。正确引导就好,没什么大不了。

没有哪一段人生是没有意义的,更何况是美好的朦胧的早恋?

认为孩子恋爱一定会对成绩产生影响的观念是错误的。道理很简单,很多不谈恋爱的人,他们的成绩也会下降。谈恋爱只是增加了成绩下降的风险,不等于成绩一定会下降。但如果孩子之间有朦胧的好感,处于半透明的状态,父母强行介入,棒打准鸳鸯,我敢担保这时候孩子的成绩一定会下降。并且因为有了阻力,反而使得孩子挑明了关系,导致感情迅速升温,最后联手抵抗,和父母进行博弈。博弈成功,成了真实的肆无忌惮的恋爱;博弈失败,很可能就破罐子破摔。很多时候家长干涉早恋的结果都是这样。

北大附中的王铮校长说:"现在学生谈恋爱其实也是对恋爱经验的一种帮助,是一个非常宝贵的人生经验,同时也是学生成长的一部分,教会学生懂得如何认识他人,理解他人。恋爱不是一件坏事,是一个美好的目标,如果想谈固然要往美好的方向发展，我个人认为恋爱是一个很不错的人生经历。"

我们评价一个学生，或者关注一个孩子的成长，视角不完全是关注学业成绩，更要关注学生作为一个人的成长。

多年来，我们认为，孩子今天的一切学习都只是为未来做准备。其实，杜威早就告诉我们，教育即生活。学生今天的教育就是今天的生活，绝不能用牺牲学生今天的一切来追求虚无缥缈的未来。

要知道，谈恋爱也是一种重要的人生体验，是一种极其宝贵的人生经验，是孩子人生成长很重要的一部分。学生在谈恋爱的过程中，一定会经历三个阶段，第一是"谈"，谈人生，谈理想，谈未来，也会谈学习……第二是"恋"，所谓"恋"，就是在"谈"的基础上，产生了共同的话题和志趣，获得了强烈的共鸣，进而互相依"恋"……第三是"爱"，如果这种"恋"是长久的，不断更新的，志同道合的，那么，就会萌生爱，强烈的爱，别忘了，高尚而纯洁的爱，往往是创造的催化剂。

假定我们认为，孩子的好成绩会有助于孩子未来的发展和成长的话，那么，孩子美好的爱情经历，本身就是真正的人生成长和发展，我们又有什么理由一定要把它们排除在外呢？

多年来，我们片面地认为，孩子的成长仅仅是知识的成长，是才华的累积，很少设想，我们今天所做的一切，就是孩子的生活，孩子的生命，而且这种独特的青春和生命，还是永不再来的。那么，作为孩子人生头等大事的恋爱，当然，也是我们教育的一部分。

孩子在恋爱中，学会理解他人，学会沟通，学会尊重，学会妥协……就算恋爱失败了，也能经历挫折，学会坚强。这其中蕴含的人生况味，也许并不比哪一部伟大作品少。

有时候，我们痛恨学生写作文，言之无物，干瘪无味，但我们有没有想过，学生一旦写起了情书，立马就能情景交融，情真意切，感天动地。没有体验的，没有感情的，心灵不在场的学习，注定是无意义的学习。

以我个人来说，我今天所取得的一点成绩，我的文学才华和写作才情，是因为写情书锻炼出来的，或者严格地说，是因为中学的爱情赐予我的。当然，有时候是失恋，有时候是暗恋。换句话来说，是失恋、暗恋和恋爱成就了我们。慕容雪村、王朔、痞子蔡等人的文学才华也都是校园爱情滋生出来的。

因为恋爱，他们势必是敏感的、脆弱的、多疑的、瞻前顾后的，但同时，他们又是饱满的、丰富的、多彩的、激越的、澎湃的、浪漫的。哪个少男不钟情，哪个少女不怀春，没有这些朦胧的爱情，中学阶段是不是完全变成了灰色，是不是缺少了一点质地，未来回想时，我们又凭什么"致我们终将消逝的青春"？

蔡兴蓉老师在《高三的大姑娘》一文中，提到一个现实，这个现实就是女生对国产男生极其失望，女生总结道："当前男生有四大毛病，第一，太胆小，看见一个蜘蛛，跑得比女生还要快。第二，懒，想恋爱吧，连一封信也懒得写。第三，恋爱方式太低级，无非是拍拍女生的肩，捏捏女生的手，说出的话呢？要不太露骨，要么没趣，反正没劲！第四，庸俗。他们管女朋友叫老婆，在公共场合下做亲热动作，像是专给大家看呢。"

蔡兴蓉老师因此感慨："校园爱情的低级化和庸俗化，从一个侧面反映出文学教育和人文的缺失，以至于我觉得，现在堪忧的，不是学生谈恋爱，而是学生不会谈恋爱。"

其实，不仅是文学教育和人文的缺失，更重要的就是正常恋爱教育的匮乏。当爱的话题成为灰色地带，当所有人都避而不谈爱情，那么，学生只有自己在黑暗中摸索，他们会把影视上或者街头上粗鲁的爱情当作一种时尚，并且会在拙劣的模仿中降低和玷辱了真正的爱。她们不知道什么是真正的淑女，什么是娴静和温柔；而他们也不知道什么是真正男子汉的风度，什么是绅士和责任。也就是说，所有的孩子既不知道如何发展自己，也不知道如何选择别人。

因此，我的观点是，对于孩子的恋爱，家长真正的态度应该是不鼓励、不支持、不反对，但一定要加强爱情教育，让孩子懂得爱情的甜美和责任，爱情的奉献和崇高，爱情的无奈和节制……对于已经有了真感情的孩子，则争取把他们纯洁的爱情，升华为一种志同道合的高尚感情，让他们互帮互学，共同提高。既是恋人，也是战友，这一种感情将来也是弥足珍贵。

2010年，我所执教文理班的两名学生，都是老师眼里的好学生，两个孩子都非常懂事、勤奋、好学。毕业之后，我们才被告知，他们居然是一对恋人，在整个高中阶段，他们互相打气，互相支持，并且都在高考中超水平发挥。有时候，我会想，在黑暗的 6 月里，他们是有光亮的。爱情，也许是抵御应试严寒的一种方式。

当然，爱情的折磨和感性，的确和应试教育的枯燥和理性格格不入，也的确不是一般人所能驾驭的。从事实上来看，不少人确实因为爱情而分心，导致成绩下降。那么，我们更应该让孩子爱在光明里，这样我们才能更好地引导和梳理，帮助孩子们走出爱的迷雾，迎来自己真正爱的春天。

我非常喜欢吴念真的《思念》一文中的那种美好的朦胧感。

思　念
吴念真

小学二年级的孩子好像很喜欢邻座那个长头发的女孩，常常提起她。每次一讲到她的种种琐事时，你都可以看到他眼睛发亮，开心到藏不住笑容的样子。

他的爸妈都不忍说破，因为他们知道不经意的玩笑都可能给这年纪的孩子带来巨大的羞怒，甚至因而阻断了他人生中第一次对异性那么单纯而洁净的思慕。

双方家长在校庆时孩子们的表演场合里见了面。女孩的妈妈说女儿常常提起男孩的名字，而他们也一样有默契，从不说破。

女孩气管不好，常咳嗽感冒，老师有一天在联络簿上写说：邻座的女生感冒了，只要她一咳嗽，孩子就皱着眉头盯着她看，问他说是不是咳嗽的声音让你觉得烦？没想到孩子却说：不是，她咳得好辛苦哦，我好想替她咳！

老师最后写道：我觉得好丢脸，竟然用大人这么自私的想法去污蔑一个孩子那么善良的心意。

爸妈喜欢听他讲那女孩子点点滴滴，因为从他的描述里仿佛也看到了孩子们那么自在、无邪的互动。

"我知道为什么她写的字那么小，我写得那么大，因为她的手好小，小到我可以把它整个包——起来哦！"

爸妈于是想着孩子们细嫩的双手紧紧握在一起的样子，以及他们当时的笑容。

"她的耳朵有长毛耶，亮晶晶的，好好玩！"

爸妈知道，那是下午的阳光照进教室，照在女孩的身上，女孩耳轮上的汗毛逆着光线于是清晰可见；孩子简单的描述中，其实有无比深情的凝视。

三年级上学期的某一天，女孩的妈妈打电话来，说他们要移民去加拿大。

"我不知道孩子们会不会有遗憾……"女孩的妈妈说，"如果有，我会觉得好罪过……"

没想到孩子的反应倒出乎他们意料之外的平淡。

有一天下课后，孩子连书包也没放就直接冲进书房，搬下世界旅游的画册便坐在地板上翻阅起来。

爸爸问他说："你在找什么？"孩子头也不抬地说："我在找加拿大的多伦多有什么，因为××她们要搬家去那里！"

画册没翻几页，孩子忽然就大笑起来，然后跑去客厅抓起电话打，拨号的时候还是一边忍不住地笑。之后爸爸听见他跟电话那一端的女孩说："你知道多伦多附近有什么吗？哈哈，有破布耶……真的，书上写的，你听哦……'你家那块破布是世界最大的破布'，哈哈哈……骗你的啦……它是说尼加拉瓜瀑布是世界最大的瀑布啦……哈哈哈……"

孩子要是有遗憾、有不舍，爸妈心里有准备，他们知道唯一能做的事叫"陪伴"。

后来女孩走了，孩子的日子寻常过，和那女孩相关的联结好像只有他书桌上那张女孩的妈妈手写的英文地址。

寒假前一个冬阳温润的黄昏，放学的孩子从巴士下来时神情和姿态都有点奇怪。他满脸通红，眼睛发亮，右手的食指和拇指好像

捏着什么无形的东西，快步地跑向在门口等候的爸爸。

"爸爸，她的头发耶！"孩子一走近便把右手朝爸爸的脸靠近，说，"你看，是××的头发耶！"

这时爸爸才清楚地看到孩子两指之间捏着的是两三条长长的发丝。

"我们大扫除，椅子都要翻上来……我看到木头缝里有头发……"孩子讲得既兴奋又急促，"一定是××以前夹到的，你说是不是？"

"你……要留下来做纪念吗？"爸爸问。

孩子忽然安静下来，然后用力地、不断地摇着头，但爸爸看到他的眼睛慢慢冒出不知忍了多久的眼泪。他用力地抱着爸爸的腰，把脸贴在爸爸的胸口上，忘情地号啕大哭起来，而手指依然紧捏着那几条正映着夕阳的余光在微风里轻轻飘动的发丝。

对于早恋，相信每一个读过此文的人，都会因此有不同的理解。

[3]

不让孩子"错"在起跑线上

从孩子还在肚子里，我们就开始了成功教育，并美其名曰：不能让孩子输在起跑线上。

什么是起跑线？终点是什么？和谁赛跑？奖牌是什么？凭什么让孩子用活生生的生命，去追求所谓的奖牌？这样成功的奖牌对孩子的生命究竟有什么意义？这一切，没有谁来告诉我们。在一个全民被成功学裹挟的时代里,大家都变成了傻子,轻而易举地就被早教机构忽悠了。

一个简单的道理是,只有在短跑中,起跑才显得重要;而在长跑中,也许更重要的是保存实力和耐力比拼。除了在比喻之中,生命注定是一个漫长过程,非但起跑不重要,甚至过程跑也不重要,生命中的体验才最重要。

孩子没有阅历和体验,给其灌输与年龄不符的知识,孩子对知识非但不会产生深刻的共鸣,而且还会产生厌恶。很多厌学的孩子就是这样培养出来的。《扬子晚报》曾经在六一儿童节采访过一位儿童,问他最大的梦想是什么。那个9岁的小男孩苦着脸说:最大的愿望是像爷爷一样,早一点退休,那就不用上学了。想想看,这多么可悲,孩子学习生涯还没有真正开始,就想着要退休,老之将至了。这一切都源于压迫式教学的罪孽。在我看来,生命不是为了成功,甚至也不是为了成长,而是为了绽放,向世界开出自己的花来。

这么多年,中国的孩子,从妈妈肚子里就开始早教,孩子出世以后,更是层层加码。金色的童年变成了灰色的童年,灰色的童年又变成了黑色的童年!可怜的孩子们,哪里有什么童年?我们的孩子简直就是"童工"!每天背着沉重的书包,上课、下课、补课、作业、订正、辅导,小小年纪就被升学压弯了腰,就算是兴趣小组的兴趣,也几乎都是家长们的兴趣。

这是悲壮的一段历程,从幼儿园到高中,整整15年,孩子们过着压抑的日子。不说那些被淘汰的倒霉蛋,就算是竞争中的佼佼者,也对这段经历不堪回首。

爱因斯坦说:"想象力比知识重要。"孩子在最富有想象力的时候,提前进行知识教育会扼杀孩子的想象力,会在无形中把想象力驱逐出境。一旦失去了想象力的滋养,孩子注定会失去创造性。

在美国,曾发生过这样一个故事:1968年,内华达州一位叫伊迪丝的3岁小女孩告诉妈妈,她认识礼品盒上"OPEN"的第一个字母"O"。这位妈妈听后非常吃惊,问她是怎么认识的。伊迪丝说是薇拉小姐教的。

令人想不到的是,这位母亲一纸诉状把薇拉小姐所在的幼儿园告上了法庭。她的理由令人吃惊,竟是说幼儿园剥夺了伊迪丝的想象力。因为她的女儿在认识"O"之前,能把"O"说成苹果、太阳、足球及鸟蛋之类的圆形东西，然而自从幼儿园教她识读了"O"后，伊迪丝便失去了这种能力。诉状递上去之后，幼儿园的老师们都认为这位母亲大概是疯了，一些家长也感到此举有点莫名其妙。

3个月后，此案在内华达州州立法院开庭，最后的结果却出人意料，幼儿园败诉，因为陪审团的23名成员都被这位母亲在辩护时讲的一个故事感动了。

这位母亲说："我曾到东方某个国家去旅行，在一家公园里见过两只天鹅，一只被剪去了左边的翅膀，一只完好无损。剪去翅膀的被放养在较大的一片水塘里，完好的一只被放养在一片较小的水塘里。当时我非常不解，那里的管理人员说，这样能防止它们逃跑。

"他们的解释是，剪去一边翅膀的天鹅无法保持身体的平衡，飞起后就会掉下来，因此可以放在大水塘里；而在小水塘里的天鹅，虽然没有被剪去翅膀，但起飞时因没有必需的滑翔路程，也会老实地待在水塘里。当时我非常震惊，震惊于东方人的聪明和智慧。可是我也感到非常悲哀。

"今天，我为我女儿的事来打这场官司，是因为我感到伊迪丝变成了幼儿园的一只天鹅，他们剪掉了伊迪丝的一只翅膀，一只幻想的翅膀，他们早早地把她投进了那片小水塘，那片只有26个字母的小水塘。"

这段经典的辩护词后来竟成了内华达州修改《公民教育保护法》的依据，其中规定幼儿在学校必须拥有的两项权利：1. 玩的权利；2. 问为什么的权利，也就是拥有想象力的权利。

孩子智力被过早开发并不是一件好事情，家长必须给孩子的大脑留下想象空间。过多的知识会使孩子的大脑变成了计算机的硬盘，长此下去，孩子的大脑就慢慢地变成了储存器，不会主动思考了。

知识到时候可以再学，想象力一旦失去就永远失去了。孰轻孰重，不是一目了然？

德国甚至通过立法干预。翻开德国《基本法》，其中第七条第六款明确规定，禁止设立先修学校。匈牙利也通过立法规定：严格禁止教授幼儿园期间的孩子学习写作、阅读、计算等。

孩子在小学前的"唯一的任务"，就是快乐成长。因为孩子的天性是玩耍，所以要做符合孩子天性的事情，而不应该违背孩子的成长规律。

人生的各个阶段皆有其自身不可取代的价值，没有一个阶段仅仅是另一个阶段的准备。但我们常常忘记了本源，我们从孩子一睁开眼睛开始，千军万马，就越过起跑线，呼啸而过，奔走在通往成功的独木桥上。所有人的眼里都露出了攫取的光，都巴不得别人掉下河去，好让我们独自闯过奈何桥，直捣黄龙府，春风得意马蹄疾，一日看尽长安花。

对于这个世界，他们有耳朵，却不能谛听；有眼睛，却不能观看；有嘴巴，却不会说话，他们是一群木偶人，麻木、自私、狭隘、偏激，就是缺少自由、勇气、爱、光明、勇敢、真诚、善良……等到这样一群孩子终于离开中学，翻身农奴得解放，这些孩子们撕书、毁书、烧书，就差把天掀起来了。

这些年来亏大了，一旦踏入大学之门，第一件事，当然要把失去的找回来。把睡觉时间补回来，高校里不乏嗜睡大王；把打牌时间捞回来，高校里从来不缺"赌王"；把初恋的时间挽回来，把失恋的滋味也要补起来，高校里有的是鸳鸯，晚上，在任何一所高校任何一个旮旯里扔一砖头，至少要砸到三对情侣。这还是保守数字。还有，更要把游戏的时间抢回来，高校里也绝对不缺《传奇》人物。

高校里真正缺少的是读书人，文化人。

由于中国大学的宽进宽出，因此，在中国大学很少有读书的学生。对一些学生而言，大学就是实质的养老院，很多学生知道毕业即失业，不如早一天享受，醉生梦死，今朝有酒今朝醉，明日无酒明日忧。少部分读书的人，是要被另类化的，甚至是要被孤立的。他们是校园里的孤独的一群，形单影只，边缘化得惊人。

反观西方教育，孩子们的童年是完整的、彩色的、任性的。让国人骄傲不已的是，欧美的基础教育不如我们扎实，他们的孩子考不过我们，只是，人家根本不在乎什么考试，他们只在乎孩子会不会玩，会不会交朋友，是否懂得礼仪，是否合群，是否阳光健康。

他们的孩子们就这样与自然接触，与社会相连，与整个世界在一起，无忧无虑，无法无天，一天天健康快乐长大。他们磨炼了成功学中占80%

的情商，他们知道自己喜欢什么，需要什么，在乎什么，将来要做什么，这一切都是他们自己的选择，自己的追求。他们都能独立给自己的人生赋予意义。

为了这样的理想，他们自然要精心选择心仪的学校。美国的大学是宽进严出的，孩子们进了学校以后，他们身体健康，心态阳光，他们是在为自己的理想而努力，更何况一不小心就不能毕业，这是最重要的。因此，美国的孩子到了大学之后，才开始勤奋学习，而且这种勤奋完全是他们的自主选择，很多学生为了将来，甚至修了好多学分，给自己增加砝码。他们大都是积极心理学，都是良性动机，都是心智成熟之后的有自主方向的学习。这才是真的教育。

本应该是天真快乐、充满朝气的少年，却被作业、补课、升学，压得抬不起头来，喘不过气来，活不过神来。本应该是努力钻研科学，满怀理想人文的大学生活，却早已经厌倦了学习，一味地吃喝玩乐，等毕业之后做啃老族。

与其说不让孩子输在起跑线上，不如说，不让孩子错在起跑线上。伟大教育家卢梭说："误用光阴比虚掷光阴损失更大，教育错了的儿童比未受教育的儿童离智慧更远。"

不让孩子输在起跑线上，可以休矣！

[4]

家长该不该指导孩子默写

自从孩子上幼儿园开始，家长就开始终身学习了。很多家长成了孩子作业的第一责任人。很多老师也这样来使用家长，让家长抽背、抽默，让家长签字确认。孩子作业完成不好，默写不过关，还要找家长兴师问罪。

昨天，偶然听朋友说，某有名的小学，老师让孩子默写，没默出来的孩子，就罚"蹲"。从罚"站"到罚"蹲"，也算是教育的一大创造。孩子回家说，他非常羡慕那两个默写错得少的同学，他们被罚站，站在门后，一边一个，像两尊门神；而他没能享受到这个待遇，他是罚"蹲"。"蹲"太难受了，不许坐下去，也不许站起来。到了最后，孩子连站也站不稳了，差点跌倒……

这段痛苦的经历，孩子会牢记在心，甚至会做噩梦。下一次，他就会学乖了，我相信他会背得滚瓜烂熟，会找父母帮忙抽查，默写得天花乱坠，一字不错。但意义在哪里呢？孩子不会在强制默写下对某个东西产生浓厚兴趣。恰恰相反，很可能孩子会因为这些强制性的默写，对某个学科产生厌烦。一旦厌烦的种子埋下了，这门学科就算废了。需要机缘巧合，需要许多好老师、许多时间才能慢慢恢复起来，有的就会成为永远的遗憾。绝大多数孩子们的短腿学科，就是这样产生的。赏识教育专家周弘曾经说过："没有安全感，就没有教育。"

教育，首先要给孩子创造最大的安全感，岂能搞恐怖主义？所以，我说这样的老师不是老师，只能是法西斯！这样的家长也不是好家长，不过是为虎作伥。

另外，孩子在强制下变乖了，听话了，很多老师以为教育初见成效了，欣欣然忘乎所以。事实果真如此吗？

在我看来，听话儿童恰恰是问题儿童，我们被听话和乖孩子害得还不够惨吗？因为听话，我们这一代人变得懦弱、麻木、粗糙、茫然，人云亦云，亦步亦趋，失去了独立性，失去了主见，失去了责任感，更没有担当……说得不客气的话，这几乎就是行尸走肉，哪里像活生生的人！

最要命的问题是默写还有效；最搞笑的问题是，不默写老师就不会教书，家长就没事可做。于是，教育中，默写横行无忌，像清澈的溪流源头，泼入的一大盆墨水。

语文要默，英语要默，数学也要默，公式要默，答题过程也要默。于是，"默"字满天飞。老师布置作业，都不忘记含蓄地提醒一下，明天要默。

学生心领神会，要默的，需要准备一下。不默的，往后放一放。这一放，就彻底放下去了。于是，很多时候，默写的这一根大棒，对老师而言，简直是逼良为娼；对家长而言，简直是尚方宝剑。

除了默写作业，其他的作业，学生似乎都很陌生，简直不知道从何做起。

这是一个彩色的世界，不应该是一个"默片"时代啊。

与默写对应的，就是考察记忆力。于是，学习变成了纯粹识记性的学习；更要命的是，为了对付默写，学生只能死记硬背，囫囵吞枣。

语文课上，学生已经不会吟诵一首完整的诗文了，那种抑扬顿挫，一边吟哦，一边想象，沉浸在美好的意境中，被感染、被熏陶、被陶冶，以致潸然泪下，怒发冲冠，兴发感动的读书之乐全都失去了。甚至连这种读书的功能也损伤了。学生只会小和尚念经，快速地读，快速地记忆，背下来，万事大吉，背不下来，大祸临头。而且，根据艾宾浩斯的记忆曲线，强行记忆的东西，还最容易遗忘，为了对付遗忘，孩子唯有不断地重复。

于是，在新课程的理念下，我们看到了最滑稽的一幕。一边是时髦词汇满天飞，一边是默写狠抓不懈。并行不悖，两手都很硬。

毋庸讳言，死记硬背和简单重复的默写，几乎构成了学生教育生涯的主色调。

于是，创造性死了，创新性没了，活泼泼的青春暗淡了，丰富性和敏感性迟钝了。

很多年前，朱永新的大弟子，苏大的一个教授说，简单重复的训练也是有效的。他打了一个比方：大脑里有很多通道，有的很窄，像毛细血管一样，几乎不能通行，但是，每天简单重复地通行，也会慢慢地拓宽这一条道……呜呼，这就是默写有效的原因，愣是把毛细血管蹚成了康庄大道。

默写教育是典型的血汗教育。但因为有效，所以，在有限的时间里，它还会阴魂不散，长盛不衰。多年来，我对默写深恶痛绝，我觉得默写简直是一个老师最大的耻辱。

学生喜欢的东西，他读着读着，自然而然就背下来了。学生不喜欢的东西，就算背下来了，也没有用。

我还记得好多年前，我在县中读书。每天中午，还有傍晚，我都去新华书店读书。看到好的句子和诗，我就一个人躲在角落里，背啊背，一直到背下来。一回学校，赶紧凭记忆把它默下来，这几乎成了我最快乐的事。陆游的《钗头凤》和唐婉回应的诗歌等等，我就是这样记忆下来的。理想的背诵和默写，应该是这样的吧。

中国科协主席韩启德，在与清华学生座谈时，不断提醒学生，他这一辈子最后悔的事情，就是自己一直是一个"乖学生"。他说："如果现在让我再做一次大学生，我就要张扬个性，喜欢什么科目，我就使劲把它弄透，不喜欢什么科目，拿个60分就算了，我想这样才算有出息。"他还说："那时上医科大学，周围的同学包括自己都很规矩，花了太多的时间在'念书'上，几厘米厚的《解剖学》背得滚瓜烂熟，几乎能默写下来了，'歪门邪道'学得太少。后来，我才渐渐地发现知识不是背出来的。如今，我早已忘了当时背的《解剖学》，而背得越多，创新的思维也就越受限制。"

为了救救孩子，哪怕是救救孩子对这个学科的兴趣，或者就算是为了保持教师的学科尊严，请不要把默写当作教育最主要的手段吧。

那么，家长呢？家长该如何做呢？

如果孩子请求你帮助他，那自然是义不容辞。否则，就应该让孩子享受家庭之乐。亲子阅读，同看一场电影，散散步，聊聊天，围炉夜话……

很多年之后，孩子会记得这样的家庭场景，这是他们的生活和爱，代表着他们生命中的所有。

[5]

孩子的情商如何培养

戴尔·卡耐基说：一个人成才，15% 靠的是专业知识，85% 靠的是人际交往等软科学本领。专业知识的获得和智商有很大的关系，而人际交往等软科学本领，却常常属于情商的范畴。

爱因斯坦说：什么是教育？当你把学校教给你的东西都忘掉之后，剩下来的就是教育。

学校教给你的东西是什么？基本上是一些专业知识。而剩下来的是什么？剩下来的是专注、拼搏、探究、坚持、合作等精神层面的东西，这些东西才叫作教育，唯有这些东西，才能对我们的人生产生重大作用。

当然，孩子的智商是恒定的，我们没办法改变。但是孩子的情商，我们却可以通过后天来进行培养。

那么，什么是情商？家长该如何培养孩子的情商？

情商是指人认识情绪和管理情绪的能力。孩子能够认识自己的情绪并且能够妥善管理好自己的情绪，就能产生正效应。这就叫作高情商。如果不能认识自己的情绪，没办法管理自己的情绪，任由情绪泛滥，不可收拾，情绪就会产生负效应，这就叫作低情商。

举例来说，每个孩子都有羡慕的情绪。比如人家有好玩具，人家爸妈很随和，人家学习好，甚至人家有漂亮的衣服……也就是说，羡慕是一种普遍的情绪。

就以学习来说吧，孩子都羡慕成绩好的学生。但情商低的孩子，不会认识情绪和管理好自己的情绪，因为羡慕而妒忌，因为妒忌而憎恨，因为憎恨而陷害，最终产生严重的消极情绪。情商高的孩子则不然，因为羡慕而亲近，因为亲近而学习，因为学习而超越，他产生的是积极情绪。

两个最经典的故事，最能说明这个问题。

第一个是借千斤顶的故事。

一个货车司机周末出门送货，一路上骂骂咧咧，都是负面情绪。为什么人家放假，我要加班？正在他骂人的时候，不巧天下雨了，他更加烦躁。为什么我这么倒霉，遇上这么烂的天气？正在骂天气的时候，车胎突然爆了，这个人更是气不打一处来。下车一检查，有备用车胎，偏偏又忘记了千斤顶。这个人真是倒霉到家了。

这时候往远处一看，山边有一户人家，他就去借千斤顶。走到1000米的时候，他就想，我好不容易赶过去了，那户人家没有人怎么办？走到500米的时候又想，那户人家有人，但没有千斤顶怎么办？走到300米的时候又想，那户人家有千斤顶，但不借给我怎么办？走到200米的时候又想，我苦苦哀求，他就是不借怎么办？最后，当那户人家打开门的时候，司机情绪激动到了极点，指着那个人的鼻子，破口大骂，他妈的，你们家有千斤顶有什么了不起？

这就是不会管理自己的情绪，这就是负效应，这就是消极情绪。

反之，一个不好的事情，我们也可以化解消极情绪，使之产生积极的心态。

海湾战争之后，很多美国青年人抵触当兵。美国军方请了一位心理学家，让他给军方做一个征兵广告。心理学家想，之所以青年人不当兵，就是怕死。那么，怎么化解他的这种害怕呢？

广告是这样做的：当兵有两种可能，一种是上前线，一种是不上前线，不上前线你怕什么呢？上前线又有两种可能，一种是受伤，一种是没受伤，没受伤你怕什么呢？受伤又有两种可能，一种是受轻伤，一种是受重伤，受轻伤你怕什么呢？受重伤又有两种可能，一种是能治好，一种是治不好，能治好你又怕什么呢？还有一种是治不好，治不好你都不知道怕了，你还怕什么呢？

因为一则小小的广告，化解了士兵内心的害怕，那一年报名参军的爆棚，这就是积极效应。

作为家长，我们应该通过这样的故事，告诉孩子，要认识和管理好自己的情绪，产生正效应，培养积极心态。

良好的情商培养应该遵循四个步骤。

首先，是觉察情绪。

要管理情绪，首先要能觉察到情绪。也就是说，你只有认识它你才能对付它。正如一个医生，他只有认识病，才能治好病人。情绪管理第一步，就是要能觉察自己的情绪是什么，是妒忌，是愤怒，是焦灼，是伤感，是委屈，还是失落……

其次，是接纳正常的情绪。

何为正常情绪，也就是接纳那些与事件一致性的情绪，比如考试考砸了，自然有点伤心。朋友不理解自己，自然有点痛苦。亲人离开了，当然有点悲伤。老师批评，当然有些难过……

所以，当你的情绪体验符合客观事件时，第一时间暗示自己：我的情绪是正常的。这样一暗示，情绪张力就会下降，内心就会恢复平静。很多时候人的痛苦并不是来源于情绪本身，而是来源于对情绪的抵触。

再次，是表达情绪。

中国人表达情绪绝大多数都是在发泄，伤己伤人，妨碍沟通。孩子和父母交流，父母和孩子交流。主语不能用"你"，用"你"趋向于批评、指责，沟通无从谈起。比如，家长对孩子说："这么点分数，你怎么考的？""你真是太不像话了，要我说多少次你才能改正呢？"

健康的情绪表达，表达的是自己的情绪，主语是"我"。比如上面的例子，我一般会帮助太太调整成这样的表达方式："你这次考得不好，我有点难过。""孩子，我会为你改正错误感到骄傲，我等着你，我对你有信心。"南风效应会使得孩子幡然悔悟，调整自己的行为，争取让父母满意。

同样的道理，孩子也应该这样。父母本身就是教导。

最后，是转换自己的情绪。

这方面阿Q是大师，当他被人打了耳光，他就想那个人是我的儿子，我被儿子打了，活该，我还能说什么呢？于是，他的情绪就好转了。这就是情绪的转换。

比如自卑这种情绪，我们如何转化？自卑有两种取向，向下发展是消沉，再往下发展是放弃，再往下发展就是躺倒等死。往上发展就不一样了。

自卑会促使人清醒，清醒之后会弥补，弥补之后会加强，加强之后会自信，自信之后会超越。

努力把情绪向上位发展，永远不做情绪的奴隶，而要做情绪的主人，我们就能成为一个高情商的人，也就能成为一个受欢迎的人，也就能成为一个正能量的人，我们就能不管风吹雨打，胜似闲庭信步。

[6]

家庭教育怎样才能适度

生活中到处充满教育，暑假在外面旅游的时候，家教方面的感悟不断产生。最重要的感悟是，家庭教育的适度。任何伟大的教育真理，一旦超越了一个度，就是谬误。

第一是扩大环境，让孩子多长见识。

到上海水族馆，看到了无数的鲨鱼，有的甚至只有两指长，我目瞪口呆，大失所望。难道这就是鲨鱼？就是那个威猛的嗜血的鲨鱼？呼啸残暴的鲨鱼？真正的海洋之王？海洋馆里的人告诉我们，这就是海洋里真正的鲨鱼，它们吃得也许比海里还要多，生活也是在真正的海水里。但它们却再也长不大了。因为它们的环境限制，大海是没有边际的，它们能够没有顾忌地生长。在什么样的空间里，就有什么样的鲨鱼。

我猛然惊醒。乌龟，在河沙里爬就是河龟，在海里畅游就是海龟。海豚到了河里也就变成了河豚。这就是环境的影响。

那么，假如我们把孩子局限在课本之中，没有源头活水，更没有无限广阔的大海一样的阅读视野，那么，我们的孩子不就只能是河龟、河豚，甚至是沟龟、沟豚？想到这里，我浑身流汗，惊恐不已。

谁说环境不能造就人？天高才能任鸟飞，海阔才能凭鱼跃！

每年暑假，我都要带着孩子到广阔的农村去，让孩子参加一些体力劳动。有时候带孩子游览山水，走一走文化的苦旅。孩子不一定当时就有什么见效，但慢慢他的视野就扩大了，眼界就提高了，见识就不一样了。

翔宇教育集团的卢志文校长，曾经说过一个故事：

"2002年暑期，集团安排五十几位老师赴境外学术休假，我带队。在南京禄口机场登机前，我做了一个调查，哪些人乘过飞机？竟然没有一个人举手。上了飞机，就如刘姥姥进大观园，当空姐刚介绍完安全注意事项，我们已经有十几个人把座位下面的充气救生圈套到脖子上去了！弄得机组人员又好气又好笑。这次出国13天，乘了5趟飞机，最后一次从曼谷飞上海，我看老师们俨然已经是一个往来于国与国之间的人了，步履从容，举止得体。"

为什么？这是见识在起作用。所以我们要把我们的眼界放宽些。一个人在万米高空的飞机上俯瞰云卷云舒的时候，他跟坐在厨房的锅台边想问题的方式一样吗？一个胸襟开阔的人，一个有全球视野的人，他会因为少几百块钱奖金而整夜睡不着觉吗？他会因为同事间的一点摩擦吵到校长那里去吗？

活动区域扩大了，意味着孩子的视野边际扩大了，这种视野会增长见识。

第二是要怎么收获，先怎么栽。

北京国子监，那可是中国最至高无上的学府了。发现那里的语文课程表，非常有意思。每周10节语文课，经典背诵6节课，学生互相研读2节课，老师考核学生诵读理解，帮助学生答疑2节课。也就是说，真正用来让学生自学的时间达到了4/5。而且所有的时间都落在经典上，想想看，这样10年积累下来，是一个什么概念。

也许最古老的东西，就是最朴素的东西，最朴素的东西，也许就是最有效的东西。我们这些年，一个概念接着一个概念，一个改革接着一个改革，教育却还是没有多大改变。反观香港和台湾的带有传统文化因袭的教育，屡屡让我们汗颜。

在孩子很小的时候，家长要想方设法培养孩子的兴趣，等孩子有了兴趣，该积累还是要大量积累，积累到一定程度，量变会引起质变。有一天，孩子会突然发现，一切都不同了，于是很多过去积累的东西苏醒了，孩子就脱胎换骨。读书破万卷，下笔如有神。熟读唐诗三百首，不会作诗也会吟。

第三是没有竞争，就是天堂。

一个教授给三个学生命题。三个学生，假如他们每人有一把枪，每把枪里有一颗子弹，假如他们的命中率都是百分之百。然后，他们三个人进行搏斗。自己留下来，其他人都死去是最优的；自己留下来，还有一个人留下来，稍次。自己死了，其他人都活下来，等级最差。那么最佳的选择究竟应该是什么？

一个最聪明的人首先对天放枪。因为他的子弹没有了，对其他两人构不成威胁。所以，其他两人为了自己安全，势必互相射击，最后，只有他能活下来。

这个博弈论惊心动魄，其中涉及人与人的关系，只有你死，我才能活。学习是自己的事情，为什么要弄得龇牙咧嘴，生死相搏，把愉快的事情弄得刀光剑影？很多学校的排名，很多家长拿孩子和别的孩子相比，都是竞争的具体表现。

于是又想到一个天堂和地狱的故事。

从前，当某一个人快要死时，他开始考虑死后是升天堂呢还是下地狱。他征求了许多人的意见，几乎每个人都告诉他："升到天堂去吧！"他很奇怪，人们的答案为什么会如此一致。于是，他决定到天堂和地狱去参观参观。

他先来到了地狱。他看到这里的人个个饿得哇哇大叫，有些人已经饿得倒下了。他心里想，大概是地狱里很缺少粮食吧。但他很快发现，这里并不缺少粮食！只是每个人取用饭食的勺子长达一米，这样就很难吃到东西，只有眼看着可口的饭食挨饿！他叹着气离开了地狱。

接着他到了天堂。天堂里的人们吃饭也用的是同样的勺子，长达一米，但他们都吃得饱饱的。他很纳闷："天堂里的人们是怎样吃饭的呢？"原来，在天堂，人们互相帮助，彼此喂饭，这样每个人都吃饱了！

于是，他决定死后住到天堂去。因为天堂的人们就像生活在一个温馨的大家庭里，人们之间相互协助。人与人之间结成了团队。我们都是只有一只翅膀的天使，只有相互拥抱才能自由地飞翔！

天堂之所以成为天堂，是因为那里充满温馨，人们能从对方的角度思考，生活在一个和谐的大家庭里；而地狱之所以成为地狱，是因为那里的人只从自身的角度思考，缺少人与人之间的扶助，人们生活在冷漠的冰窟里。

天堂和地狱的物质条件没有任何区别，关键的是人，是人的思维方式和品质，是人和人之间的关系处理，我们为什么不能尽其所能，把这个关系变得纯粹？我们既然能把它变成地狱，当然也能把它变成天堂。那么，我们有什么理由不把我们的家庭和学校，变成互相友爱，共同帮助，一起快乐成长的天堂呢？

［7］

如何解决孩子的自卑

现在的独生子女一般都比较自我，在家中为所欲为，自负者多，但自负之人一旦在学校里和社会上遭遇挫折，很容易又滑入自卑的深渊。自负与自卑本来就是性格的两面。

有一天，一个家长来找我，问她孩子的在校情况。那个孩子非常奇怪，她写的字非常小，小到别人很难看清。我不止一次找过她，她也意识到问题的严重。但每次的字都是由大到小，写着写着，到最后"桃花依旧笑春风"。

我问那个家长，她女儿是不是很自卑。女人突然间泪流满面，吞吞吐吐，躲躲藏藏，最后还是忍不住告诉我：女孩的爸爸是一个赌徒，输了很大一笔钱，然后就逃走了，好多年杳无音信，生不见人，死不见尸。经常有大批人来家里要债，女孩每次都吓得要命，自己也是一筹莫展……女人后来又重新嫁了人，女孩就更加少言寡语，更加自卑了。

这种情况下，我们该怎么办？

首先你必须先发现孩子的自卑，有时候孩子自卑恰恰是以自负的形式表现出来。其次是找出孩子自卑的缘由，对症下药。最后还要发掘自卑孩子的优势，让孩子在优势绽放中完成对自卑的超越。

分析下来，这个孩子的自卑原因有三：其一，她爸爸是一个赌徒，而且突然没了。其二，是家里的赌债，给孩子带来的压力。其三，是妈妈的改嫁，给孩子带来的孤独和忧伤。

后来，我渐渐靠近这个孩子，我们谈的话题越来越多，并且开始交流一些私密话题。在这个孩子用书信告诉我她的困惑之后，我也以书信的形式告诉她，如何战胜自己。

首先，爸爸作为一个赌徒，无论发生什么，这都是他必须付出的代价。爸爸逃跑实质上也是对家庭的不负责任，你没有必要过多难过。

其次，你还是未成年人，而且赌博的钱财不受国家法律保护。也就是说，爸爸的赌债与你没有任何关系，下次要债的来了，你可以第一时间报警，也可以告诉老师来处理。

最后，你的妈妈有没有权利追求幸福？你愿不愿意受苦受累的妈妈幸福？如果妈妈有权利，而且你也愿意妈妈获得幸福，那就祝福自己的妈妈。

随信我还给她抄录了一个乔丹的故事。当然这些励志故事未必都是这些名人所为，但为了达到励志的最大化，还是要借助这些名人效应。

故事的题目是《一个黑人孩子三次卖衣服的经历》。

从前一个13岁的黑人小孩不够自信，因为肤色，更因为贫穷。

有一天，父亲突然递给他一件旧衣服。

"这件衣服能值多少钱？"

"大概1美元。"他回答。

"你能将它卖到2美元吗？"父亲用探询的目光看着他。

"傻子才会买！"他赌着气说。

父亲的目光真诚中透着渴求："你为什么不试一试呢？你知道的，家里日子并不好过，要是你卖掉了，也算帮了我和你的妈妈。"

他这才点了点头："我可以试一试，但是不一定能卖掉。"

他很小心地把衣服洗净，没有熨斗，他就用刷子把衣服刷平，铺在一块平板上阴干。第二天，他带着这件衣服来到一个人流密集的地铁站，经过6个多小时的叫卖，他终于卖出了这件衣服。

他紧紧攥着2美元，一路奔回了家。以后，每天他都热衷于从垃圾堆里淘出旧衣服，打理好后，去闹市里卖。

如此过了10多天，父亲突然又递给他一件旧衣服："你想想，这件衣服怎样才能卖到20美元？"

"怎么可能？这么一件旧衣服怎么能卖到20美元，它至多值2美元。"

"你为什么不试一试呢？"父亲启发他，"好好想想，总会有办法的。"

终于，他想到了一个好办法。他请自己学画画的表哥在衣服上画了一只可爱的唐老鸭与一只顽皮的米老鼠。他选择在一个贵族子弟学校的门口叫卖。不一会儿，一个管家为他的小少爷买下了这件衣服，那个10来岁的孩子十分喜爱衣服上的图案，一高兴，又给了他5美元的小费。25美元，这无疑是一笔巨款！相当于他父亲一个月的工资。

回到家后，父亲又递给他一件旧衣服："你能把它卖到200美元吗？"父亲目光深邃。

这一回，他没有犹疑，他沉静地接过了衣服，开始了思索。

两个月后，机会终于来了。当红电影《霹雳娇娃》的女主角拉佛西来到纽约做宣传。记者招待会结束后，他猛地推开身边的保安，扑到了拉佛西身边，举着旧衣服请她签名。拉佛西先是一愣，但是马上就笑了，没有人会拒绝一个纯真的孩子。

拉佛西流畅地签完名。他笑着说："拉佛西女士，我能把这件衣服卖掉吗?""当然,这是你的衣服,怎么处理完全是你的自由!"

他"哈"的一声欢呼起来:"拉佛西小姐亲笔签名的运动衫,售价200美元!"经过现场竞价,一名石油商人以1200美元的高价买了这件运动衫。

回到家里,他和父亲,还有一家人陷入了狂欢。父亲感动得泪水横流,不断地亲吻着他的额头:"我原本打算,你要是卖不掉,我就叫人买下这件衣服。没想到你真的做到了!你真棒我的孩子,你真的很棒……"

一轮明月升上山头,透过窗户柔柔地洒了一地月光。这个晚上,父亲与他抵足而眠。

父亲问:"孩子,从卖这3件衣服中,你有明白什么吗?"

"我明白了。您是在启发我,"他感动地说,"只要开动脑筋,办法总是会有的。"

父亲点了点头,又摇了摇头:

"你说得不错,但这不是我的初衷。

"我只是想告诉你,一件只值1美元的旧衣服,都有办法高贵起来。何况我们这些活着的人呢?我们有什么理由对生活丧失信心呢?我们只不过黑一点、穷一点,可这又有什么关系?"

"是的,连一件旧衣服都有办法高贵,我还有什么理由妄自菲薄呢?"

20年后,他的名字传遍了世界的每一个角落。他的名字叫——迈克尔·乔丹。

从那以后,这个孩子心头的疙瘩解开了,慢慢变得开朗。但不自卑不等于自信,孩子还必须在优势的地方获得高峰体验,才能真正地成为站立的人。

我了解下来,这个女孩的英语非常好,尤其是英语的发音非常美式,非常好听。我于是推荐她参加21世纪杯英语演讲比赛,一轮一轮比赛,一次一次的锻炼,她的自我感觉越来越好,终于在决赛中获得好成绩,她给学校和我市增光。当她载誉归来的时候,迎接她的是鲜花和掌声,从此,她彻底改变了,变得自信而迷人。更加奇怪的是,为了演讲,她耽搁了不少别的学科时间,但别的学科非但没有下降,反而一下子突破了瓶颈,成绩扶摇直上。

后来,她的字写得越来越大。

[跋] 爸爸眼里要能揉得进沙子——也谈怎么做好爸爸

好爸爸不是天上掉下来的。当我逐渐学会做一个好爸爸的时候,儿子过几年就要上大学了。

泰戈尔说:"河流唱着歌很快地流去,冲破所有的堤防。但是山峰却留在那里,忆念着,满怀依依之情。"一往无前的河流是我们的孩子,呆若木鸡的山峰,就是我们。

同样的情景,龙应台在《目送》中这样表述:"我慢慢地、慢慢地了解到,所谓父女母子一场,只不过意味着,你和他的缘分就是今生今世不断地在目送他的背影渐行渐远。你站立在小路的这一端,看着他逐渐消失在小路转弯的地方,而且,他用背影默默告诉你:不必追。"

在孩子的成长中,未来,我们除了缄默,就只有目送,这个失落是无法补救的。因此,我渴望每个人从一开始就会做爸爸,一开始就能享受做爸爸的快乐。因为爸爸过期也是会失效的。这是我写这个跋的缘由。

我们不妨先看一些奇怪的现象。

一、为什么我们的爱会换来我们的痛

有些爸爸,从小到大基本不管孩子,孩子却阳光好学,人见人爱。

有些爸爸,拼命管孩子,盯—关—跟,孩子还是毛病一大堆。

有些爸爸,对孩子疾言厉色,甚至狠揍孩子,孩子却感恩他,舍不得他,离不开他。

有些爸爸,把孩子捧在手里,含在嘴里,孩子却成了白眼狼。

有些爸爸，大字不识一箩筐，却培养出了出类拔萃的孩子。

有些爸爸，学富五车，可孩子却是烂泥扶不上墙。

……

这些奇怪的现象，常常让我们极度震惊，但又无能为力，不得要领。好孩子究竟应该怎么教育，或者说好爸爸究竟应该怎么做？

二、什么样的孩子才是好孩子

在培养好孩子的路上，爸爸们忘记了一个最简单的道理：什么样的孩子才是好孩子？连好孩子的具体标准和模样都没有概念，我们怎么能培养出好孩子？

你没有的东西，你给不了孩子；你没有方向，孩子就不会抵达。教育错了的孩子比没有接受教育的孩子更糟糕。想想看，孩子刚出生没有什么不同，但三五年之后，孩子们立马就有了分水岭，这个差异来自哪里？我们可以大胆地说，好孩子未必是父母教育的成果，但问题孩子多半是父母教育的产物。每一个问题孩子的背后，都站着一个问题父母。父母是孩子问题的最大制造者，也是孩子纠正问题的最大障碍者。没有不想学好的孩子，只有不能学好的孩子；没有教育不好的孩子，只有不会教育的父母。

一两的身教大于一吨的言传，孩子很多臭毛病都是从爸妈身上偷师学来的。所谓家庭教育，最重要的不是教育孩子，而是要教育父母。只有父母彻底地改变自己，才有可能彻底再造孩子。

比如，爸爸的眼里揉不进沙子，总觉得自己的孩子是天才，与众不同，无法接受自己的孩子是一个普通人的现实。但天才毕竟是少数，还需要一定的土壤，更多的孩子只能是一个普通人。我们自己就不是天才，起码没有给孩子一个天才的基因，凭什么强行让孩子成为天才？天才的重担让孩子很累，也让我们爸爸很累。做一个普通人，有什么不好呢？日本人就是普通人教育："我是一个普通人，但我也有自己的价值，我能给社会带来贡献，我能让他人因为我的存在而感到幸福。"做一个自食其力的普通者并不丢脸，也未必不幸福。

相对于优秀，普通人的幸福更容易获得，在我眼里，幸福比优秀更重要。

优秀是别人的评价，幸福是自己的感受；优秀有一定标准，很难达到，幸福没有标准，很容易追求。追求优秀，孩子就被优秀绑架，以致失去七彩的童年和快乐的笑脸；追求优秀，父母就被优秀绑架，从而失去了正常爱的能力。

想想看，一个时时感受到幸福的孩子，和一个为了优秀焦虑不安的孩子，谁更显得阳光和健康？

一个健康阳光的孩子，更容易发挥他的特长和才能，也更容易变得优秀。优秀伴随着幸福而来，而不是相反。

那么，孩子在什么时候会感受到幸福呢？

夫妻非常和谐，非常相爱，并且把这种爱传递给孩子，孩子就会幸福。

把孩子放在第一位，这不是正常的逻辑关系，爸爸应该把妻子放在第一位。夫妻关系永远是最重要的，而且是家庭幸福的逻辑起点，孩子只是夫妻关系的结晶。如果爸爸过度关注孩子，孩子就不会关注爸妈，而且，孩子会觉得自己最重要，会把自己凌驾于家庭之上，认为倾听和接受命令是爸妈的责任。更要命的是，孩子一旦被我们的关注淹没了，就会失去自我，忘乎所以。沉浸在关注和溺爱中的孩子，一开始必定自高自大，一旦碰得头破血流，又会自轻自贱、自暴自弃。这样的孩子将很难应对现实的问题和困难，也必将被未来所抛弃。因此，爸爸要学会适度关注孩子，全身心爱自己的妻子，因为和谐的夫妻关系，能营造和谐的家庭关系，而和谐的家庭关系，才是孩子成长的第一要素。在一种充满温馨爱的家庭氛围里，孩子能像野花一样自然成长，肆意地坦荡，散发着芳香。

把孩子健康成长放在首位，而不是把分数放在首位，孩子会感到幸福。

把孩子的什么放在首位，决定了我们是不是合格的爸爸，同时也决定了孩子幸福与否。

把孩子的成绩放在首位。主张打是疼，骂是爱，急了用脚踹。孩子考好了，我们就爱；考得不好，我们就恨。孩子会感到爸爸所爱的只是成绩，而不是自己，他们就会把分数看得比命还重要。得到分数就是一切，得不到分数就一无所有。慢慢地，孩子就会变得冷漠、自私，缺少责任感。孩子连自己都不爱了，你还指望孩子爱谁？

但如果爸爸把孩子的健康放在第一位，经常和孩子聊天，关心孩子的身体，更关心孩子的心灵，带孩子玩耍，陪孩子做游戏，一种美好的亲子关系就能建立，就可以让孩子感受到巨大的幸福。儒家认为，伦理的建立有三个阶段，首先是身体，孩子的身体有饥饿感，孩子小的时候，我们要经常抚摸孩子的身体，孩子会感到幸福愉悦。其次，在我们的抚摸中，孩子的心里会感受到爱与安全。这种爱与安全感慢慢累积，就会建立起亲情的伦理。这个过程就是身体—心理—伦理的逻辑发展过程，这是整个人类伦理的建立过程，也是每一个个体伦理的建立过程。孩子在这个过程中，不仅感受到幸福，还会逐渐建立起家庭的伦理观，感恩父母，珍爱生命。

让孩子独立自主，自己的事自己干，孩子会感到幸福。

即便是小猫小狗，你始终抱着它，它也不乐意，更何况孩子？自由是一切动物的天性，孩子更需要自由，永远被攥在手心里的孩子肯定感受不到幸福。但现在孩子的吃喝拉撒，甚至思想与情感，都被家长的爱攫取了。孩子饭来张口，衣来伸手，早上的牙膏是挤好的，晚上的洗澡水是不冷不热，甚至吃的水果也是削好皮，切成小块的。由于包办一切，我们切断了孩子的成长路径，扼杀了孩子无数种成长的可能。因为与生活隔离，孩子缺少独立面对困难的机会，离开父母羽翼之后，根本无法立足，也经不起任何挫折。更重要的是，不独立的孩子没有责任心，一旦遇到障碍，只会抱怨别人，绝不会反思自己，因为他根本没有自己，也找不到自己。

生命是孩子的，任何人不能用任何理由来替代他们！让孩子独立做决定吧，让孩子傻一点，幼稚一些，自由自在地玩，自己的事自己干，孩子就会感到自由，也会学会幸福。幸福是要感悟的，也是需要学习的。

在幸福比优秀更重要的基础之上，我们再来谈什么样的孩子是好孩子，或者说，什么样的孩子将来有可能才是幸福的。我心目中好孩子的标准有很多，但以下几条不可或缺。

善良，永远具有一颗爱心，当然也有感恩之心。

坚强，不会轻易被困难打倒，但也会量力而行。

勇敢，乐于尝试新鲜事物，并会与朋友分享。

独立，能够独立选择自己的爱好，但并不排除在适当的时候，请求援助。

负责，敢于面对自己的选择，因为是自己的选择，所以主动担当、负责，我的人生我做主。

三、好爸爸怎么教育孩子

高尔基说："单单爱孩子，这是老母鸡也会做的事情，可是善于教养他们，却是一桩伟大的公共事业。"那么，爸爸如何做好这一桩伟大的公共事业呢？

首先是要把孩子当孩子。

把孩子当孩子，先要把孩子当人。孩子不是我们的私人物品，更不是我们的宠物，我们应该把孩子当人，把孩子当成和我们平等的人，倾听孩子的呼声，尊重孩子的想法，特别是要蹲下身子，看着孩子的眼睛，与孩子轻声说话。

把孩子当孩子，意味着爸爸要了解孩子的内心，不是从大人的角度，而是从孩子的角度出发，了解孩子的成长规律。杜威说："儿童不是尚未长成的大人，儿童期有其自身的内在价值。"因此，要努力保护孩子爱玩、爱游戏的天性，努力保护好孩子的好奇心。

比如，给孩子读东西，不要仅仅功利性地追求"有意义"，有时候"有意思"就会让孩子感觉"有意义"。著名作家肖复兴走上文学之路的一段因缘，就常常让我回味无穷。

美国作家马尔兹的《马戏团到了镇上》说的是这么一个故事：小镇上第一次来了一个马戏团，两个来自农村的穷孩子从来没看过马戏，非常想看，却没有钱。他们赶到镇上，帮着马戏团搬运东西，来换取一张入场券。他们马不停蹄地搬了一整天，晚上坐在看台上，当马戏演出的时候，因为劳累,他们竟然睡着了……

这个故事多么简单,但两个孩子渴望看马戏最终没有看成,却格外让童年的肖复兴感到异样。一种莫名的惆怅,一种夹杂着美好与痛楚的忧郁的感受,随着和肖复兴差不多大的两个孩子的睡着而弥漫开来,然后,弥漫到肖复兴的整个生命里去,他从此走上了文学之路。

这就是故事的意义,一种来自悲剧的失落占领了孩子的心灵,孩子尽管小,一样感受到了巨大的失落和共鸣,从此喜欢上了文学。

意义,会带来强烈的学习冲动。从这个角度出发,我们说,没有意义,就没有学习。那么,有意思呢?

办公室里有一位同事,她家有一个胖儿子,常常来办公室玩。小胖子特别喜欢下棋,常常缠着来一盘。拗不过他,只能和他对垒,小胖子非常厉害,三下两下,我就招架不住。这个时候,小胖子就开始骄傲了,又是抖腿,又是哼着小曲,又是背着手,慢慢踱步……总之,用尽各种方式表达对我的蔑视。后来,小胖子每下一着棋,就吹着口哨,出去溜达一圈,想用这种方式来羞辱我。我忍无可忍,趁着小胖子踱步,偷偷地移动了小胖子一个棋子。小胖子回来后,继续下。风云突变,我终于把他干掉了。最后,小胖子突然偏着脑袋,把脸凑到我的面前,对我说:"有意思吗?"

"有意思吗?"电光石火,一刹那间,我醍醐灌顶,灵台透亮。任何时候,爸爸都要深入反思,我让孩子读这本书有意思吗?我带孩子做这个活动有意思吗?我这样教育孩子有意思吗?这样的追求会增加我们教育的理性色彩。在教育中,爸爸应该把有意思和有意义结合起来。

其次是要建立和孩子的亲密关系。

如何建立与孩子之间的通道,进而获得一种语言密码,走进孩子的心灵,与孩子建立起亲密关系呢?

第一步是接纳孩子,让孩子有安全感。

对孩子而言,爸爸就是孩子的天,爸爸不接纳孩子,意味着孩子的天塌了。一个没有天的孩子,可想而知,生活是多么的暗无天日。所以,爸爸必须无条件接纳孩子，给孩子一种生命的安全感，让孩子懂得，无论何时，爸爸都是自己最坚强的后盾，这种后盾不附加任何条件，无论他多么失败，多么让人失望，就算全世界都对他失望，爸爸依然会爱他、宠他。也就是说，爸爸努力让孩子意识到，他的价值并非取决于他表现棒不棒，成绩好不好，而只是取决于一个事实，他是爸爸的孩子，他永远是爸爸手心里的宝。

第二步是赏识孩子，让孩子有成就感。

聪明的爸爸总是很少数落和批评孩子，他们似乎总有一双发现的眼睛，发现孩子的优点和价值。认准孩子的赏识点之后，狠狠表扬孩子，用赏识确认孩子值得夸赞的地方，增加孩子的自信心和成就感，让孩子觉得："我能行！我真棒！"爸爸要经常跟孩子说："我相信你，你自己可以做到的！"小孩子越自己做事，就越有成就感，自信心就越强，自信和成就感会让孩子从小就独立。但爸爸赏识孩子，一定要赏识他的行为修养，而不能赏识孩子的外貌或成绩。更重要的是，我们要借助赏识来规范孩子，让孩子知道什么是该做的，什么是不该做的。可以说，赏识是最高明的约束，没有赏识就没有约束。

第三步是爱护孩子，让孩子有温馨感。

爸爸都爱孩子，但怎么爱却未必对头，爸爸的爱应该让孩子感到温馨，让孩子觉得家庭是一个温暖的港湾，是能够疗伤的所在。但爸爸的爱绝对不能是溺爱，溺爱孩子只能使孩子变成废物。在我看来，爸爸爱孩子要做到：无条件，有原则。所谓无条件，意味着当孩子犯了错，只要不是大是大非、大奸大恶的问题，就算别人都讨厌他，都不接纳他，我们也要让孩子知道，天不会塌下来，世界末日不会来临，爸爸不会抛弃他，爸爸依然会爱他。所谓有原则，意味着我们尽管爱孩子，但绝不能袒护孩子。接纳是接纳，错误是错误，爸爸绝不能对孩子的错误视而不见，颠倒黑白，而是要和孩子辨析错在哪里，如何更正，然后和孩子一起承担，共同面对，直至孩子跌倒了爬起来，重新被别人认可和接受。这样我们就使得孩子犯错反而成了孩子成长的契机，要知道，危机和遭遇常常能让孩子更好更快地成长。

第四步是陪伴孩子，让孩子有存在感。

对孩子来说，爸爸舍得为孩子花时间，意味着"爸爸很在乎我"。爱是需要时间来积淀的，不花时间和孩子相处，一切的爱只能是空谈。舍得为孩子花时间的爸爸，才是好爸爸。心理学家研究发现，孩子烦躁、孤僻、冷漠、脾气多变，甚至具有攻击性行为，往往都是因为缺少爸妈的陪伴造成的。

著名作家池莉说："我发现从古至今，孩子都是一样的，家长却发生了巨大的变化。现在太多的父母只愿在孩子身上花钱，不愿意花时间、精力和心思。实质上是家长变得糊涂了，自私了，盲目了，愚蠢了，懒惰了。"这段话极有道理。最好的教育，就是多陪陪孩子，关心他们，呵护他们，让孩子在爸爸的见证下健康成长。

有的爸爸可能要说，我也想陪伴孩子，可是不知道怎么陪伴啊。其实道理很简单，孩子也许并不在乎爸爸陪自己做什么，只是在乎陪伴本身，甚至孩子只需要一个观众，一个听众。当然，爸爸完全可以发挥主观能动性，陪孩子散步，陪孩子旅行，陪孩子运动，陪孩子阅读，陪孩子游戏，陪孩子聊天……在陪伴中，爸爸和孩子加深了感情，促进了沟通，感受到孩子一天天地成长，感悟到血浓于水的亲情与温暖，对爸爸自身也是一种提炼和成就。

再次是让孩子学会选择和担当。

爸爸和孩子的亲密关系建立起来之后，我们还需要引导孩子学会选择和担当。

很多爸爸会困惑，为什么我们的孩子那么不负责任？这是什么原因？

想想看，孩子把人家东西打坏了，谁来负责？是我们爸爸负责；孩子在外面打了人，谁来负责？还是我们爸爸负责，孩子从来也不会负责。古代奴隶制下，一个奴隶杀了人，人家要告奴隶的主人，也只要主人赔偿，从不要求奴隶负责。这是为什么？

道理很简单，孩子和奴隶处于受监护地位，没有独立人格，他们不用负责任，也无法负责任。在中国传统文化里面，统治者把人民当孩子，认为自己是人民的父母官,事实上人民也处于奴隶地位。既然你把人民都当作孩子,当作奴隶,人民只需要服从、顺从、做奴才,仰主子的鼻息,看主子的脸色,当然对公共事务没有任何责任感。

更让我大吃一惊的是,西方奴隶主为争夺奴隶经常发生战争和冲突,而奴隶只负责后勤,做好饭,服侍好奴隶主,然后,搬一把小凳子看着奴隶主冲杀……等到奴隶主战死了,奴隶就上去收尸、埋葬。打仗不是奴隶的事情,奴隶没有独立人格,他们只负责服侍好奴隶主。这个奴隶主战死了,他们就归属于战胜的下一个奴隶主。这是奴隶的命运,也是他们的本分。

了解了这些,我们就知道,让孩子有责任感,首先要让孩子有自己独立的人格,拥有自己的选择权。

价值澄清理论认为,个人的价值或价值观是经验的产物,不同的经验就会产生不同的价值。价值的形成与发展完全是个人选择的结果。有效的价值形成过程可分为三阶段——选择、珍视、行动。

美国休斯敦儿童博物馆中有这样一个标语:"我听过了,就忘记了,我见过了,就记住了,我做过了,就理解了。"我看过之后,把它进一步概括为:"我澄清了,我选择了,我就珍视了。"

由此可见,选择和担当相辅相成,没有选择就没有担当。那么,如何让孩子拥有选择权呢?

爸爸首先要让孩子做出与年龄相符合的选择。孩子小时候做的选择越多,就越有主见,未来规划人生的能力就越强。一开始,孩子可能选择得不好,但爸爸不要代替孩子,一定要让孩子学会在犯错中成长,而且一定要让孩子明白,任何选择都会有相应的结果,孩子要学会对自己的选择所产生的结果负责。

从小常常让孩子独立做出决定,对培养孩子的独立思维和选择判断能力极为重要,孩子会在这个过程中学会负责任和担当。

能决断,敢担当,这是领导力的核心要素,具有这种素质的孩子往往能够成就大事。我们无形中让我们的孩子具有了核心竞争力,何乐而不为?

最后，就是爸爸要对孩子进行身体教育学和审美能力培养。

孩子在亲密的基石之上，学会了选择和担当，爸爸还有最重要的事情要做：那就是锻造孩子的身体教育和审美能力。身体是1，其他的才是1后面的0，没有了身体的1，再多的0也没有意义。因此，爸爸一定要把孩子的身体教育放在首位。从历史上来看，任何一代新人都伴随着对自身的重新发现。拉伯雷心中的"新人"就是"巨人"，卢梭心中的"新人"就是"爱弥儿"，尼采心中的"新人"就是他笔下的"超人"，陈独秀心中的"新人"就是他创办的《新青年》，毛泽东心目中的"新人"就是他诗中的"数风流人物"。

这种重新发现，首先来自对身体的重新审视和发掘，这就是我们所说的身体教育学。

爸爸应该抽出时间带孩子去户外运动，参加锻炼，文明其精神，野蛮其体魄，发现身体的价值，挖掘身体的教学意义。身体教育的真正目的在于：增进健康，增长力量，它让孩子产生强健的"行动能力"与"冒险精神"，它让孩子不至于成为思想的巨人、行动的矮子。身体教育能让孩子自信满满、雷厉风行、决策果断、敢于冒险，而不只是耽于幻想、优柔寡断。更重要的是，身体强健还有一个隐秘的价值：它是"艺术冲动"的策源地，孩子会因身体强健产生创造冲动和科学精神。

在这个特殊时候，爸爸一定要努力帮助孩子摆脱功利主义，带领孩子进入审美主义中去，提升孩子的精神境界，让孩子过一种幸福审美的人生。

比如我带着启元阅读古希腊作品，接受古希腊人诗性生活的熏陶，因为古希腊人有真性情和真血性，我爱即我爱，我恨即我恨。特别是古希腊人追求自然主义，将万物渗透入浩渺宇宙之中，与中国古代的天人合一思想非常相似。古希腊人重情，爱美，坦荡荡，不虚伪，不掩饰，他们所追求的精神之美，完全超越了味觉、触觉、视觉、听觉的心灵感应，在无限的空间里真情激荡，人生活到这个分上，才不枉来人世一遭。古希腊人还勇敢地追求形而上，发明了许多主义，我们说英雄，人家说英雄主义；我们说浪漫，人家说浪漫主义，人生的境界一下子就提升了。这种生命的提升，恰恰是孩子生命成长的精神导向，是一种理想主义的回归，也是一种精神的张扬，值得爸爸们带着孩子徜徉其间。孩子会在这样的阅读中，提升生命的质感和敏锐，富贵不张扬，贫穷不落魄。

总之，好爸爸修炼的路，是一条艰苦的路。但征程即真经，当有一天，蓦然回首时，我们会觉得，一切都是值得的，因为我们有最好的教育，我带着孩子看到了绝美的风景，活出了最精彩的人生。

写于苏州中学春雨池畔
2015 年 3 月 20 日